财务信息元素理论研究

张天西 杜威／著

立信会计 出版社
LIXIN ACCOUNTING PUBLISHING HOUSE

图书在版编目(CIP)数据

财务信息元素理论研究 / 张天西,杜威著. —上海:
立信会计出版社,2022.12
(会计工程)
ISBN 978-7-5429-4904-2

Ⅰ. ①财… Ⅱ. ①张… ②杜… Ⅲ. ①财务管理—研
究 Ⅳ. ①F275

中国国家版本馆 CIP 数据核字(2023)第 009160 号

策划编辑　　张巧玲
责任编辑　　彭　琳　胡　越
美术编辑　　周崇文

财务信息元素理论研究

CAIWU XINXI YUANSU LILUN YANJIU

出版发行	立信会计出版社	
地　　址	上海市中山西路 2230 号	邮政编码　200235
电　　话	(021)64411389	传　真　(021)64411325
网　　址	www.lixinaph.com	电子邮箱　lixinaph2019@126.com
网上书店	http://lixin.jd.com	http://lxkjcbs.tmall.com
经　　销	各地新华书店	

印　　刷	上海盛通时代印刷有限公司	
开　　本	710 毫米×1000 毫米	1/16
印　　张	18.25	插　页　4
字　　数	272 千字	
版　　次	2022 年 12 月第 1 版	
印　　次	2022 年 12 月第 1 次	
书　　号	ISBN 978 - 7 - 5429 - 4904 - 2/F	
定　　价	58.00 元	

如有印订差错,请与本社联系调换

前　言

XBRL(eXtensible Business Reporting Language)作为一种新的信息披露方式,已经在全球主要国家和地区得到广泛应用。然而,尽管目前 XBRL 技术应用已经取得一系列成就,但是其发展遇到了瓶颈,具体表现为以下两个方面。

在研究领域方面,XBRL 分类标准是其技术框架的核心,但是目前的研究体系中尚未形成完整的基于 XBRL 分类标准的理论体系,如何从会计角度构建 XBRL 基础理论的研究一直处于探索阶段。在应用领域方面,目前 XBRL 技术应用的推动力主要来源于政府,而作为技术采纳方的企业,其使用 XBRL 技术大多是迫于监管压力,而并没有体会到 XBRL 技术优势,XBRL 在企业层面推广并不顺利,监管层在 XBRL 分类标准行业扩展进度的迟缓,也进一步抑制了 XBRL 技术在企业层面推广应用的效果。

研究领域与应用领域两方面的不足,制约着 XBRL 技术的推广应用。本书认为,要解决当前 XBRL 所面临的问题,需要从研究与应用两个角度同时着手,而 XBRL 理论体系研究的不足则是抑制 XBRL 技术发展应用的关键。

综合 XBRL 分类标准研究可知,大部分研究都是结合现有的实施分类标准,考察其应用效果与改进等情况,而缺乏从微观结构角度,对分类标准信息元素的标准化问题的思考。分类标准信息元素的标准化,对于分类标准基础理论与其应用具有非常重要的意义。首先,信息元素微观结构的标准化,可以将目前关于分类标准的研究下探至信息元素的结构元素层次,使得财务信息元素理论进一步落地,夯实与巩固财务信息元素理论。其次,信息元素微观结构的标准化,是指导与规范目前 XBRL 分类标准制定、实施与扩展的核心内容,信息元素微观结构的标准化,可以为如何进一步评价目前分类标准创建质量与扩展质量提供一个新的视角与思路,对于推进 XBRL 分类标准的应用与改进具有重要的意义。

本书以财务信息元素作为研究主线,尝试从微观结构视角对其进行研究,以"财务信息元素的微观结构标准化"及"基于财务信息元素微观结构的分类标准评价"作为研究切入点。这两个研究切入点一方面从微观结构视角,对财务信息元素理论进行扩展与解析;另一方面将微观结构标准化与分类标准质量评价相结合,从信息元素的结构元素角度重新构建评价模型,对分类标准创建与扩展质量进行更深层次的、细致的度量与评价,并为分类标准应用提出改进建议。概括而言,本书主要研究结论可以总结为两点。

(1)探索与解析财务信息元素的微观结构标准化问题。

本书在结合分类标准研究的基础上,首先从理论角度对财务信息元素的逻辑结构与空间结构等进行定义与拓展,明确财务信息元素微观结构可以从结构元素和结构关系两个角度进行解析与定义。在此基础上,结合 XBRL 技术特点以及微观结构定义,从不同角度构造基于 XBRL 的信息披露行为评价指标。本书以此实现对财务信息元素理论的解析与扩展,并对分类标准信息元素定义与遴选、行业分类标准的制定与实施进行规范与指导。

(2)通用分类标准无法满足企业信息披露需求,分类标准行业扩展亟待推进。

在结合信息元素微观结构研究的基础上,本书重新构造分类标准评价模型,实现从微观结构角度,更精确地对企业分类标准复用与扩展质量进行评价。研究发现,通用分类标准中定义的信息元素存在大量冗余,与企业实际信息披露之间存在较大差异。此外,企业存在着信息元素扩展的动机,但信息元素的扩展主要是为了满足单个公司的披露需求。因此,学界需要在国家级通用分类标准基础上,尽快制定其他行业分类标准,以满足不同企业的信息披露需求。

本书研究的创新性主要体现在以下两点。

(1)微观结构视角的财务信息元素研究,扩展了当前分类标准研究的基础理论。

本书以财务信息元素为研究主线,将微观结构标准化与质量评价作为切入点,对 XBRL 分类标准相关研究中尚未有效解决的信息元素标准化问题,进行系统的探讨与分析,并对分类标准信息元素的标准化问题进行定义与规范,以此实现对信息元素的结构元素的组合、继承、拆分以及传递等结构流程的标准化,对规范分类标准信息元素的定义与遴选、信息元素的标准化与规范化,以及行业分类标准的合理制定、扩展与实施等具有一定的借鉴与指导意义。

(2)基于 XBRL 应用视角,本书提出如何定量度量企业信息披露行为的新思路。

本书结合 XBRL 技术特点,在对财务信息元素及其结构进行量化的前提下,又考虑到元素层级结构的不同对于信息提供方与信息需求方的不同效用,以此为基础设计并构造度量信息披露质量的指标,以精确地对企业信息披露行为进行衡量,弥补传统研究中信息披露指标无法实现对信息披露精确度量的缺陷。考虑到 XBRL 格式已经成为当前企业信息呈报时必须报送的格式,因此,本书提出的基于 XBRL 的信息元素披露度量方法,可以作为当前信息披露研究中度量信息披露质量的一个新的思路。

目　录

表目录

图目录

第1章

绪　论

1.1　财务信息元素研究背景

在《科学革命的结构》这部名著中,托马斯·库恩(Thomas Kuhn)指出,当一门科学赖以存在的与发展的客观环境彻底发生改变时,即科学基本假设产生的必要前提将不复存在,抑或产生不可逆转的根本性变化时,科学就迎来了革命性的变革时期,并且一系列范式将不可避免地发生转变(杨雄胜等,2013)。

21 世纪作为人类信息技术革命的新纪元,信息技术与网络技术的普及应用所带来的不仅仅是信息处理与传输方面的革命,其更深远的意义和影响还在于它正在引起整个社会组织架构及制度的深刻改革(陈玉兰,2005)。

信息技术革命对人类社会组织的方方面面产生深刻影响,其作用力不仅仅局限于科学哲学、科学社会学等相关领域,而且会延伸到文学史、政治史、社会学、宗教史以及文化人类学等领域,并在社会公众领域产生深刻影响。

信息技术革命也影响会计信息披露机制的演变。纵览会计信息披露发展的整个历程,会计信息披露方式经历了以账簿披露为主体、以财务报表披露为主体以及以财务报告披露为主体等阶段。财务报告是会计系统运行的最终结果,会计的任何创新最终都必然表现在财务报告上,财务报告因此也随之不断创新(高锦萍,2007)。

信息技术,特别是网络技术的开发,从根本上改变了企业财务报告的披露对象、内容与方式(高锦萍,2007),现有和潜在的会计和审计服务使用者对信息的相关性、可靠性和及时性提出更高要求(Elliott,2002),传统以纸质报告为主要存在形式的财务报告呈现方式已无法适应投资者对于信息的要求。伴随着互联网技术的崛起,技术应用成本的下降以及跨国、跨地区交流与贸易发展的需要,企业已逐渐采用网络技术向投资者等利益相关者传递企业财务与业绩信息。

对于信息技术如何影响会计学科的发展与转变问题,杨雄胜等曾深刻地指出,产生现行会计的客观基础已彻底崩溃,因此当代会计研究如何迎接会计革命的挑战并积极主动地作出应对之策,应是这一代会计理论工作者必须面对的历史担当(杨雄胜等,2013)。

1998 年,美国注册会计师查尔斯·霍夫曼(Charles Hoffman)开创性地将富有意义表达能力的 XML 技术应用于财务报告之中,逐渐形成可扩展商业报告语言(XBRL)。XBRL 最初用于解决会计数据及相关信息的标准化以及深度分析等问题,经过近 30 年的发展,XBRL 已经成为世界的主流选择,并逐渐成为各国会计信息标准建设普遍采用的关键技术(杨周南等,2010;应唯等,2013);凡是有数据披露、传输与报送的地方,就可能会有 XBRL 技术应用的出现(孙凡和杨周南,2013)。作为未来商业报告的标准语言,XBRL 技术的出现对包括数据自由交互在内的信息价值链等产生深远的影响。

XBRL 是一种基于 XML、开放式且不限于特定操作平台的国际标准,通过将计算机语言与财务会计准则相结合,可以实现财务与商业报告数据及时、准确、高效和经济地存储、处理与交流(金侃,2010)。它是目前用于非结构化数据,尤其是会计领域的财务信息交换的最新公认标准和技术语言(刘玉廷,2010)。

XBRL 技术可以根据会计信息披露的要求,将财务信息内容分解成不同的数据元(data element),并根据计算机语言规范对其赋予唯一的标记,从而形成标准化披露格式。作为最新的网络财务报告技术,XBRL 技术的出现使网络财务报告发生了根本性变化,因此其又被称为第二代网络财务报告。

时至今日,XBRL 已在全球几十个国家运用,每天生成数百万份 XBRL 实例文档,XBRL 在财务报告领域(譬如:证券监管、税收、金融、数据集成等)和非财务报告领域(譬如:碳排放、养老金等)存在广泛应用(毛元青和刘梅玲,2015)。

1.1.1 XBRL 技术优势

作为一种在全球范围内对商业和财务数据报告产生革命性影响的电子化交流方式,XBRL 技术在财务报告的编制、报送、分析和处理方面具有革命性的优势,可以实现会计信息数出一门,资源共享,即实现会计数据的集成与最大化利用。

概括而言,XBRL 的技术优势主要体现在以下几点。

(1) 高效性:XBRL 技术可以实现对信息的精确定位。XBRL 标签和分类标准可以提供一个强大且直接的信息搜寻和分析工具,通过相关信息元素实现互相关联,而用户可以快速搜索特定目标对象,便于进一步地分析处理。

(2) 可靠性:利用 XBRL 可以确定不同程序间数据传输与交换的标准格式(吴忠生,2014),提高跨系统间数据信息的共享程度与可靠性程度。

(3) 标准化:XBRL 技术将计算机语言与会计信息披露规则结合,将财务报告会计信息分解成不同的信息元素,并对其赋予唯一的数据标记,形成标准化信息规范,以此对财务报告信息进行标准化处理,实现财务信息自动读取,便于信息使用者实现对海量信息的批量处理需求。

(4) 可扩展性:XBRL 语言提供完整的规范体系与扩展机制,可以满足不同领域之间标准的扩展需求,使得 XBRL 技术在不同领域与行业的扩展变得十分便捷。

(5) 数据交换:XBRL 技术通过提供财务报告的公开语言标准,实现与其他软件技术建立相互转换接口,以实现不同应用系统之间数据的自动化交换(金侃,2010),从而减少数据信息在交换过程中由不必要的因素干扰造成的数据缺失、遗漏以及误报等风险。

(6) 开放式架构:XBRL 技术具有良好的开放式构架,能够实现信息需求者免费、自由地获取与分析相关信息(金侃,2010),使采纳 XBRL 技术的所有利益相关者获益。

（7）跨平台信息共享：作为一个基于 XML 技术的跨平台数据传输标准，任何支持 XML 的数据浏览器，都可以像浏览网页一样浏览和下载 XBRL 格式财务报告，同时，AC-CPAC、Fujitsu、Oracle 以及 SAP 等软件开发商，已经实现将生成 XBRL 实例文档功能嵌入其软件产品，便于 XBRL 实例文档信息的阅读与数据提取等。

1.1.2 XBRL 技术推广

XBRL 技术作为会计信息与计算机语言相结合的产物，是对传统信息披露方式的创新与升级。但是 XBRL 技术本质上仍属于一种社会公共产品。一种新的技术标准的推广需要考虑所有潜在利益相关者的利益诉求，经过长时间的磨合并在政府部门的推动下才能实现（Farrell 和 Saloner，1985）。考虑到新技术采纳过程中的种种困难，世界各国推动 XBRL 财务报告应用的最初原动力主要来源于各国监管机构层面。

1. XBRL 技术在国外的应用

摩根士丹利公司（Morgan Stanley）是世界上第一个提交 XBRL 报告的公司。2000 年 2 月，摩根士丹利公司向美国证券交易委员会（United States Securities and Exchange Commission，SEC）提交基于 XBRL 技术的 10-K 年报信息的电子文件（高锦萍，2007）。

SEC 于 2005 年 2 月宣布启动 XBRL 报告自愿报送计划，要求所有上市公司在披露年报时，可以自愿性地选择报送 XBRL 格式的年报，以将其作为 EDGAR 系统（Electronic Data Gathering Analysis and Retrieval System）公共数据库的补充信息，并通过新的交互式电子数据系统（Interactive Data Electronic Applications System，IDEA 系统）取代 EDGAR 系统；2005 年 8 月，SEC 宣布对自愿性报送计划进行扩展，允许共同基金自愿报送 XBRL 格式季报与年报信息；2008 年 5 月 30 日，SEC 发布消息，正式要求上市公司在未来三年内在公司网站和 SEC 提交基于 XBRL 格式的财务报告，即强制要求上市公司报送 XBRL 格式财务报告。2013 年 2 月，SEC 宣布交互数据测试套件更新版本，包括案例、模型和软件开发工具包（Software Development Kit，SDK），同时美国财务会计准则委员会（Financial Accounting Standards

Board，FASB)发布《美国公认会计原则财务报告分类标准——期后事项》《定义要素和结构》,4 月发布《美国公认会计原则财务报告分类标准实施指南——其他综合收益》,5 月发布新的实施指南和格式指南。

在欧盟,银行业、证券业和保险业已经启动 XBRL 应用的规划蓝图,并且欧洲银行监管委员会(Committee of European Banking Supervisors，CEBS)已经要求银行业报送 XBRL 格式财务报告,2004 年,欧洲银行业监督委员要求 27 个成员国使用 XBRL 技术标准,并要求这些成员国按照 XBRL 国际组织的规范和标准开展标准化工作,以满足跨区域和跨国家的数据共享要求。2011 年,欧洲保险与职业养老金管理局选择使用 XBRL 技术标准披露各保险公司的偿付能力报告。2017 年,欧洲证券和市场管理局向欧盟委员会提交了"欧洲单一电子格式"技术标准草案。要求欧洲的上市公司使用 XBRL 技术标准披露财务报告。

德国证券交易所已于 2004 年启动 XBRL 技术的应用;在英国,最早开始利用 XBRL 技术的领域是税务部门,英国工商局(Companies House)联合英国皇家税务与海关总署(HM Revenue and Customs，HMRC)在 2007 年推出 XBRL 服务,并要求所有公司从 2011 年 4 月必须使用 Inline XBRL(iXBRL)格式向英国皇家税务与海关总署在线提交纳税申请表;西班牙证券交易所自 2005 年起开始用 XBRL 格式发布财务报告,并于 2008 年启动 XBRL 强制报告计划;爱尔兰国税局在 2009 年开始使用 XBRL 报送财务报告,并从 2013 年开始强制要求所有上市公司使用 XBRL 技术报送财务报告。

XBRL 技术在亚洲的应用同样值得关注。中国、日本、新加坡和韩国等国家都采取 XBRL 强制报告计划。2004 年 2 月,日本国税厅正式开始采用 XBRL 进行企业纳税申报,2008 年,日本金融厅(Financial Service Agency，FSA)启动新的"投资者网络电子披露系统"(Electronic Disclosure for Investors' Network，EDINET)信息披露平台系统,要求包括年报、半年报、季报、证券登记表在内的报表必须以 XBRL 格式提交。截至 2008 年第二季度,日本强制要求所有上市公司报送 XBRL 格式年报文件,东京证券交易所已从 2006 年开始引入 XBRL 报送系统。2013 年 10 月,新加坡商业注册局(Accounting & Corporate Regulation Authority，ACRA)对符合规定的新加坡上市公司启动 XBRL 强制报送计划。印度 2008 年颁布基于工商业的财务报告分类标准,并在国内最大的两个证券交易所实施。

2010 年,南非约翰内斯堡股票交易所鼓励上市公司自愿披露 XBRL 格式报告(李争争,2013)。

XBRL 技术在全球主要国家的推广如表 1-1 所示。

表 1-1　XBRL 技术在全球主要国家的推广

时间	政府部门	披露方式
2005 年	美国 SEC	首先推行 XBRL 报告自愿报送计划
2007 年	英国工商局与英国皇家税务与海关总署	所有公司必须使用 Inline XBRL(iXBRL)格式在线提交纳税申请表
2007 年	加拿大证券监管署	XBRL 报告自愿报送方式
2008 年	印度	颁布基于工商业的财务报告分类标准,并在国内最大两个交易所内进行推广
2008 年	美国 SEC	正式要求所有上市公司在未来三年内,在公司网站和 SEC 同时提交基于 XBRL 格式的财务报告
2008 年	日本金融厅	要求所有财务报表必须以 XBRL 格式提交
2010 年	南非约翰内斯堡股票交易所	推行 XBRL 报送自愿报送方式
2013 年	新加坡商业注册局	实施 XBRL 报告强制报送方式

2. XBRL 技术在中国的发展

1) XBRL 技术在证券监管层面的应用

早在 2001 年,中国财政部就开始持续关注并跟踪国际 XBRL 技术应用的最新动态。2002 年 5 月,中国证监会在研究上市公司会计信息化披露问题时,就将 XBRL 选定为上市公司会计信息化披露的标准格式,并组织上海证券交易所(以下简称上交所)和深圳证券交易所(以下简称深交所)对国际商业报告领域出现的 XBRL 技术进行研究,制定相关行业标准《上市公司信息披露电子化规范》,并于 2004 年 12 月发布实施。

中国最早将 XBRL 应用于信息披露实务的是上交所。2003 年 9 月,上交所上市公司部、信息中心以及信息系统组等参加了相关标准制定的珠海会议,并于 2004 年选择 50 家沪市上市公司进行 XBRL 技术试点;2005 年 1 月,上交所要求所有在上交所注册的上市公司在报送 2004 年年报时,必须同时报送 XBRL 格式年报;2005 年 4 月,上交所正式成为 XBRL 国际组织会员,这是我

国以单位身份加入 XBRL 组织的第一例;2005 年 9 月,上交所提交的"中国上市公司信息披露分类标准"获得 XBRL 国际组织认可,成为中国第一个获得 XBRL 国际组织认证的分类标准(李争争,2013)。

深交所紧随其后。2004 年 7 月,深交所开始实施基于 XBRL 的上市公司会计信息披露网络化项目,并于 2005 年 1 月发布"上市公司定期报告制作系统",实现深交所全部上市公司利用该系统直接生成 XBRL 实例文档;2005 年 3 月,深交所正式发布《XBRL 应用示范》,为投资者提供基于 XBRL 示例文件的 WEB 分析工具(金侃,2010),借助这一工具,上市公司、监管机构、交易所、会计师事务所、投资者、研究机构等上市公司信息加工者和使用者能够以更低的成本、更高的效率获取深交所部分上市公司最近 5 年的财务数据和实例文件。为了充分发挥 XBRL 技术在披露会计信息方面的技术优势,深交所建立 XBRL 应用示范网站"XBRL 上市公司信息服务平台",提供深交所自 2007 年以来的定期报告数据展示、横向纵向比较分析以及部分上市公司实例文档查询与下载等服务。

自 2008 年起,上交所和深交所全面推行 XBRL 格式年报强制披露方式。2008 年 11 月,财政部联合上交所和深交所将 XBRL 语言作为未来我国会计信息报告的标准语言。

通过上交所和深交所在 XBRL 技术应用经验的总结与积累,证监会在 2008 年 1 月启动基金信息披露 XBRL 项目,并于当年组织 7 家试点基金管理公司完成全类基金 2008 年一季度报告 XBRL 实例文档试报工作,基金业定期报告逐步实现 XBRL 格式化。

2009 年 4 月,所有基金管理公司正式通过中国证监会的"基金 XBRL 信息接收系统"(李争争,2013),报送对外披露的基金 2009 年一季度 XBRL 实例文档。

2011 年 4 月,所有的基金管理公司完成符合报送要求的 722 只基金的 2010 年年度报告的 XBRL 实例文档报送与披露工作,实现同步报送、同步披露、同步入库,提高了信息数据的及时性(吴忠生,2014)。

目前,所有基金管理公司报告,从净值日报、季报、半年报和年报,全部实现报告报送的 XBRL 电子化,并实现部分临时报告的无纸化报送。此外,证监会还建立基金信息披露网站,专门用于 XBRL 格式报告的信息披露工作。XBRL 在中国监管层面的应用如表 1-2 所示。

表1-2 XBRL在中国监管层面的应用

机构部门	时间	XBRL在监管层面应用
证监会	2002年5月	开始《上市公司信息披露电子化规范》标准制定工作,参与标准制定工作的机构还包括上交所、深交所,同时该规范成为上交所、深交所开展XBRL应用的依据
证监会	2002年12月	证监会联合上交所、深交所共同起草《上市公司信息披露电子化规范》
	2007年6月	财政部以中国会计准则委员会的名义申请加入XBRL国际组织
	2008年11月	XBRL中国临时地区组织宣告成立
	2009年4月	要求所有基金管理公司正式通过中国证监会"基金XBRL信息接受系统"报送对外披露的基金2009年第一季度报告XBRL实例文档
	2009年12月	财政部颁布《中国XBRL分类标准框架规范(草案)》
	2010年12月	新建基金电子化信息披露系统正式上升为主系统,所有基金管理公司和托管行正式向新系统报送所有定期报告
	2011年4月	所有基金管理公司完成符合报送要求的722只基金2010年度报告的报送和披露工作的,实现同步报送、同步披露、同步入库,"三同步"有效地提高了信息披露的及时性
	2011年5月	财政部颁布《企业会计准则通用分类标准编报规则》
	2012年3月	所有基金管理公司完成符合报送要求的872只基金2011年度报告的实例文档报送和披露工作
上交所	2003年12月	上交所选出50家上海本地上市的公司进行XBRL试点,XBRL技术的应用开始进入实质性启动阶段
	2004年2月	第一家采纳标准化报送系统报送2003年度报告摘要XBRL实例文档顺利产生,成功实现上市公司标准化报送
	2004年4月	共有730余家上市公司采用标准化系统报送2004年第一季度报告,占当时上交所上市公司总数90%左右
	2005年4月	上交所加入XBRL国际组织
	2005年9月	上交所制定的"中国上市公司信息披露分类标准"获得XBRL国际组织的认证(高锦萍,2007)
	2006年4月	上交所通过其官方网站(http://www.sse.com.cn),向所有投资者提供沪市上市公司2006年第一季度报告的简要XBRL实例文档,实现XBRL实例文档和PDF格式文件的同步披露
	2006年7月	上交所开发的"中国基金信息披露分类标准"符合XBRL国际组织的最新规范,通过XBRL国际组织的"已确认"(Acknowledged)认证
	2008年12月	上交所开始要求所有沪市上市公司披露年度报告的XBRL实例文档,上市公司在PDF报告中披露的信息,均应在XBRL实例文档中完整地进行披露
	2010年3月	上交所开发的"上市公司和基金信息披露分类标准"通过XBRL国际组织的"已批准"(Approved)认证

（续表）

机构部门	时间	XBRL 在监管层面应用
深交所	2005 年 1 月	深交所发布基于 XBRL 的"上市公司定期报告制作系统新版 1.0"，实施全员上市公司利用该系统制作 2004 年度报告，并直接生成 XBRL 实例文档
	2006 年 3 月	深交所加入 XBRL 国际组织
	2006 年 12 月	深交所根据《企业会计准则》(2006 版)，编制分类标准 2.0 版本
	2007 年 2 月	深交所完成符合新会计准则下的一般企业、商业银行、保险公司、证券公司等的财务报表及其附注信息、定期报告全文及部分临时报告分类标准的制定(李争争，2013)
	2008 年 12 月	深交所要求全部深市上市公司披露年度报告的 XBRL 实例文档
	2009 年 2 月	深交所正式推出上市公司信息服务平台(XBRL)。投资者可以通过该平台提供的"应用展示"栏目，直接看到各种 XBRL 格式的财务报告信息内容

2）分类标准制定与实施

XBRL 技术的优势之一在于可实现部门之间的协同效应——充分利用 XBRL 技术可扩展性的特点，在统一的分类标准架构的基础上，实现各部门在通用分类标准的基础上根据各自的需求进行相应的扩展，从而达到减轻企业报送负担，提高会计信息质量(杨玉，2020)，降低社会信息披露、处理与使用成本的最终目的。

XBRL 技术优势的实现其核心部分是 XBRL 分类标准的制定与实施。

2007 年财政部就将制定分类标准的工作提上日程。2009 年 4 月，财政部印发《关于全面推进我国会计信息化工作的指导意见》，明确指出将 XBRL 作为会计信息化标准体系建设的重要内容(吴忠生，2014)，并将制定基于国家统一的会计准则制度的 XBRL 分类标准作为当前工作的重点。

2010 年 10 月 19 日，国家标准化委员会联合财政部共同发布"可扩展商业报告语言(XBRL)系列的国家标准和企业会计准则通用分类标准"（以下简称 2010 版通用分类标准），其中定义通用分类标准信息元素为 2 845 种。2010 版通用分类标准于 2011 年 1 月 1 日起，在首批的 13 家企业与 12 家会计师事务所中率先实施。

通用分类标准与技术规范国家标准的发布,成为中国 XBRL 发展历程中的一个重要里程碑。"XBRL 有效地增强信息准确性与及时性,有利于从不同角度和不同层次对信息进行深加工和精细化处理,大幅提高信息利用广度、深度与精度,不仅在财会领域,更可以不断扩展到财政管理、税务管理、金融监管、国有资产管理以及企业内部控制等众多方面。"(田五星和王海凤,2011)

在通用分类标准基础上,财政部着力推进通用分类标准的行业扩展工作。2011 年 12 月,财政部颁布石油和天然气行业扩展分类标准(以下简称石油行业分类标准),这是通用分类标准的第一个行业扩展分类标准,该行业扩展分类标准以通用分类标准为基础(李争争,2013),在综合石油和天然气行业财务报告共有特点的基础上进行行业扩展。

2012 年 12 月,财政部联合银监会共同发布银行业扩展分类标准(以下简称银行业分类标准),并随后陆续推出其他行业分类标准(李争争,2013)。

2014 年 12 月,财政部发布 2015 版《企业会计准则通用分类标准元素清单(征求意见稿)》(以下简称 2015 版通用分类标准),此次修订将通用分类标准石油行业分类标准、银行业分类标准纳入通用分类标准(李争争,2013),作为其行业扩展部分。在完成征求意见并修改完善后,此版通用分类标准作为2015 版通用分类标准发布(宫莹,2015),用以替代 2010 版通用分类标准、石油行业分类标准以及银行业分类标准。

2016 年 3 月 2 日,财政部基于 2015 版通用分类标准,并结合保险业和证券业的业务特点,发布《企业会计准则通用分类标准保险业和证券业扩展部分及公式链接库(征求意见稿)》,制定保险业和证券业扩展部分以及公式链接库,以更全面地反映保险和证券行业财务报告的信息披露需求(李争争,2013)。2018 年 8 月,财政部和海关总署根据《可扩展业务报告语言(XBRL)技术规范》(GB/T 25500—2010)、2015 版《企业会计准则通用分类标准》以及《海关总署财政部国家税务总局国家档案局关于进行〈海关专用缴款书〉打印改革试点公告》,正式起草《企业会计准则通用分类标准海关专用缴款书扩展分类标准(征求意见稿)》(李逸,2020;陈思圆,2020)。

XBRL 通用分类标准和扩展分类标准的制定与实施,使得 XBRL 技术在中国资本市场真正应用于上市公司信息披露中。XBRL 分类标准判定与实施的主要事件如表 1-3 所示。

表 1-3　XBRL 分类标准制定与实施的主要事件

机构部门	时间	主要事件
财政部	2010 年 10 月	财政部制定《企业会计准则通用分类标准》,并在首批 13 家企业和 12 家会计师事务所中率先实施
	2011 年 12 月	财政部制定石油行业扩展分类标准,该标准基于企业会计准则通过分类标准制定,是通用分类标准的组成部分,未来将随着通用分类标准的补充修订进行相应维护(李争争,2013)
	2012 年 5 月	2010 版通用分类标准实施情况 实施 2010 版通用分类标准企业共 11 家 实施 2010 版通用分类标准、石油行业分类标准的大型企业 3 家
	2012 年 12 月	财政部和银监会共同制定通用分类标准银行业扩展分类标准,该标准反映了银行业的业务特点,是通用分类标准的组成部分
	2013 年 3 月	2013 年通用分类标准实施情况 实施 2010 版通用分类标准的大型企业 11 家 实施 2010 版通用分类标准、石油行业扩展分类标准的大型企业 3 家 实施 2010 版通用分类标准、银行业分类标准的银行业金融机构 18 家 实施 2010 版通用分类标准的保险公司共 5 家
	2015 年 4 月	财政部对 2010 版通用分类标准、石油行业分类标准、银行业分类标准进行修订与整合,形成 2015 版通用分类标准
	2016 年 3 月	财政部基于 2015 版通用分类标准,发布《企业会计准则通用分类标准保险业和证券业扩展部分及公式链接库(征求意见稿)》
	2018 年 11 月	财政部、海关总署发布《企业会计准则通用分类标准海关专用缴款书扩展分类标准(征求意见稿)》
银监会	2010 年 2 月	银监会决定成立银行业可扩展商业报告语言分类标准工作组,具体组织研究制定银行业 XBRL 分类标准
	2011 年 12 月	银监会组织制定银行监管报表可扩展商业报告语言扩展分类标准,并在部分银行业金融机构试点实施
	2012 年 4 月	银监会组织 18 家银行业金融机构实施通用分类标准,参与单位覆盖政策性银行、国有商业银行、股份制银行和城市商业银行,所管理资产占全部银行业金融机构总资产比例的 70% 以上
	2012 年 12 月	银监会与财政部共同制定通用分类标准银行业扩展分类标准

1.1.3　XBRL 技术与利益相关者

XBRL 是目前最新的网络财务报告技术,作为未来商业报告的标准化语言,分类标准框架设计中需要考虑所有潜在利益相关者的利益诉求,并将其诉求纳入 XBRL 分类标准制定框架,以充分发挥 XBRL 技术的价值(Lassila 和 Brancheau,1999)。

XBRL 技术的广泛采用将会彻底改变公司的财务信息价值链模式(Brown 和 Willis,2003),由于财务报告是连接公司内外部主要的利益相关者,如独立分析师、投资者、会计/审计师、监管机构、内部信息使用者和其他利益相关者等的重要纽带,XBRL 技术优势可以实现在传统信息披露格式下无法完成的对财务数据的分析、对比与存储等,改善目前的财务信息分析工具的使用效率(Penler 和 Schnitzer,2002)。

在传统的信息披露模式下,由于不同类型的报告要求及格式不同,对于信息生成者而言,企业本身需要根据披露类型的要求,将报告根据不同的格式要求进行编制,降低信息传递效率,增加信息披露的成本。 对于信息需求方而言,其在获取报告之后也需要根据自身的要求对其格式进行适当的转换,而 XBRL 技术则可以将财务报告内容分解成不同的信息元素,并对其赋予唯一的数据标记,形成标准化规范,以此对财务报告信息进行标准化处理,实现财务信息自动放读取,大大方便信息使用者对于信息的批量需要和批量处理。

因此,XBRL 技术的推广将使所有利益相关者受益。 XBRL 技术可以被应用于资本市场、税务报送、金融监管等领域,图 1-1 是 XBRL 技术的在

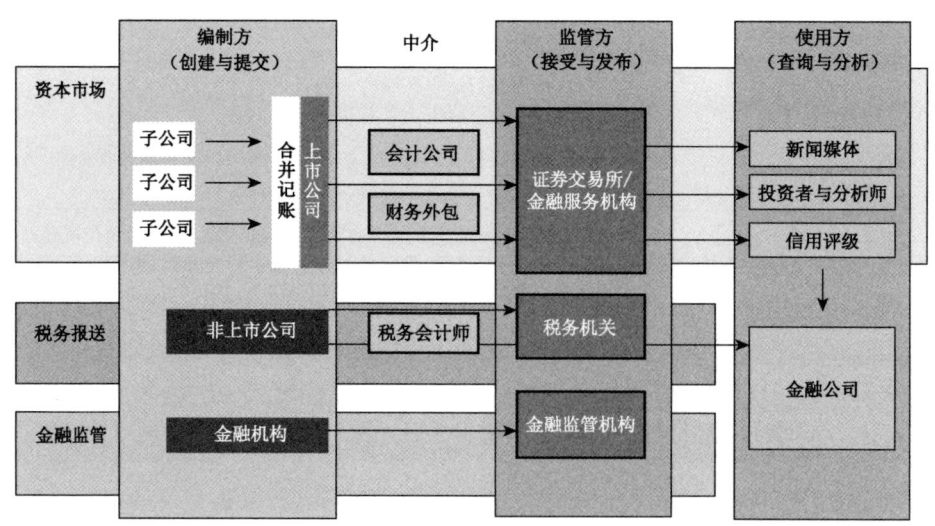

图 1-1 XBRL 技术应用流程

资本市场中的应用流程。

XBRL 技术在主要资本市场中的广泛应用，为财务报告及主要利益相关者，包括投资者、债权人、会计中介机构、独立分析师和政府监管机构等带来了极大的便利性，提升了整个社会的科学化精细化管理水平（刘玉廷，2010）。

总结而言，与传统的信息披露方式相比，XBRL 报告将会对各主要利益相关者产生重要的作用，具体包括以下几个方面。

1. 信息提供者

在信息生成方面，XBRL 可以有效降低人工操作，直接导致错误量的减少，提高信息的可靠性与相关性（Zabihollah，2002），XBRL 标准本身能够整合系统，使财务报告的准备和生成过程更快捷、更可靠（赵现明，2010）。在创建一个实例文档后，其可以被多次并快速地转换生成其他符合要求的格式（赵现明，2010），使得编制各式报表变得非常容易（Richards 和 Tibbits，2002），可实现会计数据的集成与最大化利用，实现财务信息"数出一门，资料共享"（吴忠生，2014），降低信息生成成本，提高信息披露效率和可靠性。

在企业内部数据方面，XBRL 技术可以为企业内部数据提供统一、公开和免费的标准数据接口，实现在企业内部子系统之间数据的转换与融合，实现企业内部数据信息与对外报告的关联，便于企业更方便、及时地输出财务报告。

在信息对外披露方面，按照传统信息披露模式，企业需要根据披露的对象，生成格式不同的报告，以满足其信息披露需求。而 XBRL 技术作为一种开放的数据披露格式，可以作为不同监管机构的统一规范格式，这就能够减少企业多头报送和重复报送的情况，从而提高报送效率与数据质量，实现连续披露。

2. 信息需求者

由于 XBRL 技术可以对信息元素进行标准化标记与披露，从根本上降低财务报告信息收集与处理成本，显著提升信息获取、加工效率，提升中小投资者的分析与决策能力，以及对数据的控制和风险分析能力。

传统披露模式下,通过手工形式输入公司财务报告及相关信息的出错率较大,很难兼顾会计信息的相关性和可靠性,而基于 XBRL 技术编制报告,能够一定程度上解决相关性和可靠性之间存在的固有矛盾。XBRL 技术通过对不同层次的分类标准信息元素进行定义,可以自上而下考察数据来源,对报告层面的财务信息进行追查,下钻至账簿层面甚至是交易层面,增强会计信息的可验证性(赵现明,2010)。

依托 XBRL 技术的不变性、扩展性和开放性,可以使企业的信息披露更充分,增加信息含量(曹志福,2013),也增强了会计信息的反馈价值,且信息使用者可以根据自己的个性需求编制个性财务报告。

3. 会计师事务所

XBRL 技术的广泛应用,对于作为中介机构的事务所所从事的审计及相关业务来说,将会产生革命性的影响,其面临的审计环境将发生重大变革(刘玉廷,2010)。对信息元素进行标准化定义,可以大幅度提高审计效率与质量,重塑现有的审计业务流程,使得审计客户信息从数据提取到不同数据库之间的转化过程大大缩短,也使得会计师可以将更多的精力集中在对客户财务状况的分析方面,提升审计工作的附加值和审计工作的信息化水平(刘玉廷,2010)。

4. 监管部门

全球主要国家的监管层都以纸质格式报告作为其最主要的报送格式。但是,由于报送等方面的具体要求,有些时候纸质报告不可避免地需要转换为其他格式的信息,以满足数据分析和使用,在这个数据转换过程容易产生错误甚至会发生舞弊现象(DiPiazza 和 Eccles,2002;赵现明,2010)。

XBRL 作为最新的网络财务报告报送方式,会给监管部门带来极大的便利。作为技术既得利益者,政府监管部门也因此成为当前 XBRL 技术应用于推广的主要力量。研究发现,全球主要国家着手使用互联网技术来代替传统的信息报送方式(DiPiazza 和 Eccles,2002),在 XBRL 技术应用的初期阶段,包括中国、美国、日本、新加坡和西班牙在内的监管机构使用行政手段鼓励或强制下属上市公司采用 XBRL 技术披露财务报告(Locke 和 Lowe,2007),并且在具体的实施过程中,SEC、XBRL 国际组织以及其他组织通过对自愿性披露阶段出现的问题进行及时调整,并改进 XBRL 技术流程,对 XBRL 技术在资本市场中的推广起到良好的示范与指引作用(Du 等,2013)。

需要注意的是,XBRL 技术不能有效降低会计的舞弊行为,但是它能提高企业报告信息的质量,使监管者通过对信息数据更快、更方便地使用,发现潜在可能的会计舞弊行为(赵现明,2010),实现更为有效的监督。美国前财政部部长保尔森曾提出:"假如早点使用 XBRL,也许安然事件就会避免。"(郝信梓,2014)这说明 XBRL 对会计信息监管具有重要作用。

XBRL 应用能够减少监管机构的重复监管,降低监管成本,提高监管效率,从而形成"数出一门,资源共享"的统一监管平台(刘玉廷,2010)。XBRL 技术的利益相关者如图 1-2 所示。

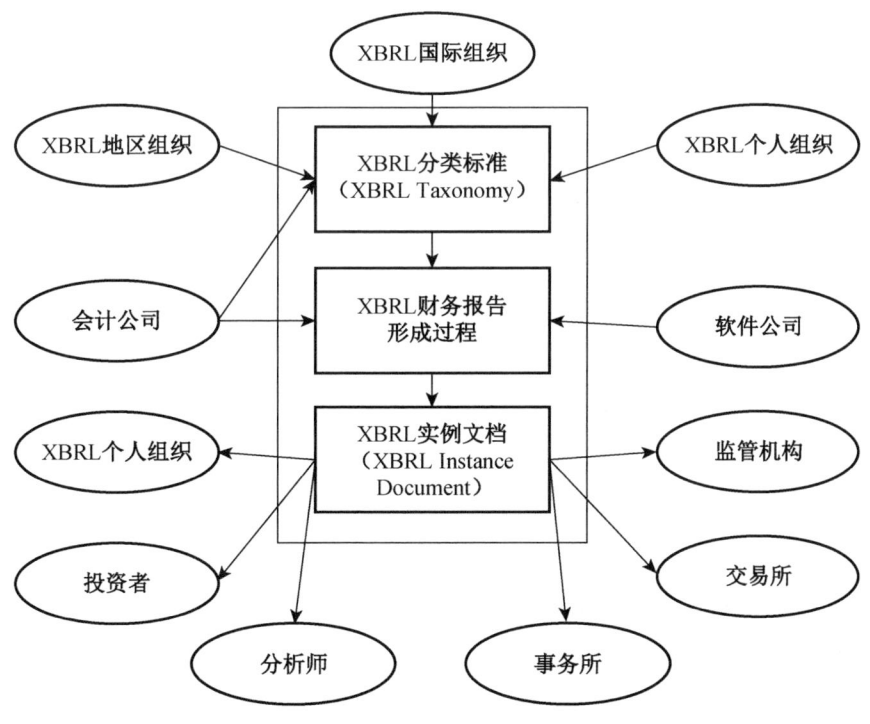

图 1-2　XBRL 技术的利益相关者

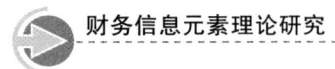

1.2　财务信息元素研究问题与意义

1.2.1　研究问题

作为一种新的信息披露方式,自从霍夫曼提出 XBRL 构想以来,XBRL 技术已经在全球主要国家、地区以及国际组织中得到广泛推广与应用。在二十多年的时间中,XBRL 技术的研究与应用方面尽管已经取得了一系列成就,但其发展也遭遇了瓶颈。具体表现为以下两个方面。

1. 从 XBRL 研究视角分析

根据 XBRL 技术框架可知,分类标准是 XBRL 技术框架的核心内容(应唯等,2013),分类标准质量是影响 XBRL 报告应用及其质量的关键因素。制定 XBRL 分类标准最根本的是要解决"XBRL 分类标准的理论基础是什么"的问题,但是目前的 XBRL 研究框架中尚未形成完整的基于 XBRL 分类标准的基础理论体系,使得建立的信息标准缺乏必要的理论支持。基础理论体系的缺乏使得关于 XBRL 应用等方面的研究没有真正落到实处,从会计角度研究 XBRL 基础理论一直处于起步与探索阶段(张天西,2006)。

鉴于 XBRL 基础理论研究的薄弱性,张天西(2006)在结合财务会计理论以及数据库理论的基础上,提出以财务信息元素为结构的 XBRL 理论体系,对该理论体系的逻辑关系和层次结构进行论证,明确财务信息元素是组成 XBRL 分类标准的基本单元;李争争(2012)则从创建模式角度对分类标准的微观结构进行解析,扩展现有的财务信息元素理论。

财务信息元素理论(张天西,2006)、信息元素粒度概念(张天西等,2011)以及信息元素空间概念(黄长胤,2012)共同构成目前 XBRL 研究的理论基础框架。

目前 XBRL 的相关研究都基于财务信息元素理论的指导展开,并且大部分实证研究将 XBRL 的应用作为研究事件,关注于 XBRL 技术实施对信息披露质量、资源配置效率等方面的影响,而鲜有从规范研究视角对 XBRL 基础理论体系的扩展与延伸的研究。XBRL 基础理论研究的薄弱性,制约着 XBRL

研究与应用的进一步发展。

2. 从 XBRL 应用角度分析

综合国内外 XBRL 推广应用现状可知,目前 XBRL 技术应用的推动力主要来源于政府监管部门;而原本作为技术采纳方与受益者的企业对 XBRL 技术缺乏应有的关注,其之所以采纳 XBRL 大多是迫于监管压力,而并没有切身体会到 XBRL 技术在信息编制与生成方面的优势。企业普遍反映 XBRL 技术过于复杂,难以掌握报送程序及步骤,认为 XBRL 无法改善企业内部管理或提升企业价值,反而会增加企业信息披露成本(Janvrin 等,2013),且无法保证成本效益(Liu 等,2017)。目前来看,企业不能积极主动参与 XBRL 的报送,而将其视为一项不得不执行的规定对待,新技术应用的动力存在明显的不足,这明显制约了 XBRL 技术的推广与应用步伐。

XBRL 分类标准质量是其应用的核心环节。结合目前 XBRL 分类标准制定与扩展的实际情况可知,中国财政部于 2010 年发布企业会计通用分类标准,并在 2015 年对其进行更新,其间只在 2011 年和 2012 年分别发布石油行业分类标准以及银行业分类标准,而没有根据行业特点的需求,尽快推出其他行业的扩展分类标准(杜威 等,2015)。考虑到分类标准的行业扩展是满足特定行业中企业信息披露需求的必要步骤,是对通用分类标准的必要补充,因此,分类标准的行业扩展工作的延迟,在一定程度上阻碍了 XBRL 分类标准的应用与实施进程。

综合目前 XBRL 研究与应用领域两方面的现状可知,目前 XBRL 的应用出现了瓶颈,这大大减缓了 XBRL 技术的推广与应用的步伐。如何改变 XBRL 应用的现状,推动 XBRL 技术的应用与研究,是目前学术界与监管部门重点关注的问题。

本书认为,要真正解决 XBRL 研究与应用中的局限性问题,必须从 XBRL 研究的本源——XBRL 基础理论研究体系角度着手,通过对目前的 XBRL 基础理论研究进行扩展与延伸,弥补目前 XBRL 理论研究中的不足,并将 XBRL 理论研究与其分类标准的实际应用相结合,推动 XBRL 分类标准的行业扩展,从信息元素微观结构标准化与分类标准评价应用两个角度,推动 XBRL 的研究与应用的发展。

具体而言,本书以财务信息元素理论作为研究主线,尝试从信息元素微观结构视角,对财务信息元素理论进行拓展与解析,以此扩展目前的 XBRL 基础理论体系;同时,本书在微观结构视角研究的基础上,将 XBRL 分类标准的理论研究与其评价研究(XBRL 分类标准应用)结合,通过结合财务信息元素微观结构构造的分类标准质量评价模型,从通用分类标准的复用与分类标准信息元素扩展质量角度,对目前实施的通用分类标准创建质量以及企业分类标准信息元素扩展行为质量等进行有效细致的度量与评价,并从通用分类标准质量改善以及分类标准行业扩展角度提出改进建议,以推动 XBRL 技术在企业层面的应用步伐,从而真正推动 XBRL 技术的应用。

本书的研究问题主要分为两个方面,分别是财务信息元素的微观结构标准化研究和基于财务信息元素微观结构的分类标准评价质量研究。

研究问题一:财务信息元素的微观结构标准化研究。

微观结构是指物质、生物等在显微镜下的结构状态。张天西在构建财务信息元素理论时提出,财务信息元素由主体描述性元素、状态描述性元素和事实描述性元素根据既定的规则共同构造(杜威等,2015)。但是,其对于财务信息元素的微观结构问题没有进行系统的阐述。李争争最早基于微观结构视角对分类标准进行研究,发现元组模式下的财务信息元素是构建分类标准的最基本单元,而维度模式下的结构信息元素是构建分类标准的最基本单元(李争争,2013)。但是对于分类标准基本单元——财务信息元素的微观结构问题,相关研究鲜有涉及。

本书认为,对于财务信息元素的微观结构标准化问题,可以基于结构元素(财务信息元素组成结构)与结构关系(广义与狭义财务信息元素)等两个视角,结合财务信息元素的结构关系、逻辑结构顺序,以及财务信息元素理论与应用的关系进行阐述,并以此结合数学表达方式,从信息元素微观结构角度对信息披露质量进行量化度量;在此基础上,结合上市公司信息披露实例,从财务信息元素微观结构视角对企业信息披露质量、信息披露的行业差异性、通用分类标准质量以及分类标准行业扩展的必要性与可行性等进行检验分析,并针对 XBRL 分类标准应用中出现的现实问题提出改善建议。

研究问题二:基于财务信息元素微观结构的分类标准评价研究。

财务信息元素理论是指导 XBRL 分类标准应用的基础理论。XBRL 分类标准的创建与扩展质量关系到 XBRL 技术推广应用的效果,而关于 XBRL 分类标准应用质量评价的相关研究全部是从财务信息元素角度出发,而缺乏分类标准复用与分类标准扩展的微观结构角度的评价研究。

考虑到从微观结构角度可以实现对分类标准的更深层次的度量与评价,我们在借鉴分类标准评价研究的基础上,从信息元素整体以及结构元素(主体描述性元素、状态描述性元素以及事实描述性元素)的角度构造分类标准评价与测度的度量模型,并以此作为对分类标准创建质量与扩展质量的评价标准。具体而言,对于企业复用的通用分类标准信息元素,我们不仅从通用分类标准信息元素角度进行度量,同时对通用分类标准信息元素的结构元素(主体描述性元素、状态描述性元素、事实描述性元素)构造评价指标进行评价。对于企业自行扩展的信息元素,同样从扩展元素的整体角度以及扩展分类标准信息元素的结构元素(主体描述性元素、状态描述性元素、事实描述性元素),对其扩展质量进行度量与评价,以此实现从微观结构角度更精确地对企业复用与扩展分类标准行为质量进行全面度量与评价。

1.2.2 研究意义

以上两个研究问题以财务信息元素理论为中心,以微观结构为切入点,层层递进,形成了基于信息披露视角下 XBRL 分类标准基础理论研究的体系,为 XBRL 的应用与研究提供了新的思路与方向。

综合而言,本书的研究具有一定的理论意义和实践意义。

1. 对于财务信息元素理论研究的意义

财务信息元素理论是指导 XBRL 分类标准构建与研究的基础理论(张天西,2006)。但是自从基于财务信息元素的理论体系提出后,后续关于 XBRL 分类标准评价与应用的研究,如黄长胤(2012)、李争争(2013)、李争争等(2013,2014)、吴忠生(2014)以及吴忠生和刘勤(2015)都是在该理论的指导下进行研究,从而缺乏对包括财务信息元素理论在内的 XBRL 基础理论的扩展与解析。基础理论体系的缺失,抑制了 XBRL 研究的发展进程。

本书以财务信息元素理论为中心,在综合相关研究的基础上,以微观结构作为研究的切入点,对财务信息元素理论进行拓展与解析。基于微观结构视角对财务信息元素进行研究具有重要意义。一方面,财务信息元素微观结构标准化研究是对财务信息元素理论的补充与延伸,可以增强学术界对财务信息元素理论的认识和理解;另一方面,结合 XBRL 分类标准视角,财务信息元素理论是 XBRL 的基础理论,通过对财务信息元素微观结构的定义与扩展,可以规范分类标准信息元素的定义与遴选,这对于分类标准信息元素的标准化与规范化,以及行业分类标准的合理制定与扩展实施具有借鉴与指导意义。

2. 对 XBRL 分类标准应用的意义

结合企业信息披露质量研究结论可知,不同行业企业之间存在较大的信息披露差异,仅通过推行通用分类标准无法满足特定企业的信息披露需求。

本书结合信息元素微观结构的分类标准评价研究显示,通用分类标准中定义的信息元素与其结构元素等均存在大量的冗余现象,企业实际复用的结构元素占通用分类标准定义的全部结构元素的 15% 左右,通用分类标准定义的元素与企业实际信息披露需求之间存在较大的差异,亟待对通用分类标准定义的信息元素进行适当调整与修改,以真正满足企业实际信息披露需求。此外,企业存在着明显的分类标准信息元素扩展动机与需求,但是信息元素的扩展主要是为了满足单个公司的信息披露需求,其扩展元素被其他公司复用的概率较低,且其扩展质量程度相对不规范,因此需要对企业自行扩展分类标准信息元素行为进行必要的规范。

企业存在着较强的自愿性扩展分类标准信息元素的动机。这一方面反映了企业信息披露意愿的改善,但是企业自行扩展分类标准信息元素则增加了其信息元素生成成本,抑制了企业采纳 XBRL 技术的积极性;另一方面也催促着监管部门(证监会、财政部、上交所和深交所等)尽快对通用分类标准进行必要的行业扩展,以满足特定行业上市公司的信息披露需求。一些研究发现,分类标准的行业扩展模式优于直接扩展模式,并且行业扩展模式具有显著的完整性优势和效率性优势(李争争等,2014)。

因此,监管部门先构建国家级通用分类标准,然后通过行业扩展来适应不同行业对特定信息元素披露的需求,有利于推进 XBRL 技术的推广与实施。但是目前分类标准行业扩展的步伐似乎出现了放缓的趋势。监管部门在 2010 年发布了 2010 版通用分类标准,并在 2015 年对该分类标准进行更新,其间只是在 2011 年和 2012 年分别发布石油天然气行业分类标准和银行业分类标准,分类标准的行业扩展似乎进入滞缓状态。

本书基于财务信息元素理论基础,从微观结构视角对该理论进行扩展与延伸,一方面可以从深层次对 XBRL 分类标准的制定与扩展进行指导;另一方面,本书通过抽样提取上市公司财务信息元素披露的实例,并对公司之间、行业之间信息元素披露的差异性进行汇总分析,可以展示结构元素披露的差异性,以呼吁尽快出台行业扩展分类标准;同时,本书从结构元素视角对企业财务信息元素的披露状况进行汇总,可以作为进行分类标准行业扩展的依据。

1.3 财务信息元素研究内容与方法

1.3.1 研究内容

本书以财务信息元素理论为主题,围绕着财务信息元素的微观结构标准化和基于财务信息元素微观结构的分类标准评价两个方面展开。具体章节安排如图 1-3 所示。

第 1 章为绪论。本章首先对本书研究的问题的提出、选题的背景等进行介绍,并对本书研究设计的相关概念进行界定,同时从研究问题与意义、研究内容与方法等方面对本书主要研究框架进行阐述,从整体角度对本书研究作出概括性介绍。

第 2 章为文献述评。结合第 1 章所提出的研究问题,在本章中根据 XBRL 的特点,依据 XBRL 技术优势研究、XBRL 分类标准研究以及 XBRL 实例文档的研究顺序,对相关文献进行梳理与总结,并对理论、研究方法与技术、研究问题与可能的扩展方向进行分析,以明确目前关于 XBRL 的相关研究进程与进展,及本书的研究问题在 XBRL 研究体系中的位置与作用。

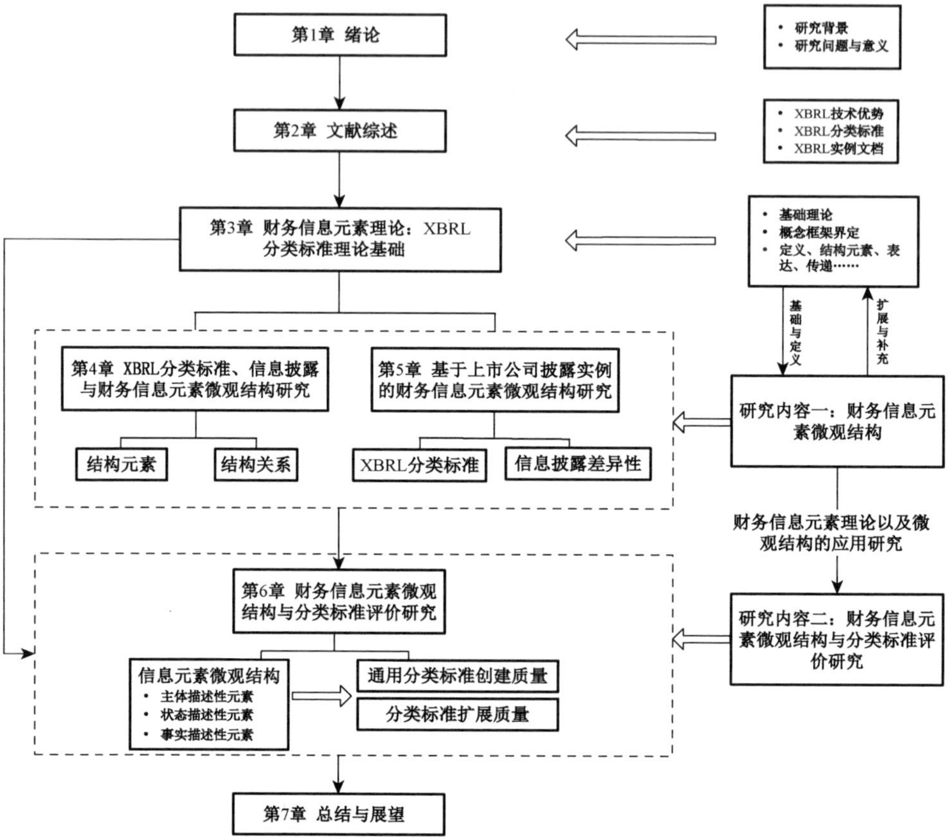

```
┌─────────────────────┐              ┌──────────────────────┐
│    第1章 绪论         │ ◄═══════     │ • 研究背景            │
└─────────────────────┘              │ • 研究问题与意义      │
           │                         └──────────────────────┘
           ▼
┌─────────────────────┐              ┌──────────────────────┐
│   第2章 文献综述      │ ◄═══════     │ • XBRL技术优势        │
└─────────────────────┘              │ • XBRL分类标准        │
           │                         │ • XBRL实例文档        │
           ▼                         └──────────────────────┘
┌─────────────────────┐              ┌──────────────────────┐
│ 第3章 财务信息元素理论:XBRL │ ◄═══════ │ • 基础理论           │
│    分类标准理论基础   │              │ • 概念框架界定        │
└─────────────────────┘              │ • 定义、结构元素、表   │
                                     │   达、传递……         │
                                     └──────────────────────┘
```

图 1-3　技术路线

　　第 3 章为财务信息元素理论：XBRL 分类标准理论基础。财务信息元素理论是 XBRL 分类标准的基础理论。本章以财务信息元素理论为中心,通过对基于财务信息元素理论的研究进行概括,从理论基础、研究必要性及概念等角度,对财务信息元素理论进行梳理与阐述。

　　第 4 章为 XBRL 分类标准、信息披露与财务信息元素微观结构研究。财务信息元素的微观结构问题,是本书研究的第一个问题。本章综合采取归纳与演绎法,在前文财务信息元素框架理论研究的基础上,从理论角度对财务信息元素的逻辑结构与空间结构进行定义与拓展,发现财务信息元素的微观结构可以从结构元素和结构关系两个角度进行阐述。然后本章将

XBRL 分类标准的理论与其应用结合,借鉴数学公式表达方法,对信息披露质量构造量化度量指标,以此从 XBRL 分类标准微观结构视角分析信息披露质量问题。

第 5 章为基于上市公司披露实例的财务信息元素微观结构研究。在结合第 4 章的微观结构理论研究的基础上,本章以抽样选取的中国上市公司为研究对象,从微观结构视角对其财务信息元素披露实例进行考察,探索中国上市公司信息元素披露的微观结构与信息质量等问题。

第 6 章为财务信息元素微观结构与分类标准评价研究。基于信息元素微观结构的分类标准评价研究,是本书研究的第二个问题。之前关于分类标准评价的研究,全部基于财务信息元素,因此缺乏基于信息元素微观结构的更深层次的研究。在本部分研究中,我们结合信息元素微观结构视角,从主体描述性元素、状态描述性元素以及事实描述性元素入手,从而实现更细致地对通用分类标准创建质量与分类标准扩展质量的度量及描述,以此作为评价目前通用分类标准创建质量的基准,并对通用分类标准创建与分类标准的行业扩展提出改进建议,进一步推动 XBRL 技术在企业层面的应用。

第 7 章为总结与展望。本章对全书的结论、创新点、局限性等进行总结,并对未来的研究方向进行展望。

1.3.2 研究方法

根据本书研究设计以及研究内容,我们将理论分析和实证研究相结合,将演绎法与归纳法相结合,综合运用经济学理论、管理学理论、财务会计理论、信息科学理论和数据库理论,以财务信息元素理论作为研究的主题,并通过层层展开的方式进行研究。

规范研究和实证研究相结合。本书的理论分析部分,即在财务信息元素理论构建方面采用规范研究方法,通过综合本体论思想、财务会计理论等,从信息元素结构、语法规范、逻辑结构等方面,构造财务信息元素理论。在此基础上,本书采用实证研究方法,以中国资本市场为例,构造合理的度量指标,采用实证分析的方法来检验财务信息元素理论的实用性与合理性。

归纳法与演绎法相结合。在文献综述和理论基础部分,本书采用归纳研究方法,对相关的文献和研究成果进行整理和总结。在理论和方法论分析部分,本书采用归纳实践经验和演绎具体理论相结合的方法,进行综合性阐述和分析。在实证研究和案例分析部分,本书采用归纳法分析经验数据的规律和经济意义;在政策建议部分,本书则采用归纳和演绎相结合的方法进行具体阐述。

跨学科多角度研究方法。本书综合运用了经济学理论、管理学理论、财务会计理论、信息科学理论和数据库理论。

1.4　财务信息元素相关概念界定

1.4.1　XBRL 财务报告

XBRL 财务报告即根据会计信息披露规则,将财务报告内容分解成不同信息元素,再根据信息技术规则对信息元素赋予唯一的数据标记,从而形成标准化规范报告(刘玉廷,2010),是 XBRL 技术应用于企业对外财务报告而生成的 XBRL 实例文档的结果。XBRL 财务报告信息生成与传递模式如图 1-4所示。

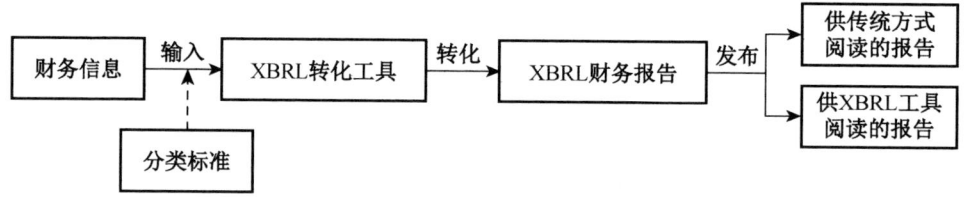

图 1-4　XBRL 信息生成与传递模式

XBRL 财务报告是学科交叉的产物,由信息技术概念和财务会计概念融合而成。为了便于 XBRL 在不同国家、行业以及不同企业之间进行信息传递和交互,XBRL 国际组织将 XBRL 财务报告设计为三个核心模块:XBRL 技术规范(XBRL Specification)、XBRL 分类标准(XBRL Taxonomy)和 XBRL 实例文档(XBRL Instance Document)(赵现明,2010;李争争,2013)。

XBRL 技术规范处于基础层级,其源于 XML 技术,属于信息技术概念范畴。其中定义了 XBRL 财务报告体系中使用的语法和信息技术类型的信息元素,如货币型信息元素和日期型信息元素等(李争争,2013)。

XBRL 分类标准是所有 XBRL 概念中最重要的概念。分类标准定义元素以及元素之间的链接关系,是由不同国家、行业或机构根据 XBRL 技术规范、会计准则以及法律法规制定的,是 XBRL 技术框架的核心内容(杜威等,2015)。

一个完整的 XBRL 分类标准包括一个模式文件(schema)和几个链接库文件(linkbase)(赵现明,2010),具体组织结构如图 1-5 所示。

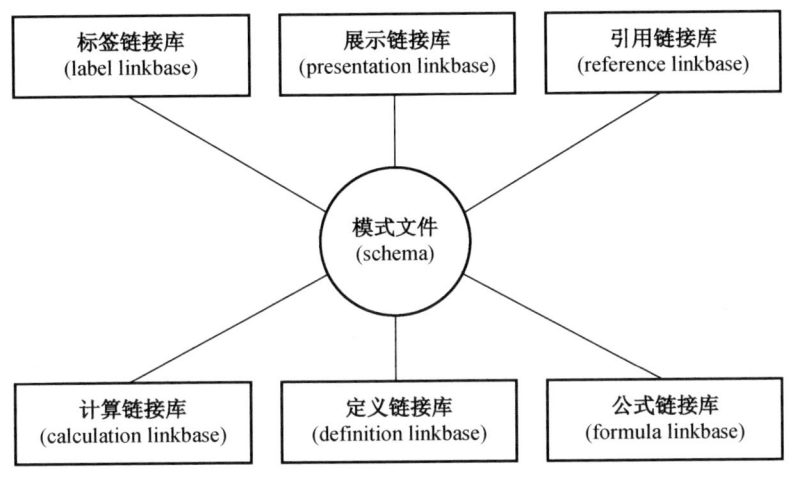

图 1-5　XBRL 分类标准组织结构

XBRL 分类标准借助于标签链接库、计算链接库、定义链接库等结构关系定义了 XBRL 财务报告中财务会计类型的信息元素(李争争,2013)。

XBRL 实例文档则是企业基于 XBRL 分类标准与技术规范生成的财务数据实体的集合。实例文档中的数据和标签通过一定的方式整理,与已分类标准中已定义的信息元素形成对应关系,使其能够被计算机等工具有效读取。实例文档内部数据在格式表单(style sheet)的辅助下能够以可读、友好的方式被呈现出来(赵现明,2010)。

XBRL 技术工作机制如图 1-6 所示。

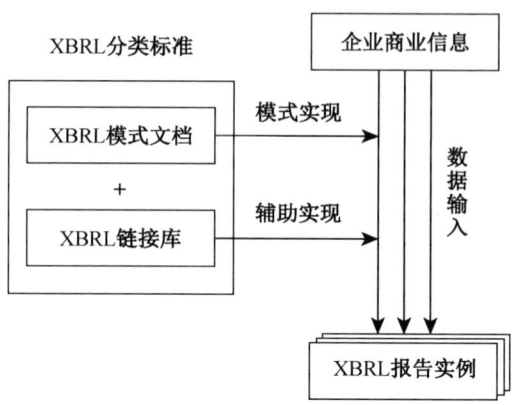

图 1-6　XBRL 技术工作机制

1.4.2　财务信息元素

财务信息元素理论最早由张天西于 2006 年提出。张天西(2006)以财务会计理论为主,结合数据库和经济信息学的相关概念,在学术界首次尝试构建财务信息元素理论,并从信息元素结构、表现形式、组合、继承、传递以及关联关系等角度对财务信息元素结构进行系统阐述,奠定了 XBRL 分类标准研究的理论基础。

张天西(2006)认为,财务信息元素是企业利用有关概念、术语、数字和短语等,对企业已经发生的交易和事项、执行的会计政策与制度、企业的财务环境等单独和综合性状况进行描述,从而传递出某种有用财务信息的最小语义构成单位。每一个财务信息元素至少包括三个基本的结构元素成分,即主体描述性元素、状态描述性元素以及事实描述性元素。

财务信息元素理论基于本体论的思想,是本体论思想和财务会计理论在 XBRL 财务报告领域的应用。黄长胤(2012)提出,财务信息元素理论为建立分类提供了一定的理论指导,随着 XBRL 实践的推进,财务信息元素理论还在不断发展和完善。

自从张天西(2006)系统地构建财务信息元素理论之后,后续研究如高锦萍和张天西(2006)、高锦萍(2007)、张天西等(2010)、赵现明(2010)、黄长胤(2012)以及李争争(2013)等,都是基于财务信息元素理论基础进行的研究。

财务信息元素理论构成了 XBRL 研究的基础理论。

1.4.3　通用分类标准与扩展分类标准

分类标准定义元素以及元素之间的链接关系,基于 XBRL 技术规范、会计准则以及法律法规,由各国监管部门制定并实施。根据分类标准的作用与实施应用对象的不同,可以将其划分为通用分类标准与扩展分类标准两类。

1. 通用分类标准

所谓通用分类标准,即为一国或地区范围内最基本、通用的分类标准。其由监管机构依据强制信息披露要求制定并实施(黄长胤,2012),主要是用于通用层面信息披露依据的分类标准(General Purpose Taxonomy)。

通用分类标准信息元素是各个行业、各个企业的通用的、可满足基本信息披露要求的信息元素。相关理论与实证研究都支持在通用分类标准中仅需要涵盖最基本的通用信息,这就使得通用分类标准中定义的信息元素具有代表性与概括性(黄长胤,2012)。

鉴于 XBRL 的技术特点,目前各国实施的通用分类标准一般都只包含具有普遍性的财务信息元素及其关系(黄长胤,2012),更多的是反映市场与行业中需要披露的基本信息。而在 XBRL 技术的具体实施过程中,不同的行业、企业还需要根据其自身个性化的披露意愿对通用分类标准进行扩展,以便更好地进行信息披露。

2. 扩展分类标准

扩展分类标准是依据会计准则、各行业监管规范与披露要求,以通用分类标准为依据,为了实现更细致的信息披露需求,对通用分类标准进行逻辑设计层面的元素以及元素之间链接关系进行扩展与再定义,以此得到的更具体、更具针对性的分类标准,以满足不同行业以及不同企业信息披露的特殊要求(黄长胤,2012)。

行业扩展分类标准的制定主体是各监管机构或行业主体,采用的方法是逐项准则法和实务法相结合。根据扩展模式的不同,可将扩展分类标准分为直接扩展模式和行业扩展模式两种。

直接扩展模式,即上市公司创建实例文档时,以通用分类标准作为参考基准,对于通用分类标准中已定义的信息元素,譬如,表头信息元素、轴信息成员元素、列报项目信息元素等,可以直接进行复用;而通用分类标准中未定义的信息元素,则以通用分类标准为基础,对表头信息元素、轴信息成员元素、列报项目信息元素、轴成员和列报项目等进行扩展与再定义,以构造满足企业个性化信息披露需求的企业层级分类标准。

行业扩展模式,即上市公司在创建实例文档时,以行业层面分类标准为基准,对于其中已定义的信息元素,进行继承与复用,对行业层级中未定义的信息元素,以通用分类标准为基础,对表头信息元素、轴信息成员元素、列报项目信息元素等进行扩展与再定义。

对分类标准的扩展不仅要兼顾不同行业、不同企业信息披露的差异性需求,同时需要考虑监管部门的职能要求。赵现明(2010)提出,分类标准的扩展除了需要根据行业门类进行扩展,还需要从监管角度出发,增加扩展门类,譬如,对证监会、银监会、保监会等①门类进行适当的扩展(朱建国和李文卿,2010)。

通用分类标准与扩展分类标准之间的关系如图 1-7 所示。

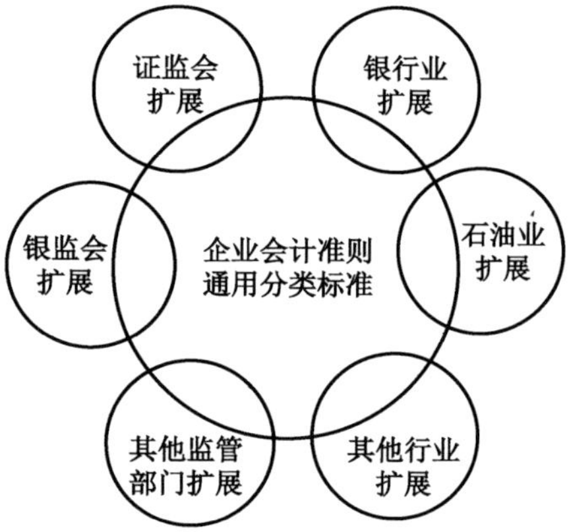

图 1-7　通用分类标准与扩展分类标准的关系

3. XBRL 分类标准概念框架

分类标准是 XBRL 技术框架的核心内容,是生成和解读实例文档的基础(应唯等,2013)。分类标准制定质量,直接影响各地和行业 XBRL 推广和应用的效果(黄长胤,2012)。考虑到分类标准的重要性,越来越多的政府部门重视分类标准的制定和应用,总结来看,目前已有包括美国、中国、日本、澳大利亚、英国、荷兰等在内的政府,相继颁布了国家层面的通用分类标准(应唯等,2013),并推动 XBRL 报告的自愿或强制报送制度的实施。

关于如何评价分类标准的制定质量,目前 XBRL 国际组织设定了两个层

---

① 2018 年,银监会和保监会合并,组建中国银行保险监督管理委员会,简称银保监会。

面的认定:已确认和已批准。

若某一分类标准通过 XBRL 国际组织的已确认认证,表示该分类标准符合 XBRL 语法规范,并在一定程度上通过合规性测试(李争争,2013);而已批准认证则表示该分类标准在符合已确认认证的基础上,还遵守 XBRL 财务报告分类标准架构(Financial Reporting Taxonomy Architecture)。

总结来看,全世界目前有 5 套分类标准获得 XBRL 国际组织最高级别的已批准认证,另有 27 套国家层面分类标准获得稍低级别的已确认认证(应唯等,2013),具体信息如表 1-4 所示。

表 1-4　XBRL 国际组织认证的分类标准一览

认证类型	国家/地区	分类标准名称	认证年份	发布机构级别
已批准	美国	投资附注	2010	国家级
已批准	美国	财务报告框架	2009	国家级
已批准	美国	共同基金风险/收益概要	2008	国家级
已批准	中国	基金公司信息披露	2010	上交所
已批准	中国	上市公司信息披露	2010	上交所
已确认	巴西	一般工商业	2015	国家级
已确认	巴西	一般工商业	2010	国家级
已确认	印尼	印度尼西亚 2014 版证券交易所分类标准	2014	国家级
已确认	新加坡	2013 版通用分类标准	2013	新加坡会计与企业管理局
已确认	日本	2013 版通用分类标准	2013	日本金融厅
已确认	日本	2010 版通用会计准则	2010	国家级
已确认	日本	2009 版通用会计准则	2009	国家级
已确认	日本	2008 版通用会计准则	2008	国家级
已确认	西班牙	IS-FESF 分类标准	2013	会计及工商业管理协会
已确认	西班牙	企业社会责任报告附注	2010	会计及工商业管理协会
已确认	西班牙	历史会计信息	2010	安达卢西亚审计商会
已确认	西班牙	企业社会责任报告	2007	会计及工商业管理协会

（续表）

认证类型	国家/地区	分类标准名称	认证年份	发布机构级别
已确认	西班牙	通用数据识别	2006	国家级
已确认	中国	2010 版通用分类标准	2012	中国财政部
已确认	中国	基金公司信息披露	2006	上交所
已确认	中国	上市公司信息披露	2005	上交所
已确认	印度	可持续人类发展指数	2012	塔塔集团
已确认	印度	银行业通用分类标准	2010	国家级
已确认	印度	一般工商业	2010	国家级
已确认	加拿大	通用财务报告	2010	国家级
已确认	中国台湾	上市公司财务报告	2009	台湾证券交易所
已确认	美国	代理投资者投票报告	2010	OCEG 国际组织
已确认	美国	微金融	2010	微金融信息交换组织
已确认	法国	通用财务报告	2010	国家级
已确认	智利	通用财务报告	2010	国家级
已确认	国际	2009 版国际财务报表准则	2009	国际会计准则委员会
已确认	国际	2008 版国际财务报表准则	2008	国际会计准则委员会

资料来源：XBRL 国际组织官网资料，https://www.xbrl.org/the-standard/what/taxonomies/recognised-taxonomies/。

但是，不同的国家层级分类标准采用的架构模型存在较大差异，势必影响XBRL 技术的进一步推广和应用。2007 年 10 月，国际会计准则理事会、美国SEC 和日本金融厅共同发起"可互操作分类标准架构"项目，以实现三方分类标准的架构趋同。

分类标准的架构模型就是分类标准的物理架构，是制定者为了加强分类标准的可读性和易用性，而采取的具体层级结构的文件组织方式（应唯等，2013）。

通过对目前国际通行的分类标准框架结构进行梳理总结，应唯等（2013）发现现在主要存在四种分类标准框架模型，分别是基于会计准则的架构模型、基于行业领域的架构模型、基于报告模板的架构模型和基于技术规范的架构模型。

基于会计准则的架构模型，即根据具体会计准则的逻辑结构设计并组织

文件架构,财务人员对这种架构的熟悉程度高,可以提高可读性与适用性,并简化扩展的工作量。使用基于会计准则的架构模式的有 IASB 制定的国际财务报告准则分类标准和我国财政部制定的企业会计准则(China Accounting Standards,CAS)。

基于行业领域的架构模型,即在入口模式上根据不同行业进行划分,设置分行业组织文件框架,突出行业特点,减少数据冗杂和出错率。澳大利亚 SBR 分类标准、日本 EDINET 分类标准和美国 GAAP 分类标准均采用这种模式。

基于报告模板的架构模型,即基于报告类型进行文件架构组织,使得分类标准针对性强,扩展分类标准的工作量较小,可实现直接面对应用层面。采用这种模式的分类标准有欧洲银行监管委员会的共同报告分类标准和财务报告分类标准。

基于技术规范的架构模型,即基于 XBRL 技术规范进行文件架构组织,该模式结构简单清晰,所需工作量较小,主要适用于分类标准规模较小,且目前制定机构没有足够经验的国家或地区使用(应唯等,2013)。采用该模式制定的分类标准包括加拿大 GAAP 分类标准、巴西 GAAP 分类标准、新西兰 GAAP 分类标准和印度一般工商业分类标准等(李争争,2013)。分类标准框架结构模式汇总如表 1-5 所示。

表 1-5　分类标准框架结构模式汇总

架构模式	特 点	优 点	典型代表
基于会计准则	根据具体会计准则的逻辑结构设计文件框架	财务人员熟悉程度高,便于理解与使用	国际财务报告准则分类标准、中国企业会计准则
基于行业	根据行业的不同组织文件框架	突出行业特点,减少数据冗杂和出错率	澳大利亚 SBR 分类标准、日本 EDINET 分类标准、美国 GAAP 分类标准
基于报告	基于报告类型进行文件架构组织	分类标准针对性强,扩展工作量小	欧洲银行监管委员会的共同报告分类标准和财务报告分类标准
基于技术规范	基于 XBRL 技术规范进行文件架构组织	工作量小、结构清晰	加拿大 GAAP 分类标准、巴西 GAAP 分类标准、新西兰 GAAP 分类标准、印度一般工商业分类标准

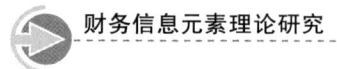

4. 分类标准扩展架构

分类标准由财务信息元素及其结构关系构成,财务信息元素是组成分类标准的核心单元(张天西,2006)。根据黄长胤(2012)的总结,分类标准具有概念性、关系性、共享性和明确性四个特征。

依据分类标准本身的结构,分类标准的扩展具有一定的层级性(黄长胤,2012),分类标准扩展架构如图 1-8 所示。其结构框架自上而下依次表示为:技术层面(XBRL 技术规范国家标准)、通用分类标准(2015 版通用分类标准)、行业扩展分类标准(石油行业分类标准、银行业分类标准、证券业分类标准)和企业扩展分类标准四层结构(黄长胤,2012)。

根据图 1-8 和 XBRL 技术规范可知,分类标准扩展的起点与基础是通用分类标准,即通用分类标准处于分类标准扩展的最高层(黄长胤,2012)。通用分类标准是分类标准扩展的基础,行业扩展与公司扩展都必须保持与通用分类标准的兼容性。

分类标准扩展本质上也是分类标准定义的过程,即在通用分类标准基础上,对于财务信息元素及其链接关系进行扩展与再定义的过程,分类标准扩展分为行业扩展和企业扩展两部分。行业扩展分类标准是在继承通用分类标准中已经完整定义的元素及其相关关系的基础上,基于不同行业特点以及特殊信息披露需求,对行业内信息披露规则进行再定义的过程。行业扩展分类标准是沟通通用分类标准与企业扩展分类标准的中间环节,既保证了通用分类标准层面已确定定义的信息元素,又便于行业层面信息披露的专业化。而企业扩展分类标准处于分类标准扩展的底层,是在保证通用分类标准和行业扩展分类标准层面兼容的基础上,对企业披露信息的个性化扩展的过程。

扩展层级具有明显的架构关系,处于低层次的分类标准必须保持与高层次分类标准的兼容性,高层次分类标准则需要对其进行进一步的扩展提供必要的可扩展性,以保障与满足不同层次的信息披露与传递要求(黄长胤,2012)。

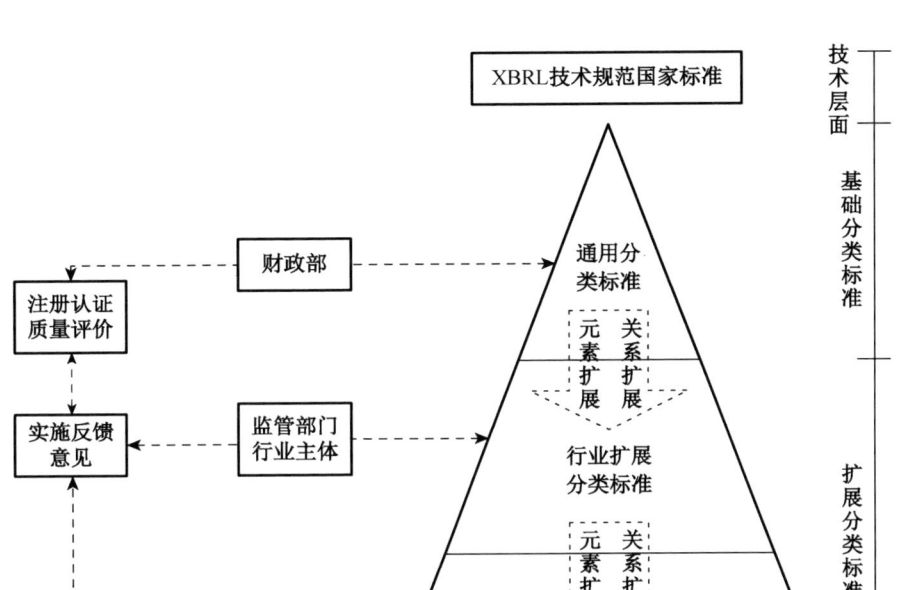

图 1-8　XBRL 分类标准扩展架构

1.4.4　财务信息价值链

价值链(value chain)概念最早由波特(Porter)于 1985 年提出,主要用于描述企业内部生产、销售、供应、财务、物流等交织而成的价值链总体。而企业内部会计核算程序与其日常生产经营活动中涉及商品和劳务的供应过程非常相似,于是有研究者结合会计概念形成了财务信息价值链概念。

DiPiazza 和 Eccles(2002)提出公司报告供应链的概念,并将其价值链成员定义为包括公司管理者、董事会、信息发布者、独立审计师、第三方分析师、投资者以及其他利益相关者,同时还包括贯穿于整个信息价值链始终的会计准则以及监管机构等。2003 年,欧洲会计师联合会认为,财务报告供应链是指在准则制定和市场监管之下的公司管理层、董事会、独立审计师、信息提供者、分析师、投资者及其他利益相关者共同构成的链状结构,实现从信息的生成、传递,到影响投资者经营决策的信息传递过程。图 1-9 表示企业传统信息价值链模型。

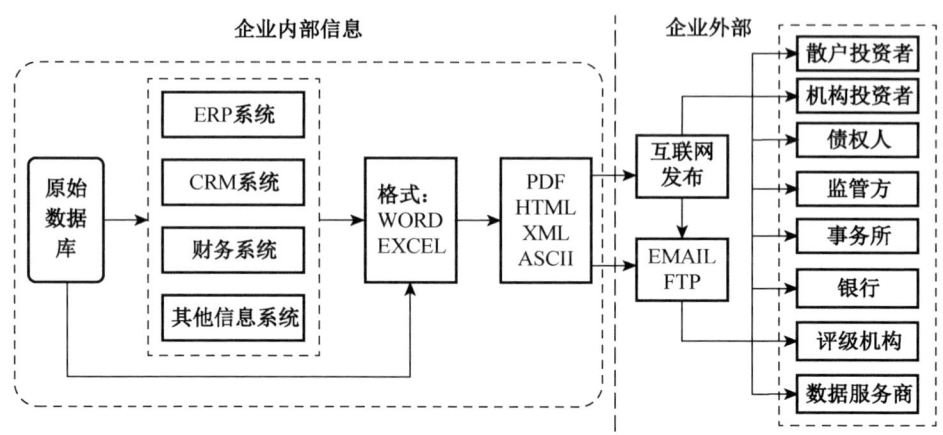

图 1-9　企业传统信息价值链模型

由图 1-9 可知,企业报告信息价值链就是企业内部信息(主要是财务信息)由汇集、整理、加工(各主要系统)、验证到交付使用的过程。企业财务信息价值链模型中已经整合 ERP 系统、CRM 系统、财务系统和其他信息系统,最终实现信息价值增值。

但是传统的信息价值链并没有处于流畅的运行之中。一方面,在信息系统内部,由于企业应用系统处于"信息孤岛"状态,系统集成和资源共享的水平较低,因此实现数据信息的共享需要额外的资本投入;另外,在信息输出端,企业需要根据不同的监管与报送需要,生成不同格式的信息,不同系统之间无法实现格式的统一与转换,增加了信息生成与处理成本,造成资源的浪费。

而 XBRL 语言通过对财务信息实现 XML 技术标识,实现对财务信息的精确"定位",会计信息一经输入,无须再重复输入,便于信息在后续价值链中的自由提取、转换、应用,以及实现信息下钻。另外,XBRL 为财务报告提供公开语言标准,通过与其他软件技术建立转换接口,其可实现不同应用系统之间数据的自动化交换,从而减少数据交换过程中不必要的人工干预等因素可能造成的数据缺失、遗漏以及误报等风险。XBRL 技术通过提供差异化和互动性的会计信息,满足信息需求方的特定需求(Debreceny 等,2005)。

XBRL 技术实施后,可以有效地整合企业内部资源,优化企业信息价值链。作为未来的商业报告语言,XBRL 标准将会影响整个财务报告信息链

（Brown 和 Willis，2003），并使所有的利益相关者受益如图 1-10 所示。

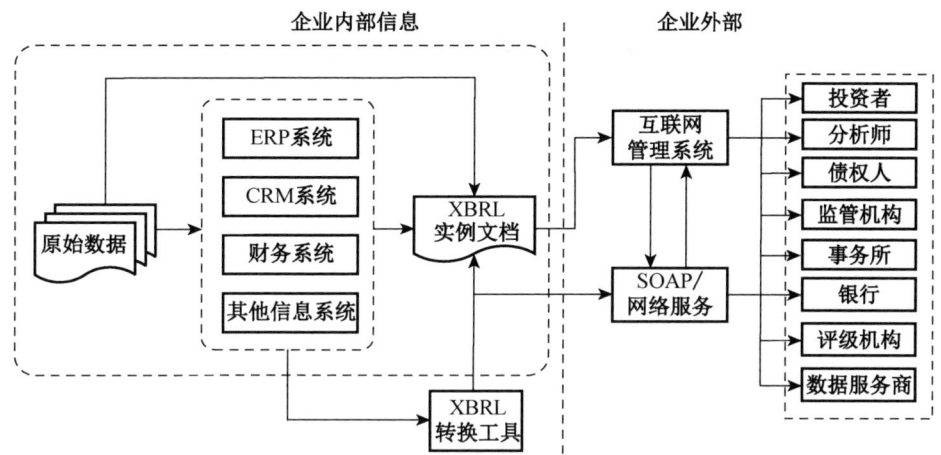

图 1-10　XBRL 技术环节下企业信息价值链模型

1.5　本 章 小 结

　　本章介绍了本书研究的背景，并对与本书直接相关的一些基本概念进行界定。根据 XBRL 分类标准的应用与研究现状，本书以 XBRL 分类标准基础理论作为视角，提出本书研究的两个问题：一是财务信息元素的微观结构标准化研究；二是基于财务信息元素微观结构的分类标准评价研究。这两个问题层层深入，形成了信息披露视角下 XBRL 分类标准基础理论的核心内容。同时，本章提出本书的研究内容和相应的研究方法。本章既是全书研究的概括性介绍，又提供了全书研究的整体框架。

第 2 章

财务信息元素研究文献述评

XBRL 财务报告是交叉学科的产物，由信息技术概念和财务会计概念融合而成。根据 XBRL 技术框架可知，XBRL 技术主要分为三个核心内容：XBRL 技术规范、XBRL 分类标准和 XBRL 实例文档。

自从 XBRL 构想在 1998 年被霍夫曼提出后，XBRL 技术在学术界和监管部门得到了重视。由于早期缺乏 XBRL 实例文档数据，关于 XBRL 技术的研究以规范研究为主（譬如：Pinsker，2003；Bovee 等，2005；Baldwin 等，2006；Gunn，2007），而随着 XBRL 技术在主要资本市场的应用（自愿性应用与强制应用），为通过实证研究方法考察其应用效果提供理想的实验平台，关于 XBRL 的研究也转入实证研究范畴（Yoon 等，2011；Li 等，2012；Wang 等，2014）。

本书以 XBRL 技术框架组成部分以及 XBRL 技术发展历程为顺序，分别对各自组成部分的相关研究文献进行梳理与评述。

2.1 XBRL 技术优势研究

2.1.1 XBRL 财务报告技术优势

自从 1998 年霍夫曼提出基于 XML 技术的 XBRL 语言以来，第二代网络财务报告（XBRL 格式财务报告）已在世界主要国家/地区以及国际组织得到广泛的应用。在 XBRL 应用与研究的早期，研究者主要通过规范研究方法对

XBRL 的技术优势进行分析和阐述。

概括来看,XBRL 的技术优势主要体现在以下几个方面。

信息质量方面,研究者认为,XBRL 技术以及具有确切定义的 XBRL 分类标准可以对财务报表及附注信息进行标记,提供标准化信息,降低财务报告中的术语错报风险(Bovee 等,2005)和披露错误信息的可能性(Pinsker,2003),抑制盈余管理(陈宋生和童晓晓,2017;周易等,2017),促进信息持续流动性(Debreceny 等,2005),提高财务报告横向和纵向可比性(Wagenhofer,2003;Baldwin 等,2006)、可靠性(Gunn,2007)、可获取性(Baldwin 等,2006;Strader,2007)、准确性(Naumann,2004;Wigand 等,2005;Li 等,2006)和相关性(Zabihollah,2002),提高财务报告信息披露质量(Naumann,2004;McGuire 等,2006;陈宋生等,2020)、信息透明度(沈颖玲,2004;Hodge 等,2004)和会计稳健性(林祥友等,2017)。

信息交互方面,XBRL 技术可以在不同信息系统之间,提供信息共享的交互平台(Willis 和 Hannon,2005;Garbellotto 和 Cohen,2007),解决信息互用性问题(Hoffman 和 Watson,2009)。XBRL 通过对信息元素进行标准化,以及信息的及时有效披露,降低信息生成与传递成本(Willis 和 Hannon,2005;Gunn,2007),有助于提高财务报告的持续性(McGuire 等,2006;Pinsker,2007),降低企业资本成本(Leuz 和 Verrecchia,2000;Daske 等,2008)。

信息监管方面,XBRL 技术无法有效降低会计舞弊风险,但是 XBRL 技术可对财务信息内容与格式进行标注化处理(Wagenhofer,2003),减少重复监管,降低监督成本(Bonson 等,2009),提高监管效率。因此,越来越多国家开始采用这种电子信息技术(DiPiazza 和 Eccles,2002)。采用 XBRL 技术能够提高监管机构对信息数据的使用效率,提高其发现会计舞弊的可能性(Anon,2002)。

对信息使用者而言,作为一种可扩展的商业报告规范,XBRL 能够增强软件公司、政府监管部门以及信息使用者等对财务报告语言的开发和交流,实现财务数据及时、准确、高效地存储、处理和交流(SEC,2005)。XBRL 技术通过对信息元素进行标准化处理,可以增强信息的可理解性,便于信息需求者对财务信息的直接检索,为所有信息使用者提供低成本、高效率的服务以及可靠而准确的财务信息(赵聪,2011)。信息使用者通过 XBRL 增强型搜索引擎提高从财务报告附注中获取信息的机会(李争争,2013),信息环境得以改善,使用者的数据整合与分析能力也得以提高。

另外,XBRL 有利于降低公司管理层对信息披露的操控(Hodge 等,2004),提高公司内部控制的有效性和决策透明度(Hodge 等,2004)。

概括而言,XBRL 有望成为全球化财务信息与非财务信息的标准化语言,实现跨国、跨系统间的信息交流。意识到 XBRL 技术可能给信息披露带来的潜在影响力,越来越多的国家开始接受和采纳 XBRL 技术(Dunne 等,2013;Bai 等,2012)。2005 年由 SEC 发起的、后来在各国得到积极响应的 XBRL 财务报告报送计划,为从实证角度研究 XBRL 的技术优势与实施效果提供了一个理想的实验平台。

为了检验 XBRL 报告报送可行性,SEC 首先于 2005 年推出 XBRL 自愿报送计划(Voluntary Filing Program,VFP),但是其对报送时间、报告内容准确性等没有作出严格要求(SEC,2005)。研究发现,公司治理和信息透明度较好的公司会倾向于在自愿报送阶段披露 XBRL 报告(Premuroso 和 Bhattacharya,2008),自愿报送更多的是起到传递公司治理良好的信号作用。XBRL 技术实际操作与应用的复杂性,以及机构投资者与散户投资者在软件技术资源、信息处理能力方面的不对称性,使得在自愿报送 XBRL 报告的第一年,投资者之间的信息不对称程度有所加剧(Blankespoor,2012),研究结论与 SEC 的目标相悖。

作为一种新的信息披露技术,XBRL 的技术优势的发挥可能需要更长一段时间才能实现。SEC 随之在 2008 年正式推出 XBRL 财务报告强制报送计划,希望这种交互式的信息披露方式可以降低信息不对称性程度(SEC,2009)。SEC 认为,推行 XBRL 报告强制报送计划是"提高财务报告信息的可达性与有用性的有效一步"(SEC,2009)。

在强制披露 XBRL 报告后,公司信息披露水平和透明度有显著改善(Pinsker 和 Li 2008;Hwang 等,2008)。XBRL 报告提升信息使用者的数据整合与处理能力,信息处理成本得以降低,信息效率得到有效提升,股票回报率的波段性显著降低(Kim 等,2012)。对于分析师而言,其信息环境得以改善

（Blankespoor，2012），分析师跟随数量以及分析师预测精度显著提升（Li 等，2012；惠丽丽等，2019）。

由于 XBRL 报告要求公司对附注信息和补充表信息进行标记，公司通过 XBRL 报告披露的潜在信息增加；同时，信息处理成本降低以及分析师的信息环境改善使得公司股价可以更多地反映其特质信息（Sims，2003，2006；Peng，2005）。在强制报送 XBRL 报告后，股价同步性显著下降（史永和张龙平，2014a；程小青，2021）。Chen 等（2016）以盈余公告股价漂移为视角，研究 XBRL 强制实施与信息不对称性之间的关系，由于采纳 XBRL 可以提高信息披露的效率与准确性（黄长胤，2012），在 XBRL 强制实施后，股价漂移现象得到改善。

对于信息提供方而言，信息处理成本的降低使得公司愿意披露更多的信息（何玉，2006；Blankespoor，2012），公司信息透明度得到改善（Kim 等，2012），投资者对公司信息不确定性的降低导致其要求的必要报酬率减少，公司资本成本降低（Yoon 等，2011；Li 等，2012），公司业绩显著提升（Wang 等，2014）。

同时，XBRL 监管治理效果也得以体现，XBRL 可以有效地丰富监管者的监管手段，提高其监管能力，建立在会计准则基础上的分类标准可以将企业的交易行为、内部账簿记录等进行有效的统一披露，使得会计信息处理可供查询。一些研究，譬如 Kim 等（2012）发现在强制报送 XBRL 报告后，可操纵应计项目减少，即财务报告的机会主义行为有所降低，XBRL 报告的监管作用得以发挥。

在中国，上交所和深交所于 2009 年全面推行 XBRL 财务报告报送计划，要求上市公司必须同步提交定期报告的 PDF 版本和 XBRL 实例文档。基于中国样本的研究结果与西方类似，在沪、深两市强制披露 XBRL 报告后，信息含量有所呈现（赵现明和张天西，2010），会计信息的可靠性、可比性与相关性增强（王琳和龚昕，2012），分析师跟随数量增加，预测准确度提高（史永和张龙平，2014a）。股价能够更多地反映公司特质信息，同步性明显降低（史永和张龙平，2014b；惠丽丽等，2019），代理成本显著降低，投资者的利益得到有效保护(曾建光等,2013),资本市场随机游走程度降低,有效性得到改善(郑济孝,2015)。

2.1.2 XBRL 账簿报告价值优势

传统财务报告系统缺乏有效获取和传递关键财务信息的能力,XBRL 账簿分类标准的技术优势体现在以下方面。

XBRL 账簿分类标准能够提供企业内部信息交流与共享的标准格式(Roohani 等,2009;庄明来和汪元华,2011),便于不同系统之间进行数据传输,整合内部和外部报告(Amrhein 等,2010),实现信息共享与信息下钻(Hannon,2003;沈颖玲,2004);规范交易层面的会计信息格式,实现网上报告流程化(潘琰和林琳,2006);在聚合和全球共享信息的基础上提供可扩展性(Roohani 等,2009)。一些研究(譬如:Haseqawa 等,2004)发现实施 XBRL 账簿技术后财务信息数据质量有明显改善。

同时,XBRL 账簿分类标准可以实现与 IFRS XBRL 协调合作,利用 XBRL 构建国际财务报告准则分类体系,对会计全球化有深远意义(沈颖玲,2004;潘琰和林琳,2006),XBRL 技术和国际会计准则的趋同可以在全球层面上使财务信息质量迈向新的台阶(Efendi 等,2010)。

此外,XBRL 账簿技术与企业内部控制及风险管理密切相关。2009 年,合规及道德组织制定风险管理分类标准(GRC-XML)测试版本开放,并于 2012 年 8 月进行更新。XBRL 账簿技术能够与 GRC-XML 分类标准高度整合,为企业内部控制直接提供有效信息。

2.1.3 XBRL 技术应用研究

目前关于 XBRL 报告报送大多具有强制性(譬如:中国、美国、日本、新加坡、以色列等),只有少数国家(譬如:加拿大、南非等)仍采用自愿方式,监管机构和 XBRL 国际组织在 XBRL 技术应用中起到重要作用(Locke 和 Lowe,2007;Troshani 和 Rao,2007;Cohen,2009)。

但是公司作为 XBRL 技术应用一方对于 XBRL 技术应用的主动性却并不强。公司没有意识到 XBRL 对于信息披露的重要性,即使是 SEC 强制要求报送 XBRL 报告,公司也不愿意披露 XBRL 数据。究其原因,主要包括以下三个方面:其一,企业自身并未感受到 XBRL 技术带来的好处,反而认为 XBRL 披露增加了公司信息披露成本(Chasan,2012),且 XBRL 的实施不会使所有利益相关者受益(Enofe 和 Amaria,2011);其二,公司管理层还担心公司内部引入的 XBRL 技术会产生额外的系统集成事项,使得企业目前运营良好的系统的兼容性问题更突出显现,企业需要权衡采用 XBRL 技术可能带来的成本效益原则;其三,由于 XBRL 具有一定技术复杂性,在具体应用过程中必然会产生一定实施成本。XBRL 技术优势的发挥受到风险、选择主体意识偏差等因素的影响,因此企业主动采纳 XBRL 技术的动机不强,导致目前 XBRL 技术推行的现状在各地区之间存在一定差异性。

目前 XBRL 在财务报告层面的应用更多的是为了满足监管要求,而这并不能真正促使企业主动采纳 XBRL 技术。为了推进 XBRL 技术应用,需要探寻影响公司采纳 XBRL 技术的动机。研究发现,公司是否采纳 XBRL 技术,与满足监管要求、可获取的竞争优势、XBRL 技术规范的不确定性、新技术采纳的风险、成本效益等相关。因此,应在推行 XBRL 技术、监管要求、新技术采纳的成本效益、风险等因素之间实现平衡(Doolin 和 Troshani,2004),同时,监管部门需要加强对 XBRL 技术的普及教育工作(Cordery 等,2011),并尽可能地为 XBRL 技术的推广提供良好的外部环境。

2.2　XBRL 分类标准研究

XBRL 分类标准由不同国家、行业或机构根据 XBRL 技术规范、会计准则以及法律法规和规定制定,是 XBRL 技术的核心(应唯等,2013)。分类标准对 XBRL 报告的披露起到规范和指引作用,XBRL 分类标准质量直接决定 XBRL 财务报告信息质量(Debreceny 等,2010),并进一步影响信息使用者对 XBRL 财务报告信息的利用程度。因此,关于对 XBRL 分类标准创建与评价方面的研究显得尤为重要。

围绕着 XBRL 分类标准应用的推进,关于分类标准的研究也越来越多,相关研究主要从分类标准制定(Spies,2010;刘锋,2012)、实施(Baldwin 和

Trinkle，2011；Pinsker 和 Li，2008；Steenkamp 和 Nel，2012)、扩展(刘勤，2006；赵现明，2010；黄长胤，2012；李争争等，2013)、评价(Bovee 等，2002；高锦萍和张天西，2006；Zhu 和 Wu，2011；王文礼等，2011；黄长胤和张天西，2011；李争争等，2013)与认证(杨周南等，2011)等角度展开。

2.2.1 分类标准制定研究

制定 XBRL 分类标准最根本的是要解决"XBRL 分类标准的理论基础是什么"的问题，但是在 XBRL 分类标准研发过程中一直没有一个现成的理论予以指导和规范，使得建立的信息标准缺乏必要的理论支持(张天西，2006；韩庆兰和蔡苗，2008)，直到张天西(2006)基于会计理论和数据库理论，构建财务信息元素理论，并明确财务信息元素是组成 XBRL 分类标准的基本单元。财务信息元素理论、财务信息元素粒度理论以及信息元素空间理论(黄长胤，2012)等共同奠定了分类标准研发的理论基础。后续关于分类标准扩展与评价等方面的研究，如赵聪(2011)、黄长胤(2012)、李争争(2013)、李争争等(2013)以及杜威等(2015，2016)，都是基于财务信息元素理论进行研究。

关于如何构建 XBRL 分类标准，研究者从不同视角提出了构建 XBRL 分类标准的理论方法。譬如，提出 XBRL 分类标准生命周期理论(Piechock 和 Felden，2007)，使用分类标准工程学原理(Debreceny 等，2009)，使用系统聚类方法(Chakraborty 和 Vasarhelyi，2010)遴选财务信息元素，基于本体论思想(Spies，2010)以及基于语义网的 XBRL 技术模型(刘锋，2012)等。

而在 XBRL 分类标准认证方面，杨周南等(2010)基于本体论、软件体系架构理论和软件成熟度模型建立了分类标准认证体系，该认证体系主要包括认证主体、认证客体、认证识别、认证模型和认证方法五要素(黄长胤，2012)。

2.2.2 分类标准扩展研究

分类标准扩展是指对基准分类标准中未定义的元素和元素关系进行扩展与再定义(黄长胤和张天西，2011；黄长胤，2012)，其本质上是制定分类标准的过程。分类标准扩展源自信息提供方对其特殊财务信息的主动披露以及信息使用者特定的信息需求。在综合考虑信息供给与信息需求的情况下，可以将企业业务信息分解为更小的元素(刘勤,2006;李争争,2013),采用颗粒细微化的方式存储与发布,以更好地满足不同信息使用者的需求。另外,不同行业对分类标准也有不同的需求(黄长胤和张天西,2011),XBRL 在财务报告层面的应用尚未完善,客观上也需要通过分类标准的扩展来进行完善。

关于分类标准扩展模式,赵现明(2010)认为,可以由国家监管部门(譬如:财政部、证监会或交易所等)确定通用分类标准,各个行业根据自身特点基于通用分类标准进行行业扩展,而行业中每个企业基于自身披露需要,制定企业分类标准。国家层级分类标准是行业扩展的基础(金侃,2009;黄长胤,2012),行业扩展是通用分类标准在具体行业中的延伸与补充,是公司直接扩展的基础。

在具体实践方面,黄长胤(2012)发现目前存在两种扩展模式:"由通用层级经行业层级到企业层级"和"由通用层级到企业层级"(李争争,2013),两种模式由数据一致性的差异导致 XBRL 财务报告透明度存在显著差异。相比于直接扩展,行业扩展在完整性、效率性和可比性方面具有一定的优势(李争争等,2013)。

企业以扩展信息元素来体现自愿性信息披露的差异与质量。分类标准的适当扩展可以提高企业财务报告信息含量(陈宋生等,2020),但是现实中却存在着重复扩展现象(Debreceny 等,2011),重复扩展增加信息生成成本和处理成本,降低 XBRL 报告信息质量。为了降低分类标准的盲目扩展,可以通过内部讨论和使用财务报表到分类标准映射清单等手段辅助扩展分类标准(Debreceny 等,2010)。规范分类标准的扩展已成为提高 XBRL 财务报告质量的关键因素。

2.2.3 分类标准评价研究

对于如何评价分类标准,目前的研究主要从分类标准创建质量以及分类标准扩展质量两方面进行考察。

分类标准创建质量研究主要从创建完整性(Bovee 等,2002;高锦萍和张天西,2006;Zhu 和 Wu,2011;赵聪,2011;吴忠生,2015)、合规性(Katz,2004;王文礼等,2011)、效率性(黄长胤和张天西,2011)和可比性(Zhu 和

Wu，2011；李争争等，2013)角度进行评价。Debreceny 等(2005) 提出，可以从技术性、可用性、完整性、可获得性、一致性等方面来评价分类标准的质量。

关于分类标准创建完整性，Bovee 等(2002)首次使用信息元素匹配法，将财务报表信息元素与分类标准元素进行配对，以衡量分类标准所覆盖的上市公司实际披露信息的范围，研究公司报告实务元素与分类标准元素之间的差异。结果发现，分类标准与报表项目整体匹配良好，但也还存在一定的差异性，并据此提出还需对此分类标准进行修订和扩展。该研究还特别提到了行业差异的显著性，并讨论了制定分行业分类标准的必要性(何玉，2006；何玉和张天西，2006)。

Bovee 等(2002)提出的信息元素匹配法也被后续研究者，如高锦萍和张天西(2006)、Zhu 和 Wu(2011)、赵聪(2011)所采纳。

进一步地，张天西等(2011)在信息元素匹配法的基础上对分类标准信息所能覆盖的上市公司实际披露信息进行量化，构建衡量分类标准完整性的分类标准元素覆盖率，并构造一系列衡量分类标准元素披露细致程度的指标。

聂萍和周戴(2011)从网页呈现质量视角，采用专家咨询法，对上交所、深交所 XBRL 服务平台进行评分，从实时性、交互性、完整性、可比性和可理解性5 个方面对 XBRL 信息披露有效性进行考察，结果发现深交所 XBRL 平台得分在信息披露质量特征和网页适航性等方面都优于上交所。

吴忠生（2015）基于 Zhu 和 Wu（2011）构造的分类标准完备性(completeness)指标，扩展出评价 XBRL 分类标准的中国背景下完备性的指标，即若以原分类标准 A 评价目标分类标准 B，设定 $|A|$ 和 $|B|$ 分别表示分类标准 A 和 B 的元素数量集合，则相对于 A 标准而言，B 标准的完备性是指 A 标准匹配 B 标准占 A 的比重，以 C_B 来表示，则

$$C_B = \frac{|S_A|}{A}$$

其中，集合 $S_A = \{x \in A \mid \exists y \in B\}$。

合规性即分类标准中的元素和元素之间的关系定义要符合 XBRL 语法规

范(李争争,2013),符合 XBRL 财务报告分类体系结构框架要求(Katz,2004)。王文礼等(2011)基于概念层、关系层和可扩展分类集层等三个方面,对国际财务报告准则基金会的分类标准与中国《企业会计准则通用分类标准》的一致性进行分析。

分类标准效率性方面,黄长胤和张天西(2011)构造"分类标准复用率",即分类标准中元素被上市公司实际披露复用的频率,以此衡量分类标准创建的效率。李争争(2013)则从创建效率、语义完整性和创建质量测度角度比较了两种分类标准的创建模式,发现维度模式分类标准的创建质量优于元组模式,因此基于维度建模基础上的 2010 版通用分类标准具有一定的现实意义。

关于分类标准可比性,Zhu 和 Wu(2011)基于 XBRL 数据标准首次构造"可比性测度模型",但是该模型仅适用于两个公司的比较;李争争等(2013)基于元素复用频数重构可比性测度,并以此对行业扩展模式与直接扩展模式进行分析,发现行业扩展模式具有更强的可比性优势。

根据黄长胤(2012)可知,分类标准扩展是指对基准分类标准中未定义的元素和元素关系进行扩展与再定义,其本质上是制定分类标准的过程。分类标准扩展主要包括:直接引用通用分类标准中定义的信息元素、间接引用通用分类标准中定义的其他信息元素以及扩展重新定义具体行业特色信息元素(李争争等,2014)。

目前关于分类标准扩展质量研究主要基于信息元素扩展的完整性与效率性角度进行考察。扩展完整性方面,黄长胤和吴忠生(2011)构造"企业扩展元素总数"来反映上市公司披露实务中对通用分类标准扩展进行元素扩展的数量;李争争(2013)引入频数统计方法重新构造扩展质量测度,从创建效率、语义信息完整性和整体创建质量角度对行业扩展模式与直接扩展模式进行分析,发现分类标准的行业扩展模式优于直接扩展模式。

2.3　XBRL 实例文档研究

XBRL 实例文档根据 XBRL 技术规范和分类标准制定(刘飞,2013),是企业财务报告的数据实例,实例文档中每一个事实数据都与分类标准中已定义的概念相对应(应唯等,2013)。XBRL 实例文档质量对于 XBRL 技术发挥有主要影响。

意识到 XBRL 可能给财务报告披露带来的革命性影响,越来越多国家开始推行 XBRL 报告报送计划,XBRL 格式报告质量受到越来越多的关注。

研究发现,在自愿报送阶段和强制报送阶段,XBRL 实例文档都存在一定错误,譬如:遗漏元素、元素符号或权重错误、元素定义重复、定义错误以及元素扩展错误等(何芹,2011)。但是随着公司披露 XBRL 报告经验的增加,实例文档中的错误显著降低。XBRL 国际组织以及各国管理层在推进 XBRL 报告报送时可以借鉴美国 SEC 实施的渐进式方法,以降低新技术采纳时可能会出现的各种问题。

XBRL 实例文档中信息误差影响实例文档信息可靠性和信息质量,信息使用者的信息分析与处理成本增加(Boritz 和 No,2008),导致信息不对称性加剧,分析师预测误差加剧(Liu 等,2013),最终导致公司资本成本增加(Yoon 等,2011)。

SEC 在实施 XBRL 自愿报送计划前,对于是否需要对 XBRL 信息进行审计进行调查,结果发现公众普遍认为公司在提交 XBRL 报告的同时需要对数据质量进行鉴证(SEC,2007)。尽管如此,SEC 和其他监管部门尚未出台对 XBRL 实例文档进行独立鉴证的条款(Plumlee 等,2008;Gray 和 Miller,2009)。

为了保证实例文档信息质量,需要从信息审计的视角对实例文档信息进行鉴证。关于 XBRL 实例文档鉴证的研究从早期的语法类鉴证(Plumlee 和 Plumlee,2008)过渡到后期的语义类鉴证(Boritz 和 No,2011;高锦萍,2011;林琳和潘琰,2011;吕志明,2011),语义鉴证比语法鉴证对于实例文档鉴证的重要性更强。

Cohen 等(2003)以信息经济学、代理理论、交易成本理论为基础,建立 XBRL 报告审计需求理论(张天西,2003)。Srivastava 和 Kogan(2010)以判定集的形式,从完备性缺陷、存在性缺陷和精确性缺陷保证数据的完整性和一致性,构建基于语义鉴证的实例文档鉴证的概念框架。在纸质财务报告与 XBRL 财务报告并存的背景下,注册会计师的基本职责是确定被鉴证单位管理层对 XBRL 财务报告中所披露的元素映射、拓展等是否存在不恰当之处进行鉴证(高锦萍,2011)。后续基于语义鉴证的研究,如 Boritz 和 No(2011)、高锦萍(2011)、林琳和潘琰(2011)和吕志明(2011)等,都基于 Srivastava 和 Kogan(2010)的概念框架提出。

2.4 文 献 述 评

自从 1998 年霍夫曼开创性地将 XML 技术应用于财务报告,并逐渐形成可扩展商业报告语言以来,XBRL 在全球范围内得到不断实践与发展,关于 XBRL 的研究也得到学术界的广泛关注并取得了一定成果。但是整体来看,关于 XBRL 的研究,无论是在研究方法、研究内容以及研究前瞻性方面,仍处于起步阶段,关于 XBRL 的研究仍有很长的路要走。

其一,XBRL 研究属于会计学与计算机学的交叉地带,并不属于当前主流会计领域的研究范畴。当然,随着各国政府开始大力推进 XBRL 报告应用,关于 XBRL 与信息质量、公司治理以及信息不对称等相关领域的话题,已经得到国内外一些主流会计研究领域的关注。因此,如何有效地将 XBRL 与主流会计研究领域相结合,这也是突破 XBRL 研究瓶颈的关键。

其二,国内 XBRL 研究焦点主要集中在 XBRL 应用研究,XBRL 的研究缺乏一个有效、统一的基础理论予以支持,使得建立的信息标准缺乏有效理论支持。在这方面,张天西(2006)作了一些有益的尝试,但是 XBRL 基础理论的研究仍需要拓展,理论领域的研究与创新是 XBRL 研究的核心环节。

其三,在 XBRL 应用方面,XBRL 报告质量,即 XBRL 实例文档审计体系是绕不过的。虽然目前 XBRL 已经在主要资本市场中得到推广与应用,但是为了减轻报送者的负担,多数国家尚未对 XBRL 报告的质量提出明确的要求,而且在实际工作中也缺乏关于 XBRL 报告质量保证的具体法规和标准,而未经审计的报告的质量是存在问题的。如何构建 XBRL 实例文档审计体系,是真正实现 XBRL 技术优势的关键,需要监管部门、事务所以及学术界的密切合作,在这方面,高锦萍(2011)和吕志明(2011)等提供了可以借鉴的理论框架。

由于 XBRL 技术具有独特优势,目前主要发达市场纷纷启动 XBRL 应用规划框架。世界 500 强中的大部分公司已开始启用 XBRL 标准报送财务报告,美国、西班牙、爱尔兰以及中国等国家/地区也强制实施 XBRL 报送计划。但是综合 XBRL 技术的应用现状来看,目前各国对于 XBRL 技术的开发与应用主要集中于财务报表层面(彭屹松,2014;吴忠生,2015),尚未将 XBRL 格式数据融入企业日常管理(吴忠生,2015)。各国尚未将传统的财务报告根据相关标准进行财务信息的转换,XBRL 技术的应用更多的是出于监管部门的需要,而非企业真正的信息披露需要。

因此,想要真正发挥 XBRL 技术在信息传递等方面的优势,有效激发技术应用者(企业及所有信息披露的利益相关者)采纳 XBRL 技术披露财务信息的积极性至关重要(潘定和薛咏,2021)。另外,应充分发挥 XBRL 技术的作用,将其尽快地应用于整个财务信息价值链系统中(彭屹松,2014)。XBRL 研究的逻辑如图 2-1 所示。

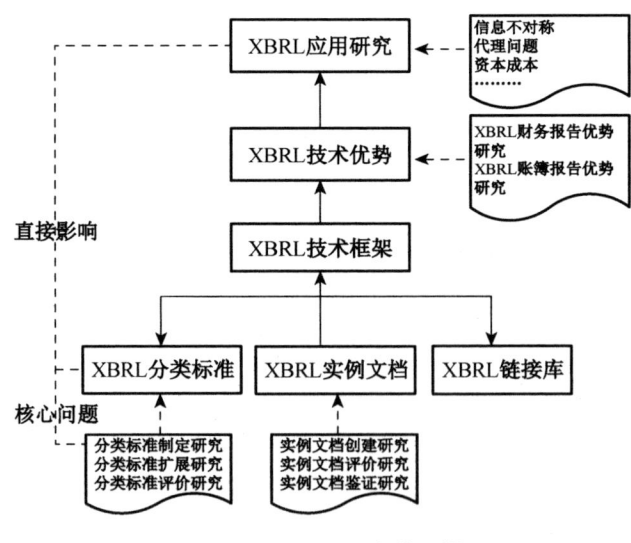

图 2-1 XBRL 研究的逻辑

第 3 章

财务信息元素理论：
XBRL 分类标准理论基础

XBRL 分类标准是 XBRL 技术框架的核心内容，分类标准质量是影响 XBRL 报告应用的最主要因素。因此，XBRL 分类标准基础理论的研究是 XBRL 研究的关键所在。尽管目前关于 XBRL 分类标准的研究已经从分类标准制定（Piechock 和 Felden，2007；Debreceny 等，2009；Spies，2010）过渡到分类标准扩展（Debreceny 等，2005，2009；黄长胤和张天西，2011；黄长胤，2012）与评价（Bovee 等，2002；Zhu 和 Wu，2011；高锦萍和张天西，2006；李争争，2013）等方面，但是如何从理论角度规范 XBRL 分类标准的研发，一直是较为薄弱的环节。

张天西（2006）最早发现 XBRL 研究中的缺陷，他在结合财务会计理论以及数据库理论的基础上，提出财务信息元素理论，对该理论体系的逻辑关系和层次结构进行论证，并明确财务信息元素是组成 XBRL 分类标准的基本单元。进一步地，张天西等（2010）在财务信息元素理论的基础上，提出财务信息元素粒度理论，以解决 XBRL 分类标准制定过程中信息细致程度的度量问题（黄长胤，2012）；李争争（2013）则在原有研究基础上对财务信息元素理论以及信息元素空间理论进行扩展。

财务信息元素理论、财务信息元素粒度理论以及信息元素空间理论（黄长胤，2012）等共同奠定分类标准研发的理论基础。后续关于 XBRL 的相关研究，都是在财务信息元素理论指导下，从分类标准层级扩展（黄长胤，2012；吴忠生等，2015）、质量评价（李争争，2013；李争争等，2013，2014）、标准改进（吴忠生,2014)与技术扩散(吴忠生和刘勤,2015)等角度对 XBRL 技术的相关研究进行完善与扩展。

考虑到财务信息元素理论的作用,本章结合财务信息元素理论研究的成果,从理论基础、研究必要性到概念框架角度,对财务信息元素理论框架进行梳理,以此为下文财务信息元素微观结构标准化以及分类标准评价研究奠定基础。

3.1　财务信息元素理论构建的理论基础

3.1.1　本体论

本体论(Ontology)本为哲学术语,是指客观存在的一个系统的解释或说明,用于反映客观事实的抽象本质(鹿婷和熊盛武,2007)。在计算机科学中,本体指领域内共享概念模型的明确的形式化规则说明,可以向领域内不同主体(譬如:人、机器、软件设备等)提供相互交流的语义基础(姚靠华和洪昀,2009),为各标准化组织使用的建模工具(譬如:UML、XML 等)建立各自行业内的元模型,统一数据格式与表现形式。

一个本体定义组成主题领域的词汇的基本术语和关系,以及用于组合术语和关系以定义词汇的外延规则(Neches 等,1991;鹿婷和熊盛武,2007),本体提供的是特定领域之中那些存在着的对象类型或概念及其属性和相互关系的形式化表达。一般而言,本体通常由上层本体与领域本体组成,上层本体(Upper Ontology)是由那些在各种各样的领域本体之中都普遍适用的共同对象所构成的模型;领域本体(Domain Ontology)所建模的是某个特定领域,或者现实世界的一部分。

近年来,本体概念在信息科学领域受到了极大的关注,而将本体思想运用到 XBRL 研究领域则主要用于一些问题(黄长胤,2012),具体包括信息元素定义及其特征、元素类型、元素之间的关系、分类标准扩展、如何处理多个分类标准之间的关系等。

3.1.2 财务信息元素空间理论

结合信息元素与信息空间的定义,需要对财务信息元素所处的空间范围进行界定。本书认为,财务信息元素空间(Financial Information Element Space,FIES)表示一定财务会计主体,在一定时间范围内,依据一定的会计准则与规范等,在会计活动中所产生的所有财务信息元素的集合(张天西等,2011;黄长胤,2012)。

结合信息元素的相关研究,由于目前关于财务信息元素的研究主要集中在财务报告范畴内,而较少地考虑其他非财务报告所包含的信息元素的范畴,因此,上述定义的财务信息元素空间也限定在财务报告范畴之中,即通常意义上的财务信息元素空间是指产生于财务报告范围内所有信息元素的集合体(张天西等,2011)。

财务信息元素空间界定研究元素及其相互关系(粒度)的范围,信息元素空间的数学定义如下:

$$\Omega = \{e_{ijt} \mid i \in I, j \in J, t \in T\}$$

其中,I 表示所有财务报告主体集合,J 表示财务信息元素项目属性集合,T 表示所有时间属性的集合。财务信息元素空间中所涉及的信息元素,既可能呈报在财务报告中,也可能仅仅出现在会计账簿或者会计事项的记录中(张天西等,2011)。

上述的财务信息元素空间是元素实例的空间,而与分类标准对应的财务信息元素空间是由抽象的、不含有上下文属性的元素所组成的集合(张天西等,2011),记为分类标准的财务信息元素空间 $\Phi = \{e_j \mid j \in J\}$(其中 J 是列报项目属性集合)。

由于会计科目和财务报告的结构特征,财务信息元素空间中的元素呈现树状结构。如图 3-1 所示,树状结构的顶点是一个抽象元素——财务报告,称为初始元素,记为 e^B。"财务报告"本身并不是一个具体元素,没有具体的值,只是对该财务信息元素空间中所有元素的一个总括和抽象(张天西等,2011)。从初始元素一直细分到不能细分的元素的路径称为元素空间中的一枝,记为 b_n。而这个不能再细分的元素就是这一枝的末节点元素,记为 e^M。所谓不能再细分,是指任何试图对该元素再进行细分的行为都不能使得细分的结果仍然符合财务信息元素的定义。

财务信息元素空间的树状结构在技术上的实现即展示链接库(presentation linkbase)。

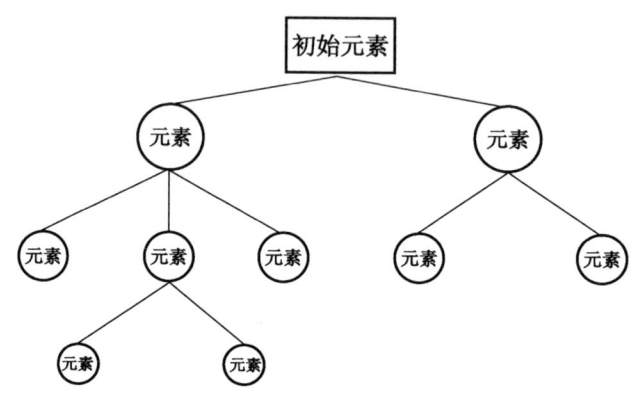

图 3-1　财务信息元素空间结构

3.1.3　粒度理论

粒度概念(Granularity)源于物理学领域,是指对微粒大小的平均度量。将粒度概念引入信息科学领域,并与信息披露相结合,形成信息粒度概念。模糊集创始人扎德(Zadeh)于 1979 年提出模糊信息粒度概念,他将元素属于给定概念(信息粒)的隶属程度作为粒度。

一般而言,信息粒度是指对数据信息和知识粗细的不同层次的度量。在信息披露研究领域,粒度可以用于刻画信息披露细致程度,进而反映信息披露质量特征。

最早将粒度概念引入 XBRL 研究领域的是拜瑞(Bryan)。Bryan(2004)最早提出财务报告信息元素"粒度"概念,认为上市公司披露的定期报告和临时公告应该采用不同的信息元素粒度,以满足不同层次信息使用者的需求(张天西等,2011;黄长胤,2012)。Debreceny 等(2009)认为只有在合适的粒度基础上才可以讨论 XBRL 受到会计及准则的影响程度。赵现明(2010)认为,在 XBRL 研究领域,粒度问题主要是指财务信息的不同层次问题。

在分类标准制定过程中,粒度问题同样值得考虑。一方面,分类标准制定的关键问题之一就是要判断某个信息元素是否应该被纳入分类标准,分类标准包含的信息元素往往意味着最低的信息披露要求;另一方面,分类标准的监管内容主要是信息披露与否以及信息披露详细程度问题(张天西等,2011),即信息元素是否被分类标准采纳。

因此,在分类标准制定过程中,必须考虑到信息披露粒度与信息披露质量之间的关系(欧阳电平和周舟,2010)。信息披露粒度太粗,容易造成信息披露过程中的缺失现象,无法满足信息需求者对于关键信息的需求,违背信息披露的完整性、相关性原则;而信息披露粒度太细,则会增加信息提供者在信息生成、披露与处理过程中的成本,降低信息需求者对于信息的使用效率,违背成本效益原则,并造成信息可比性的损失。无论信息粒度过粗还是过细,都会影响信息披露质量,并最终影响信息在公司内外部之间的传递效果。

此外,粒度问题也是分类标准信息元素遴选中关注的关键因素。信息元素遴选需要考虑的是,在分类标准信息元素制定与筛选过程中信息元素颗粒度的把握与控制,若分类标准信息元素粒度过粗,则通用分类标准无法满足具体行业以及特定信息需求者对于信息披露的特殊需求,对于信息提供方而言,由于通用分类标准信息元素过于粗糙,各信息提供者会根据自身的披露偏好,在通用分类标准基础上再定义与扩展过多的信息元素,导致通用分类标准的实际作用大大减弱,丧失财务信息的可比较性;而若信息元素粒度过细,则会增加信息提供方的信息生成成本,过细的粒度使得通用分类标准的可操作性和实用性减弱,无法满足成本效益原则。

因此,考虑到粒度问题在分类标准制定中的重要作用,如何从信息披露粒度视角实现对信息元素的度量,是 XBRL 分类标准质量的关键所在。

在信息元素粒度计算方面,霍布斯(Hobbs,1985)提出使用粒度理论,将人工智能中待求解的整体问题进行拆分,并分别对这些子方程求解,最终合并到整体方程,即把较大的整体拆成较小的若干个粒度,反过来又从较小的粒度合并成整体粒度解。粒度计算除研究颗粒大小,还需要考虑不同层次粒度之间的关系,及信息粒的分解与合并等问题(黄长胤,2010)。Yao(2004,2007)从整个粒计算的结构角度出发,提出粒度计算三个层次结构,即每个粒内部的结构、处于同一个粒层的不同粒之间的结构,以及所有粒层形成的结构。

对于 XBRL 分类标准研究中如何度量分类标准信息元素的粗细程度这一问题,张天西等(2010)从财务信息元素出发,提出元素粒度度量模型,并对元素粒度量化的条件、原理和方法给出具体算例,并以此为基础提出基于元素粒度的分类标准元素遴选模型,据此解决分类标准中粒度的量化标准和元素遴选问题,为合理确定财务信息元素粒度提供科学依据,并提高分类标准的质量。

3.2 财务信息元素理论研究必要性

埃利奥特(Elliott,2002)曾深刻地提出,信息技术的发展正在逐渐改变所有的事物……如果会计信息的目标是为企业经营提供决策支持,而管理层的决策类型受到环境的影响而发生改变,那么可以自然而然地推测到会计也将随之发生变化——无论是对内的管理会计还是对外的财务会计。

自从霍夫曼在 1998 年提出 XBRL 构想以来,XBRL 技术在 XBRL 国际组织、各国监管部门、证券交易所、事务所、软件开发商等的支持下获得长足发展。XBRL 技术已经实现在美国、加拿大、英国、西班牙、南非、中国、日本以及印度等主要市场的推广与应用,实现了 XBRL 报告的强制报送或自愿报送模式。

目前关于 XBRL 的研究由对 XBRL 技术的推广,发展到目前集中于技术革新以及通过优化信息传递路径,实现对资本市场的影响等方面;关于 XBRL 技术的研究主要集中于对其应用的研究,而关于 XBRL 分类标准的理论研究却相对较为匮乏,其研究体系没有真正实现落地。

究其原因,首先是学术界目前对于 XBRL 可能带来的影响估计存在偏差。在现阶段,学术界认为 XBRL 的作用主要体现为优化传统信息披露中的信息传递与利用方式,而尚未对传统信息披露方式形成实质性的挑战。

这种理念上的误区蔓延至 XBRL 的相关研究之中。XBRL 技术诞生之时，XBRL 国际组织以及包括霍夫曼在内的学者就强调，基于 XBRL 技术的报告无须改变现有的会计规则、会计制度以及相应的信息披露规范，而仅仅表现为对企业财务报告的编制、分析与发布的流程进行适当的改进与优化（高锦萍，2007）。从技术规范角度考虑，XBRL 的技术特点完全可以适应目前现行的各种会计准则与制度要求的规定（张天西，2006），国内的一些研究者也认为 XBRL 技术不会对会计理论产生重要的影响，但张天西（2006）曾深刻地指出，上述观点存在明显的误区。

目前现行会计理论基本以美国 FASB《财务会计概念框架》为基础提出，且无论是国际会计准则抑或是各主要国家目前实施的会计准则，无不受其影响。现行的会计理论框架以财务报告为中心，从财务报告目标、财务信息质量特征、财务信息要素的确认计量等方面进行系统的论证，财务会计概念框架是现行会计准则的基础，对于现代会计理论的发展起到重要的推动作用。

环境变化与会计理论之间会产生互动，会计理论也是在适应信息环境变化的基础上发展演变。在会计领域，XBRL 是最新的网络财务报告技术，是对传统财务报告的变革创新，代表 21 世纪会计信息化发展的方向。虽然现阶段会计信息化，特别是 XBRL 技术，只是改变信息传递和处理方式，但如果从会计研究角度分析，就需要考虑信息技术变化的特点及其对会计可能的影响，需要思考如何在信息技术环境下利用提高财务信息质量，满足信息用户对高质量财务信息的要求（张天西，2006）。这种变化使得现行的会计理论无法成为 XBRL 分类标准的理论基础。

会计是为经济和社会活动服务的，在当前信息社会，会计目标的实现越来越依赖于信息的传递方式。制定 XBRL 分类标准技术规范的出发点并不是改变现行的会计准则与制度（张天西，2006），但是 XBRL 的技术特点会对现行的一些会计理论产生影响。

实际上各国会计界以及监管部门等已经对 XBRL 的出现与应用作出了积极反应，并且修正或补充了一些制度和规定（张天西，2006）。我们应该承认会计与环境变化之间的互动关系，而这种关系本身就是会计理论的研究范围，会计理论也正是在不断适应外界环境变化的过程中发展起来的。因此,需要尽快地把 XBRL 相关研究纳入会计研究领域,实现跨学科、跨专业的协同作战,丰富会计思想和会计理论。

3.3 财务信息元素理论概念

3.3.1 财务信息元素定义

张天西最早对财务信息元素进行定义,认为财务信息元素(Financial Information Element,FIE)即企业利用有关概念、术语、短语与数字等,对企业已经发生的交易和事项、执行的会计政策与制度、企业的财务环境等进行系统的描述,从而传递出某种有用财务信息的最小语义构成单位(张天西,2006)。

财务信息元素是 XBRL 分类标准的直接组成单元,是传递企业会计信息的最小单位信息载体。从信息元素传递内容来看,其传递的内容既可以是货币型信息,也可以是非货币型信息;可以是对企业交易和事项的描述,也可以是对企业执行的会计政策与制度或企业的财务环境状况的描述(张天西,2006)。而通常意义中的财务信息元素,主要披露在公司定期报告(如公司季报、半年报、年报、临时公告等)中。从语义结构角度看,由于一个典型的财务信息元素是传递公司经营发展等有用财务信息的最小单元,因此,从信息传递的完整性角度分析,财务信息元素具有不可拆分性,否则其无法表达一个完整的财务信息。

根据财务信息元素定义可知,"××公司 2015 年第一季度应收账款余额为 264 517 279 元"是一个典型的财务信息元素,它向投资者传递了时间范畴——"2015 年第一季度",主体范畴——"××公司",关键词/核心点——"应收账款",状态——"期末余额为 264 517 279 元"。上述信息从不同维度为投资者描述了一个完整的财务信息。从财务信息元素定义出发,"应收账款"是对财务信息元素中"质"的定义,而"××公司"以及"2015 年第一季度"则是从主体维度和时间维度对"质"所处的范畴进行限定,"期末余额为 264 517 279 元"则是对"质"的状态的描述，上述几个部分围绕着"质"进行描述，从语义规范和语法结构上构成了一个完整的财务信息元素。

本书提出的财务信息元素不可拆分性，是指对于上例中描述的财务信息元素，其中任何一个或几个组成内容都无法传递一条完整的财务信息，从而无法传递任何有意义的信息。语义是任何一个财务信息元素具有的最本质特征。讨论财务信息元素的不可拆分性，主要是为了对信息元素的最基本结构进行解释。

财务信息元素是传递财务信息的最基本单元，由于可以通过信息元素对企业披露的信息进行量化度量，因此，从财务报告的角度来看，一个财务报告中所包含的信息元素的含量，就是财务报告中所有披露的财务信息元素的总和（张天西，2006）。其中每一个财务信息元素都可以单独传递一种信息，表达企业经营成果或者财务状况的某一环节和某一方面的状态。但财务报告中的财务信息元素又是由交易和事项发生环节中的财务信息元素通过关系组合而成的。

因此，结合 XBRL 技术、XBRL 分类标准的含义以及财务信息元素的特征可知，可以根据财务信息元素的特点，实现对企业财务报告信息披露的量化度量，这对于信息披露的研究具有重要的意义。

关于财务信息元素的含义，可以从抽象角度和具体披露角度进行理解。

从抽象角度分析，财务信息元素是对财务会计概念的描述，其具有规范的概念定义。因此，其并不涉及具体的交易或事项，且与具体的会计政策与制度、企业的财务环境等无关。

而从具体实务披露角度分析，应当将财务信息元素纳入某一特定的空间和时间范畴，能够表达企业某一具体的交易或事项，或者阐述某一具体的会计政策与制度，抑或描述企业的某一财务环境，从而能够传递出一定的财务信息。

为了便于对财务信息元素概念进行理解，我们在对财务信息元素的概念及定义进行解释时，主要是从抽象角度进行解释。而在研究财务信息元素微观结构时，需要结合企业实际披露的财务信息元素实例状况，对财务信息元素的披露规律,以及财务信息元素组成结构的披露状况进行分析与归纳,因此采用的是实务披露角度的财务信息元素定义。

3.3.2 财务信息元素的结构元素

财务信息元素传递信息的功能通过语义规则与语法规范实现(张天西,2006)。因此,需要从构词规则角度对财务信息元素的基本组成结构进行界定。

根据财务信息元素的构词规则与特征可知,一个语义完整的财务信息元素至少包括三个基本的组成部分:主体描述性元素、状态描述性元素和事实描述性元素(张天西,2006)。三者分别从不同的视角对财务信息元素进行界定与定义,因此厘清三个组成部分的各自表达方式是探讨财务信息元素微观结构的前提与基础。

主体描述性元素、状态描述性元素和事实描述性元素是财务信息元素的直接组成部分,以下统称为结构元素。

1. 主体描述性元素

主体描述性元素(Subject Element,SE),是财务信息元素组成结构的核心元素,表达某个财务信息的性质或者类别,是对财务信息元素的定性描述,即对财务信息的"质"的定义(张天西,2006)。

主体描述性元素一般由概念词汇或专有名词等构成,必须已被监管部门或准则等规范化定义过,其表达内涵必须唯一确定,而非模棱两可。主体描述性元素的唯一性决定了其所代表的财务信息元素的唯一性,是其区别于其他财务信息元素的最主要标志。

关于主体描述性元素的具体表现,可结合上市公司财务信息元素的具体披露实例进行概括。概括而言,上市公司披露的最常见的主体描述性元素主要有财务会计基本概念、基本术语、财务报表项目名称、会计科目名称、会计政策、会计交易和会计事项名称等。

主体描述性元素具有如下特征:

(1) 在法律文件中有明确的界定。主体描述性元素表达的概念在已经公布的法律条文中有清晰的解释和说明。

（2）在权威部门颁布的相关文件中有明确的界定。主体描述性元素表达的概念在政府机构和权威部门发布的规范性文件中有清晰的解释和说明，如财政部发布的会计准则和会计制度等对其进行了明确的解释和界定。

（3）具有普遍公认性。主体描述性元素表达的概念在一些公开发表的文献中被多次应用和引用，对该概念的理解已经有了共识，信息使用者对此概念不会产生疑义。

（4）信息标准开发者的自定义。开发者在开发财务信息标准时，根据需要并依据一定的理论和技术规范进行自定义，并在适当文件库中对被定义的概念进行解释。

（5）企业的自定义。发布财务信息的企业根据需要进行自定义，并在适当文件库中对被定义的概念进行解释。

主体描述性元素是财务信息元素的核心环节，主体描述性元素的定义与选择关乎一个具有完整语义的财务信息元素的信息传递与语义表达。总结来看，关于主体描述性元素的定义需要遵循以下几点原则：

首先，业务性原则。主体描述性元素是对财务信息"质"的定性描述（张天西，2006），必须满足会计科目与财务信息披露的需求，因此必须反映公司的业务特点。

其次，完整性原则。财务信息元素是组成分类标准的最基本单位，因此主体描述性元素必须可以完全反映企业的所有业务特点和披露需求等，即实现企业信息披露的全覆盖。

再次，唯一性原则。主体描述性元素的唯一性是其区别于其他财务信息元素的最主要特征，因此，主体描述性元素的设置需要具备一定的区分度，显示其唯一性。

最后，成本效益原则。信息元素的定义无法满足每一个特定企业的信息披露需求，而是需要考虑大多数企业信息披露需求。在定义主体描述性元素时，不仅需要考虑信息提供方信息生成的成本，同时需要考虑信息需求方对于信息处理的需要，因此定义财务信息元素必须考虑成本效益原则。

2. 状态描述性元素

状态描述性元素(Condition Element,CE)用来说明主体描述性元素发生什么情况以及处于什么状态等。从数据角度看,其是对财务信息元素"事实"的状态化描述。从会计角度看,状态描述性元素是财务信息"质"的实例(张天西,2006)。

根据上市公司财务信息元素的披露实例进行总结,状态描述性元素主要有以下五种形式:货币型状态、数值型状态、日期型状态、股本型状态以及文本型状态。具体状态描述性元素的实例如表3-1所示。

表3-1　状态描述性元素表现形式

表现形式	解　释	举　例
货币型状态	描述货币金额状态的会计信息	ABC公司本年年末发布现金股利540 393 118元
数值型状态	表示带有数值状态的会计信息	ABC公司本年年末固定资产年增长率为35.61%
日期型状态	描述与日期状态相关的会计信息	ABC公司本年应付票据出票日为××年×月×日
股本型状态	与股票数量状态有关的会计信息	ABC公司本年年末已发行的股份数额为1 350 982 795股
文本型状态	与文字描述相关的会计信息	ABC公司本年存货采用先进先出法

3. 事实描述性元素

事实描述性元素(Property Element,PE)定义信息元素存在的"背景"特征,限定会计信息"事实主体"与"事实值"存在的时间与空间范围,即事实描述性元素是对主体描述性元素和状态描述性元素的修饰与描述(张天西,2006)。

事实描述性元素是构成一个完整语义的财务信息元素的关键环节,是对会计信息的状态值从时间、空间、范围和类型等多种维度进行的限定与解释。常用的事实描述性元素包括时间描述词、空间描述词、名称词、代码词或其他类型描述词。

通过归纳法与演绎法对事实描述性元素进行总结,概括而言,事实描述性元素一般可以分为以下几种类型,如表3-2所示。

表 3-2　事实描述性元素表现形式

类　型	举　例	解　释
修饰主体范围	"合并报表""母公司报表"	主要区分信息元素的主体归属类型
修饰会计计量基础	"历史成本计量""重置成本计量""可变现净值计量""现值计量""公允价值计量"等计量属性	该类事实描述性元素主要用于描述货币型主体描述性元素的计量基础属性
修饰时间范围	"本期期初""本期期末""201×年""×月×日"等	该类事实描述性元素主要用于修饰与日期型主体描述性元素相关的财务信息
修饰会计计量方向	"本期借方余额""本期贷方余额""本期借方增加额""本期贷方增加额""本期借方减少额""本期贷方减少额"	该类事实描述性元素主要用于修饰与货币型状态相关的财务信息

　　在财务信息元素的三个组成部分中，主体描述性元素是对财务信息元素"质"的定义。作为财务信息元素的核心元素，它是区别任意广义财务信息元素的关键信息。但是，仅仅披露主体描述性元素无法传递出一条具有完整语义的财务信息，事实描述性元素和状态描述性元素是从不同视角对主体描述性元素所处的状态、时间和空间范畴等进行的完善与补充。

　　定义财务信息元素的难点是主体描述性元素的定义，主体描述性元素定义是否合理，决定了分类标准的质量。而关于财务信息元素的一些研究，如赵聪(2011)、黄长胤(2012)以及李争争(2013)等，其研究对象都限于主体描述性元素，而没有将事实描述性元素和状态描述性元素纳入考虑范围。

　　一个完整的财务信息元素在实例文档中通过一个事实值来体现，信息元素的主体描述性元素通常作为分类标准的概念，事实描述性元素通常通过实例文档中的上下文来体现，状态描述性元素通常作为事实值出现。对于事实值，每个企业都不一样，而事实描述性元素通常是所有企业共有并且比较固定的表达。

　　财务信息元素的三个组成部分有机结合，缺一不可。缺少状态描述性元素和事实描述性元素，主体描述性元素自身无法精确地描述一个财务信息元素，从而也不能传递任何有价值的信息；主体描述性元素是状态描述性元素和事实描述性元素存在的基础，缺少了主体描述性元素，事实描述性元素和状态描述性元素则失去了存在的意义。主体描述性元素、状态描述性元素、事实描述性元素共同围绕"质"而形成一个具有完整语义结构的财务信息元素,如图 3-2 所示。

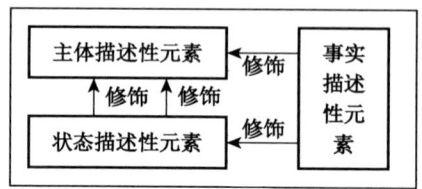

图 3-2　财务信息元素组成结构

3.3.3　财务信息元素表达方式

财务信息元素的表达方式是指财务信息元素以何种方式进行展示。根据财务信息元素结构可知,信息元素的各个组成部分在遵循构词规则的前提下,呈现出一定的表达方式。尽管目前各国监管部门相继推出了 XBRL 分类标准,并对分类标准信息元素以及元素之间的关系进行了详细的定义,但是对作为分类标准基本组成单元的财务信息元素而言,其具体的表达方式目前尚未形成统一的规范。

结合中国上市公司财务信息元素披露实例进行总结,我们发现目前财务信息元素的表达方式主要可以分为以下几种类型。

(1) 文本式表达,即通过文本语言的方式对财务信息披露的内容进行传递与表达。譬如:"××公司 2015 年存货采用先进先出法核算",是一个典型的文本式表达方式。

文本式语言是目前中国上市公司表达财务会计信息时最为常用的信息表达方式,文字语言可以通过简洁明了的方式传递出具有完整语义的信息。在文本型表达方式中,可以利用语法规则准确地区分出财务信息元素的各个组成部分。

(2) 表格式表达,即通过表格的方式对信息元素进行呈现。表格式表达方式是在财务报表主表中最为通用的表达方式。

维度(dimension)建模方式是典型的表格式表达。维度由轴和项目共同构成,轴成员描述财务报告中经济事项的特征,对应于财务信息元素的主体描述性元素,而项目成员对应于事实描述性元素,表格中的事实值则对应于状态描述性元素。表 3-3 是典型的表格式表达方式。

表 3-3　表格式表达方式实例

项目		原币金额	折算汇率	人民币金额(元)
人民币	库存现金	—	—	620 460.14
	银行存款	—	—	1 365 254.25
	其他货币资金	—	—	856 458.50
美元	库存现金	82 384.71	6.096 9	502 291.39
	银行存款	35 628.00	6.096 9	217 220.35
	其他货币资金	15 958.57	6.096 9	97 297.81
欧元	库存现金	435 951.87	8.418 9	3 670 235.20
	银行存款	95 428.54	8.418 9	803 403.34
	其他货币资金	284 364.28	8.418 9	2 394 034.44

（3）图形式表达,即以某种常见图形,如柱图、饼图、曲线图等表现,传递出某种财务会计信息。通常在图形式表达方式中,表示概念的词是主体描述性元素;数字与图形结合表达多少、大小等信息,是状态描述性元素。

（4）公式化表达,即以某种公式表现,公式等号的一边是主体描述性元素,另一边是状态描述性元素。

（5）其他表达方式,主要包括域名、专有名词、人名、标题等。

在以上列示出的多种表现形式中,文本式表达方式是财务报表中最基本的披露形式。其他的几种表现形式尽管与文本式表达存在较大的不同,但都是符合会计制度或会计准则规定的表达方法,具有一定会计知识的阅读者通过一定分析,在思维上很容易将其转化为文本式语言来理解（张天西,2006）。

另外,财务信息元素尽管在理论上具有明确的结构性特征,但在具体的信息披露实例中,主体描述性元素、状态描述性元素和事实描述性元素可能是分散表现的,信息需求者在阅读时需要根据既定的逻辑规则将各个组成部分进行区分并汇总,形成一个有完整结构的财务信息元素结合体。

3.3.4　财务信息元素的继承、传递和关联

财务信息元素产生的主要原因是企业在日常经营中发生的交易和事项遵循一定标准。由于这些交易信息都是财务报告用户所需要的信息,因此将其全部纳入财务信息元素研究的范畴(张天西,2006)。

财务信息元素的组成结构并不是固定不变的,根据财务信息元素的结构规则可知,它可以进行组合,组合后的财务信息元素不可避免地继承了原始财务信息元素的某些禀赋,并将这种禀赋传递至下一级的财务信息元素及其组合之中。基于此,需要对财务信息在企业的继承和传递等展开研究。

根据发生的过程不同,可以将财务信息元素划分为交易和事项发生过程引发的财务信息元素集、簿记系统记录过程引发的财务信息元素集和财务报告呈报过程引发的财务信息元素集三类。

三个过程的财务信息元素集既有相互继承性,又有独立发展性。交易和事项过程引发的财务信息元素集,过渡到簿记系统后,可能互相组合形成新的簿记系统财务信息元素集,簿记系统财务信息元素集过渡到报告系统后,相互之间以及与其他元素相互组合会形成新的报告系统财务信息元素集。只有区分三个过程财务信息元素集的继承和传递,才可以更准确地了解财务信息元素之间的承传关系,张天西(2006)将上述三个过程的财务信息元素合称为交易型财务信息元素。

除了上述三种财务信息元素集,还应该包括指导或规定上述三个过程继承和传递的抽象性"制度集"所引发的财务信息元素,这些"制度集"包括定义、概念、原则、程序、方法和解释等。在"制度集"的作用下,"信息流水线"得以运转,这类财务信息元素简称为关系型财务信息元素。

只有了解了关系型财务信息元素,才可以更好地理解交易型财务信息元素的含义。将"关系"也作为财务信息元素来看待,尽管与现有的财务会计理论相背离,却符合 XBRL 的要求。

财务信息元素组成部分结构如图 3-3 所示。

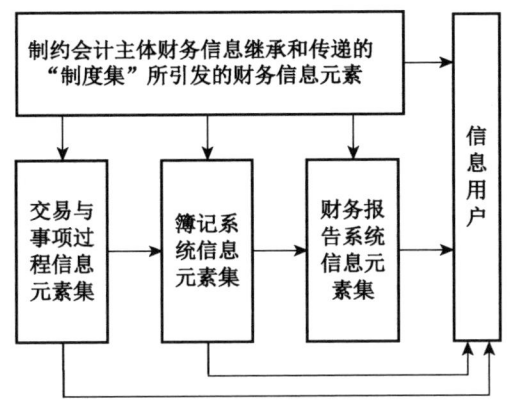

图 3-3　财务信息元素组成部分结构

3.4　本章小结

自从霍夫曼提出 XBRL 构想以来，XBRL 的研究与应用经历了近三十年的历程。但是 XBRL 基础理论研究一直处于起步与探索阶段，XBRL 的研发一直没有明确的概念框架予以指导与规范，直到张天西（2006）构建了以财务信息元素为结构的 XBRL 理论体系，弥补了 XBRL 理论研究的不足。财务信息元素理论、财务信息元素粒度理论以及信息元素空间理论（黄长胤，2012）等共同奠定了 XBRL 分类标准研发的理论基础。

考虑到财务信息元素理论的重要作用，因此有必要对其进行梳理。本章以财务信息元素理论为中心，通过对基于财务信息元素理论的研究进行概括，从财务信息元素理论构建理论基础、研究必要性以及其概念框架构成等角度，对财务信息元素理论进行梳理与阐述。

第4章

XBRL 分类标准、信息披露与
财务信息元素微观结构研究

微观结构概念涉及化学、生物学、物理学等诸多领域,是指物质、生物、细胞在显微镜下的结构。而关于 XBRL 领域的微观结构研究方面,李争争(2012)最早基于微观结构视角对 XBRL 分类标准进行分析,发现元组模式下财务信息元素是构建分类标准的最基本单元,而维度模式下结构信息元素是构建分类标准的最基本单元,但是对于财务信息元素的微观结构问题,李争争(2013)并没有深入涉及。

张天西(2006)在提出财务信息元素理论时认为,财务信息元素由主体描述性元素、状态描述性元素和事实描述性元素共同构造,并对各结构元素定义与典型特征进行阐释。但是,其对财务信息元素的微观结构问题没有进行深入的研究。

本章的研究内容围绕第一个问题"财务信息元素的微观结构标准化"展开。

考虑财务信息元素的微观结构问题是非常有必要的,一方面,财务信息元素微观结构问题的梳理,有助于加深对财务信息元素理论的理解,以及指导如何从信息元素角度实现对信息披露的量化研究;另一方面,财务信息元素理论是指导 XBRL 分类标准开发的基础理论,而从微观结构角度对财务信息元素理论进行扩展,对于 XBRL 分类标准及其组成结构的定义与开发具有重要指导意义。

4.1　财务信息元素的逻辑结构梳理

4.1.1　财务信息元素结构关系

根据财务信息元素定义可知,一个具有完整语义的财务信息元素由主体描述性元素、状态描述性元素和事实描述性元素根据既定规则共同构成,那么三者依据什么规则构造财务信息元素,财务信息元素的内部逻辑结构又是什么?

在探讨财务信息元素的微观结构之前,有必要首先对财务信息元素与其组成部分,即主体描述性元素、状态描述性元素和事实描述性元素之间的中介桥梁——狭义财务信息元素进行定义。

根据财务信息元素组成结构,可将狭义财务信息元素定义为,由单一主体描述性元素、单一状态描述性元素以及修饰二者的若干事实描述性元素共同构成的信息集合体。

狭义财务信息元素是存在唯一状态描述性元素的特殊广义财务信息元素的一种特殊组成结构形式。譬如,"××公司201×年年报合并报表项目,原材料计价方法采用先进先出法"由1个主体描述性元素、1个状态描述性元素和3个事实描述性元素构成,其中,主体描述性元素为"原材料计价方法",状态描述性元素为"文本型",事实描述性元素为"201×年年报""××公司""合并报表"。

张天西(2006)定义的财务信息元素,即广义财务信息元素,是指由若干归属于同一主体描述性元素但存在不同状态值的若干狭义财务信息元素构成的信息元素集。譬如,"××公司201×年年报合并报表,银行存款期末余额2 586 184元,本期增加548 325元,本期减少468 392元,本期增长率为34%",这是一个由唯一主体描述性元素(银行存款)、3个货币型状态描述性元素、1个数值型状态描述性元素,以及分别归属于不同状态描述性元素的若干事实描述性元素共同构成的信息元素集合。

其中,狭义财务信息元素"银行存款期末余额2 586 184元",对应主体描述性元素"银行存款",状态描述性元素"货币型",事实描述性元素"本期期末余额""历史成本计量""××公司""合并报表";狭义财务信息元素"银行存款

期本期增加 548 325 元",对应主体描述性元素"银行存款",状态描述性元素
"货币型",事实描述性元素"本期借方增加额""历史成本计量""××公司""合
并报表";狭义财务信息元素"银行存款本期减少 468 392 元",对应主体描述性
元素"银行存款",状态描述性元素"货币型",事实描述性元素"本期借方减少
额""历史成本计量""××公司""合并报表";狭义财务信息元素"银行存款本
期增长率 34%",对应主体描述性元素"银行存款",状态描述性元素"数值型",
事实描述性元素"本期增长率""××公司""合并报表"。

上述 4 个狭义财务信息元素对应同一主体描述性元素"银行存款",但存
在 4 个不同状态描述性元素,共同构成一个包含 4 个狭义财务信息元素的广
义财务信息元素。

本书将广义财务信息元素与狭义财务信息元素之间在组成结构中的关系
称为财务信息元素结构关系。具体结构关系如图 4-1 所示。

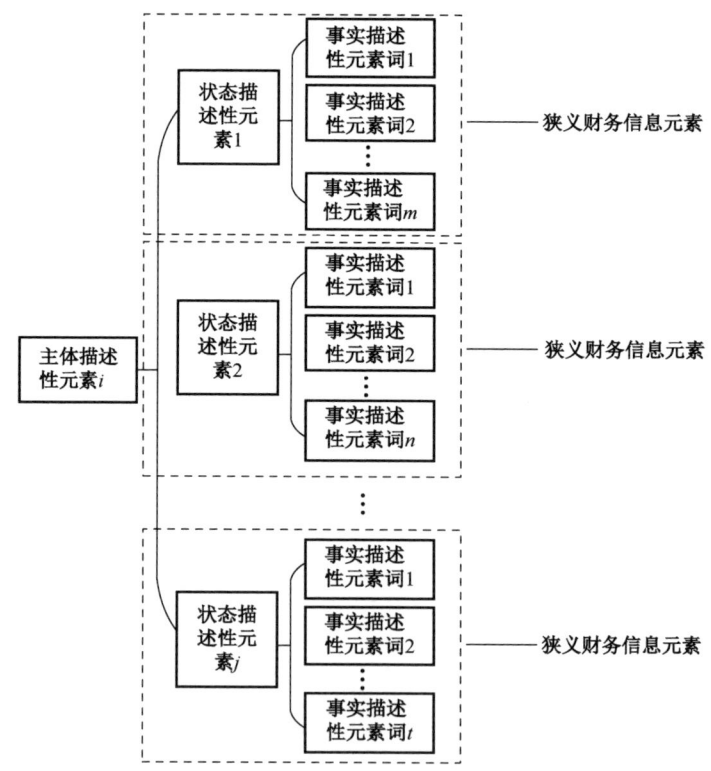

图 4-1　财务信息元素结构关系

狭义财务信息元素是沟通从主体描述性元素、状态描述性元素和事实描述性元素到财务信息元素集合的桥梁,是财务信息元素的直接组成部分。根据财务信息元素的构成规则可知,图 4-1 中任意虚线框内部分元素与主体描述性元素的结合都构成一个典型的狭义信息元素。而若干具有同一主体描述性元素,但存在不同状态描述性元素的狭义信息元素共同构成一个典型的广义财务信息元素。

　　另外,任意广义财务信息元素 i 由 n 个具备同一主体描述性元素的狭义财务信息元素构成,即 n 个狭义财务信息元素(第二层)分享着同一主体描述性元素,但是状态描述性元素和事实描述性元素不相同。每一个狭义财务信息元素拥有唯一主体描述性元素和唯一状态描述性元素,但是隶属于其中的事实描述性元素的组合不同。财务信息元素的具体构成关系如图 4-2所示。

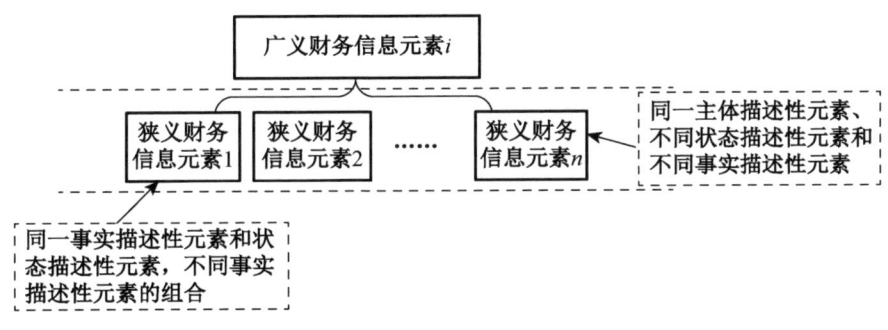

图 4-2　财务信息元素构成关系

4.1.2　财务信息元素空间结构

　　根据财务信息元素构成示意图可知,财务信息元素由主体描述性元素、状态描述性元素和事实描述性元素基于一定的逻辑规则共同构成。事实描述性元素和状态描述性元素分别从不同角度对主体描述性元素进行描述与定义,并且状态描述性元素和事实描述性元素之间没有交集。

　　结合财务信息元素结构以及信息元素空间定义,可以将财务信息元素的结构关系以空间结构图进行表述,即财务信息元素处于由主体描述性元素、状态描述性元素和事实描述性元素构成的三维立体结构图的某一区域内,如图4-3所示。

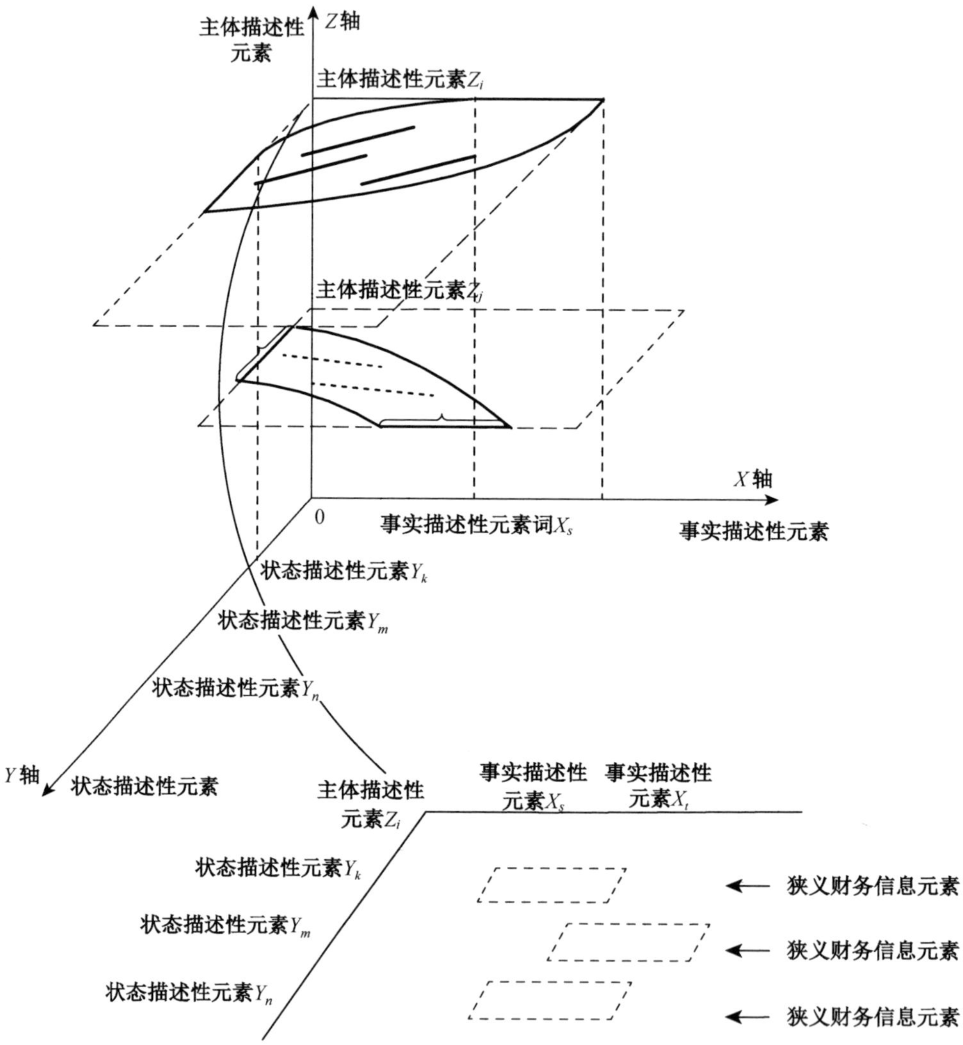

主体描述性元素 Z 轴

主体描述性元素 Z_i

主体描述性元素 Z_j

X 轴

0 事实描述性元素词 X_s

事实描述性元素

状态描述性元素 Y_k

状态描述性元素 Y_m

状态描述性元素 Y_n

Y 轴 状态描述性元素

主体描述性元素 Z_i

事实描述性元素 X_s 事实描述性元素 X_t

状态描述性元素 Y_k ← 狭义财务信息元素

状态描述性元素 Y_m ← 狭义财务信息元素

状态描述性元素 Y_n ← 狭义财务信息元素

图 4-3 财务信息元素空间结构

根据图 4-3 所示,在该空间架构图中,事实描述性元素集合构成 X 轴, $x \in (0, AE_{MAX})$, AE_{MAX} 表示事实描述性元素最大集合;状态描述性元素集合

构成 Y 轴，$y \in (0, CE_{MAX})$，CE_{MAX} 表示状态描述性元素最大集合；而主体描述性元素的集合构成 Z 轴，$z \in (0, SE_{MAX})$，SE_{MAX} 表示主体描述性元素最大集合。根据经济意义分析，若财务信息元素存在，则必然存在唯一主体描述性元素、若干状态描述性元素和归属其中的若干事实描述性元素，即该信息元素必然存在于 X 轴、Y 轴和 Z 轴全部为正的空间范围内。

因此，每一个财务信息元素处于由主体描述性元素（Z 轴）、状态描述性元素（Y 轴）和事实描述性元素（X 轴）构成的三维立体空间之中，其中平行于 X 轴、Y 轴的横向切面内信息元素的集合是一个最大边界意义上的财务信息元素。在该平行切面中，存在唯一的主体描述性元素 Z_i，但是存在不同的事实描述性元素和状态描述性元素。

该切面中信息元素的最大集合表示对于任意主体描述性元素 Z_i，其对应的理论意义中最大的广义财务信息元素集，任意典型的财务信息元素存在于该切面中的某一区域内。对于财务信息元素而言，只有平行于 X 轴、Y 轴的信息元素集合才有意义；而不同的广义信息元素在信息元素空间图中，表示为平行于 X 轴、Y 轴的若干切面的集合。

另外，根据财务信息元素的构成结构可知，财务信息元素可以分为广义财务信息元素和狭义财务信息元素。在由主体描述性元素、状态描述性元素和事实描述性元素构成的空间结构图中，任意"点"，表示由唯一的主体描述性元素、唯一状态描述性元素和唯一事实描述性元素构成的狭义财务信息元素，而任意与 X 轴、Y 轴平行的切面中所有信息元素的集合，表示一个典型的广义财务信息元素。

将某一切面中所有广义财务信息元素集合进行分解，如图 4-3 所示。该广义财务信息元素可以表示为归属于同一主体描述性元素的若干狭义财务信息元素，对于任意狭义财务信息元素，其对应的主体描述性元素一致，而不同的状态描述性元素以及归属其中的事实描述性元素共同组成了一个典型的广义财务信息元素。

4.1.3　财务信息元素与分类标准信息元素

　　财务信息元素是组成 XBRL 分类标准的最基本单元(张天西,2006),但是需要注意的是,理论意义上的财务信息元素(无论是广义财务信息元素抑或狭义财务信息元素)与监管部门制定并推行的通用分类标准中定义的财务信息元素之间,在结构上存在一定的差异性。

　　根据 XBRL 分类标准定义可知,XBRL 分类标准由不同国家、行业或机构根据 XBRL 技术规范、会计准则以及法律法规制定,是 XBRL 技术框架的核心内容(应唯等,2013;杜威等,2015)。一个完整的分类标准包括一个模式文件和 6 个链接库文件,定义了元素以及元素之间的链接关系。

元　素	元素属性	准　则
CAS 1 存货		
[801110]附注_存货(一般工商业)		
存货一般工商业信息披露[text block]	text block	CAS 1
存货增减变动[abstract]		
存货增减变动[table]	table	CAS 1
存货类别[asix]	axis	CAS 1
存货[member]	member	CAS 1
在途物资[member]	member	CAS 1
原材料[member]	member	CAS 1
在产品[member]	member	CAS 1
库存商品[member]	member	CAS 1
周转材料[member]	member	CAS 1
发出商品[member]	member	CAS 1
委托加工物资[member]	member	CAS 1
消耗性生物资产[member]	member	CAS 1, CAS 5, CAS 39
其他存货[member]	member	CAS 1
存货增减变动[line items]	linc items	
存货期初账面余额	X instant, debit	CAS 1
存货本期增加额	X duration, debit	CAS 1
存货本期减少额	(X) duration, credit	CAS 1
存货期末账面余额	X instant, debit	CAS 1
存货跌价准备	(X) instant, credit	CAS 1, CAS 8
存货期末账面价值	X instant, debit	CAS 1, CAS 30, CAS 33

图 4-4　2015 版通用分类标准中"存货"科目部分信息元素

图 4-4 为根据财政部发布的 2015 版通用分类标准,与"存货"科目有关的部分通用分类标准中信息元素的内容。

将分类标准中定义的信息元素与财务信息元素理论相对应可知,分类标准中定义元素的组成结构与财务信息元素理论中定义的元素的组成结构一致,组成二者的最基本单元元素都是主体描述性元素、状态描述性元素和事实描述性元素,但是其构成规则存在一定的区别。

分类标准中定义的信息元素由主体描述性元素和事实描述性元素共同组成。譬如,"存货本期增加额"由主体描述性元素"存货"与事实描述性元素"本期增加额"共同组成,但这并不是构成该分类标准信息元素的全部元素单元,状态描述性元素"货币型",以及其他的若干事实描述性元素,则隐藏在构成分类标准的模式文件以及其他 6 个链接库文件之中。

根据分类标准信息元素结构特点可知,其组成结构与第 4.1.1 节中定义的狭义财务信息元素存在对应关系。即分类标准中定义的任意信息元素,都由唯一的主体描述性元素、唯一状态描述性元素以及修饰二者的事实描述性元素构成,而非财务信息元素理论中定义的广义财务信息元素概念。

自张天西(2006)提出财务信息元素理论后,一些研究,如黄长胤(2012)、李争争(2013)以及李争争等(2013)都基于该理论对分类标准扩展与评价等方面展开了研究,但是上述研究都以财务信息元素理论为基础,对于财务信息元素的微观结构(主体描述性元素、状态描述性元素和事实描述性元素之间的微观结构关系等),以及财务信息元素与分类标准信息元素之间的辩证关系没有进行细致的探讨,如何准确地梳理两者之间的关系是实现将财务信息元素理论指导 XBRL 分类标准应用的前提。

另外,正确梳理两者之间关系,有助于理解分类标准基础理论(广义财务信息元素)与分类标准应用(狭义财务信息元素)之间的关系。因此,下文需要结合上市公司财务信息元素披露实例,对财务信息元素微观结构进行研究,还需要根据分类标准类型,将其披露的信息元素分为通用分类标准信息元素和扩展分类标准信息元素,上述两种信息元素都对应狭义财务信息元素,而非广义财务信息元素。

4.2 基于微观结构视角的财务信息元素度量指标

信息披露质量是保护投资者利益、维护资本市场健康发展的关键要素(伊志宏等,2010)。良好的信息披露质量不仅可以降低公司内外部之间信息不对称性程度,提升社会资源配置效率,还可以为外部投资者与监管部门对企业经营发展运行进行评价提供直接的证据,降低管理层道德风险,减少机会主义行为。

考虑到中国资本市场信息披露的不规范性,监管部门通过出台各项政策,如相继颁布《上市公司信息披露管理办法》《企业内部控制应用指引》《深圳证券交易所上市公司内部控制指引》等若干政策法规,从监管层面对上市公司信息披露进行有效的规范(李慧云和吕文超,2012),但是制度与准则只是从技术层面为改善信息披露质量提供保障,上市公司如何执行信息披露规范才是改善信息披露质量的关键所在(Ball 等,2003)。

但是,通过对信息披露的相关研究进行梳理,可发现目前存在三种主要的信息披露度量方式:内容分析法、权威指数法和 KV 度量法等(具体见第 4.2.1节)。但是上述方法都无法实现对信息披露细节的精确度量,也无法对企业自愿性信息披露行为进行区分。

因此,如何实现对信息披露行为的度量是信息披露研究的关键。

根据财务信息元素定义及其微观结构特征,可以从信息元素的量化视角对信息披露差异性进行度量。事实上,张天西(2006a)在创造性地提出财务信息元素时就指出,财务信息元素理论不仅可以作为财务报告系统信息标准开发的基础,还可以实现对财务信息从"质"到"量"的理解,从而说明财务报告中包含的财务信息量的多少,实现不同企业之间信息披露的横向与纵向对比。

根据上文对财务信息元素微观结构进行梳理可知,财务信息元素微观结构可以从财务信息元素的结构元素[①]和财务信息元素的结构关系两方面进行

---

① 关于财务信息元素的结构元素概念,张天西(2006)已经有所涉及,但是对于三者的逻辑关系等问题,其没有展开深入的研究;本书第 4.1.2 节在结合相关研究的基础上,从结构元素的空间结构与逻辑结构角度,对财务信息元素微观结构进行了扩展与定义。

定义与阐述。

因此,本节基于财务信息元素及其组成结构定义,并结合信息元素空间理论以及粒度理论等,从 XBRL 技术、分类标准角度设计并构造基于财务信息元素微观结构的信息披露的度量指标。

在构造基于财务信息元素的度量指标之前,有必要对信息披露的相关研究中关于如何度量信息披露的指标进行梳理与介绍。

4.2.1 传统信息披露度量指标

如何对上市公司信息披露程度进行有效的度量,这是信息披露的相关研究中需要解决的关键问题。通过梳理国内外关于信息披露相关的文献发现,目前主要有以下三种衡量信息披露程度的方法。

1. 内容分析法

内容分析法一般是研究者根据其研究需要,自行设计并构建一个度量指数体系,根据公司已公开的各类报告信息,人工阅读并手工提取数据,并为每一个特定项目进行打分,以此建立信息披露指标。

汪炜和蒋高峰(2004)以上市公司披露的临时报告数量构建信息透明度指数,并以此作为衡量企业信息披露透明度的代理变量;崔学刚(2004)以企业自愿性信息披露的数量作为透明度的衡量指标;而钟伟强和张天西(2006)则借鉴 Botosan(1997)自愿披露指标的细分项目和归类的思路,将各类自愿披露明细项目归到五大类信息中,分别为这些明细项目赋分并加总,建立企业信息披露评价体系。内容分析法是在研究社会责任和环境信息披露时常常采用的方法(毕茜等,2012;刘亚莉等,2013)。

内容分析法对于研究的具体问题具有一定的针对性,但是人工阅读并赋值的方法带有一定的主观认识偏差。采用内容分析法的研究主要有 Meek 等(1995)、Botosan(1997)、马忠和吴翔宇(2007)、罗炜和朱春艳(2010)以及张学勇和廖理(2010)等。

2. 权威指数法

权威指数法是指采用某一权威机构发布的评价指数来衡量信息披露程度,国际上主要有美国财务分析师协会报告(FAF Report)提供的 27 个行业上市公司详细的披露情况分析①、美国投资管理与研究协会（AIMR）发布的披露评级、标准普尔（S&P）发布的透明度和披露评价体系②及披露评级指数（T&D）、国际财务分析和研究中心（Center for International Financial Analysis and Research）发布的 CIFAR 指数③，以及普华永道（PWC）发布的"不透明指数"。以上各类指数的作用存在一定差异，CIFAR 和 T&D 披露评级指数用于评价不同公司之间的信息透明度状况，而 PWC 的"不透明指数"则是从腐败、法律、财经政策、会计准则与实务、政府管制五方面对国家整体的会计透明度进行评价，主要反映的是各个国家之间会计透明度的差异。

国内评价指数主要有深交所的信息披露评级以及南开大学公司治理中心推出的南开治理指数（CCGINK）两类。深交所 2001 年颁布《深圳证券交易所上市公司信息披露工作考核办法》，该考核办法主要从信息披露的及时性、准确性、真实性、公平性、完整性以及合法性六个方面进行衡量，将上市公司信息披露质量分为优秀、良好、及格和不及格四种类型，并将评价结果在深交所网站上发布。而南开治理指数则从信息披露完整性、真实性和及时性等三个维度对公司信息披露质量进行评价。

权威指数法作为半客观评价法的一种，其衡量的内容较为全面、客观，避免了内容分析法中较为主观的缺点，采用此种方法的研究有方军雄（2007）、曾颖和陆正飞（2006）、董锋和韩立岩（2006）以及伊志宏等（2010）等。

3. KV 度量法

KV 度量法由 Kim 和 Verrecchia（2001）通过对信息披露质量、收益率和交易量三者关系进行研究总结后提出。他们发现，公司信息披露较充分时，投资者对交易量信息的依赖性会显著降低，而对信息披露的依赖性会提高，导致

---

① 美国财务分析师协会（FAF）每年报送 FAF Report，提供 27 个行业上市公司详细披露情况，其信息来源于年报、季报、报纸杂志、与分析师面谈等，内容主要包含各项披露信息的时效性、详细程度等，并采用加权平均法对各种披露项目进行评分。

② 美国标准普尔透明度和披露评价体系主要用于考察美国标准普尔 500 中的公司信息披露的透明度以及信息披露模式，该指标体系共计 3 个大类 98 个属性，从而对公司信息披露内容作出客观的评价。

③ CIFAR 指数共选取了 90 个重要的披露项目，并以这些项目在公司年报中被披露的数量多寡作为透明度的衡量标准，披露数量越多，CIFAR 指数越大，透明度就越高。

交易量对收益率的影响减小;而在信息披露不充分的情况下,投资者对交易量信息的依赖程度增强,并对信息披露的依赖程度减弱,导致交易量对收益率的影响增大。

KV指数则以交易量对收益率的影响系数表示,以反映市场对交易量信息的依赖程度,进而表示公司信息披露质量。KV指数与信息披露质量之间呈负相关关系,KV指数越高,表明企业信息披露质量越低,具体度量如模型4.1所示。

$$\ln \mid (P_t - P_{t-1})/P_{t-1} \mid = \alpha + \beta(Vol_t - Vol_0) + \varepsilon \quad (模型4.1)$$

模型4.1中,P_t和Vol_t分别表示第t日股票收盘价和交易量,Vol_0表示所有研究区间交易量均值,β表示交易量变化与收益率的斜率系数,使用最小二乘法得出,β值越小,表示企业信息披露质量越高。

而KV则是研究者根据其研究需要,对β值进行不同程度的放大,譬如:Ascioglu等(2005)定义$KV = \beta \times 10^3$,周开国等(2011)定义$KV = \beta \times 10^4$,翟光宇等(2014)和徐寿福和徐龙炳(2015)则定义$KV = \beta \times 10^8$。

KV度量法可以避免采用会计变量因应计利润和盈余管理等产生的一系列问题(Ascioglu等,2005),其反映的是市场信息,即投资者关于信息不对称程度的客观评价,因而能够真正反映上市公司信息披露的实际效果。KV指数既包含了强制性信息披露,也包含了自愿性信息披露,是一个能够全面度量上市公司信息披露质量的变量(周开国等,2011)。

4.2.2 基于 XBRL 的信息披露指标

本节基于财务信息元素微观结构特征,并结合 XBRL 分类标准信息元素类型,重新构建衡量信息披露程度的指标体系。

具体而言,我们先对单个信息元素表达方式进行定义,然后根据信息元素组成结构与规则,定义一个语义完整的财务信息元素的表达方式,最后根据信息元素空间理论,对任意会计主体发生的局限于财务报告的信息元素集合,从财务信息元素以及信息元素结构维度进行定义。

在对信息元素进行量化定义之前,根据财务信息结构特征,本书首先对以下三个概念进行定义与区分。

一是财务信息元素披露含量。财务信息元素披露含量是从财务信息元素组成结构特征角度衡量信息披露程度的指标,表示任意财务信息元素中包含的各个结构元素的合计数量。由于财务信息元素存在规范化的组成结构特征,因此从信息元素组成结构视角出发,可以精确地对上市公司信息披露的内容从量化视角进行度量。

二是财务信息元素披露数量。财务信息元素披露数量是在财务信息元素含量的基础上,从财务信息元素整体角度进行度量。即若上市公司对某一财务信息元素进行披露(不考虑结构元素状况),则该信息元素记为1,否则为0。该定义是从信息元素整体角度进行度量,而对于该信息元素中包含的主体描述性元素、状态描述性元素和事实描述性元素的披露结构与信息元素含量等问题,该指标不作考虑。

三是财务信息元素披露质量。由于信息披露的层级结构同样会对于信息披露质量产生影响(譬如:信息披露到"固定资产"与披露到"房屋及建筑物"本期借方发生额,对于信息供给方与信息需求方的影响是完全不同的),因此有必要构造衡量信息披露粒度的指标。财务信息元素披露质量基于粒度理论,根据特定规则对不同层级的信息元素赋予一定权重,并与上述两种度量方法相结合,以此更深层次地描述企业信息披露质量。

接下来,本章从量化角度出发,首先对财务信息元素和每一个组成结构元素进行定义,然后基于上文构造的度量方法,对其度量方法进行量化处理,以满足下文的研究需要。对财务信息元素及其组成结构的各个元素进行如下定义与解释。

1. 财务信息元素及其组成结构定义

对于任意 j 公司在第 t 年:

FIE_i 表示第 i 个广义财务信息元素,$i \in (1, I)$,I 表示广义财务信息元素集合①。

---

① 在本节以及其他章节出现的元素集合是指根据归纳法、演绎法以及上市公司实际信息披露实例中所能归纳总结出的所有可能出现的信息元素的集合。信息元素的集合并不是一成不变的,随着外部环境改变和会计准则变更,新的信息元素不断出现,旧的信息元素不断消失,譬如,2006 年实施的新会计准则明确了公允价值是会计计量的基本属性之一,作为事实描述性元素之一的公允价值计量的复用频率不断增加,而历史成本计量属性的使用频率则出现显著的下降。

根据广义财务信息元素与狭义财务信息元素的关联结构可知,第 i 个财务信息元素 FIE_i 由 m 个关联的狭义财务信息元素组成,因此:

FIE_{im} 表示隶属于第 i 个广义财务信息元素 FIE_i 的第 m 个狭义财务信息元素,$m \in (1, M)$,M 表示狭义财务信息元素集合,且任意狭义财务信息元素必然会存在某一与之对应的广义财务信息元素。在特殊情况下,若某一广义财务信息元素仅存在唯一的状态描述性元素,表示该广义财务信息元素与其狭义财务信息元素重合为一个财务信息元素。

根据财务信息元素结构定义可知,在任意广义信息元素 FIE_i 中,主体描述性元素 SE 作为财务信息元素的核心元素,是唯一确定的,因此:

定义 SE_i 表示唯一界定 FIE_i 和 FIE_{im} 的主体描述性元素,$i \in (1, I)$,I 表示主体描述性元素集合(主体描述性元素集合与财务信息元素集合一致)。

根据财务信息元素结构图可知,在任意狭义信息元素 FIE_{im} 中,CE_{im} 表示组成 FIE_i 的第 m 个状态描述性元素(即每个状态描述性元素 CE 可以界定唯一一个狭义信息元素 FIE_{im}),$i \in (1, I)$,I 表示广义财务信息元素集合,$m \in (1, M)$,M 表示狭义财务信息元素集合。

定义 AE_{imn} 表示组成狭义信息元素 FIE_{im} 的第 n 个事实描述性元素,$i \in (1, I)$,I 表示广义财务信息元素集合,$m \in (1, M)$,M 表示狭义财务信息元素集合,$n \in (1, N)$,N 表示事实描述性元素的集合。

2. 财务信息元素披露含量指标

由信息元素空间理论可知,信息元素空间是某一财务会计主体在一定时间范围内产生的所有信息元素的集合。而一个完整语义结构的财务信息元素则是由反映特定信息的主体描述性元素、状态描述性元素和事实描述性元素沟通构成的元素集合体。由于财务信息元素的各个组成部分只有按照既定的构成结构,才能表达出一条具有完整语义的财务会计信息,基于此,我们可以从信息元素的组成结构视角出发,将信息元素含量定义为一个完整语义的财务信息元素中所包含的主体描述性元素、状态描述性元素和事实描述性元素的合集。

根据广义财务信息元素与狭义财务信息元素之间的逻辑关系,我们先定义狭义财务信息元素信息含量的度量方法,并据此推演至广义信息元素的度量方法之中。

根据狭义财务信息元素的定义,任意狭义财务信息元素由唯一主体描述性元素 SE_i、唯一状态描述性元素 CE_{im} 以及 N_{im} 个关联的事实描述性元素 PE_{im} 共同构成。即对于任意狭义财务信息元素 FIE_{im}:

用 FIE_{im}^Q 表示其对应的单个狭义财务信息元素含量,则 FIE 表示事实描述性元素的个数,$N_{im} \geqslant 1,2$ 分别表示属于该狭义财务信息元素的 1 个主体描述性元素和 1 个状态描述性元素,因此 $FIE_{im}^Q \geqslant 3$;j 公司第 t 年狭义财务信息元素含量可表示为 $FIEH_{j,t}^Q$,则有 F 对于任意广义财务信息元素 FIE_i,其信息元素含量以 FIE_i^Q 表示,由于 FIE_i 由 m 个狭义信息元素 FIE_{im} 构成,则

$$FIE_i^Q = \sum_{m=1}^{M_i} FIE_{im}^Q - (M_i - 1)$$

,M_i 表示组成 FIE_i 的狭义财务信息元素集合,$(M_i - 1)$ 表示多加了 $(M_i - 1)$ 个主体描述性元素,因此需要在计算 FIE_i^Q 时进行扣除。

此外,对财务信息元素的 3 个组成部分分别设置度量指标,具体如下。

j 公司第 t 年主体描述性元素的集合表示为 $SE_{j,t}^Q$,则:

$$SE_{j,t}^Q = \sum_{i=1}^{I_j} SE_i$$

,I_j 表示对应 j 公司的主体描述性元素的集合;

j 公司第 t 年状态描述性元素的集合表示为 $CE_{j,t}^Q$,则:

$$CE_{j,t}^Q = \sum_{i=1}^{I_j} \sum_{m=1}^{M_j} CE_{im}$$

,I_j 表示对应 j 公司的主体描述性元素的集合,M_j 表示对应 j 公司状态描述性元素的集合;j 公司第 t 年事实描述性元素的集合表示为 $PE_{j,t}^Q$,则:

$$PE_{j,t}^Q = \sum_{i=1}^{I_j} \sum_{m=1}^{M_j} \sum_{n=1}^{N_j} PE_{imn}$$

,I_j 表示对应 j 公司的主体描述性元素集合,M_j 表示对应 j 公司状态描述性元素的集合,N_j 表示对应 j 公司的事实描述性元素的集合;

根据研究需要,我们将财务信息元素的范围限定在财务报告的三大财务报表(资产负债表、利润表和现金流量表)范围内,因此,用 $FIE_{j,t}^Q$ 表示 j 公司第 t 年财务报告中广义财务信息元素含量,则:

$$FIE_{j,t}^Q = \sum_{j=1}^{I_j} FIE_i^Q = \sum_{j=1}^{I_j} \sum_{m=1}^{M_i} \{FIE_{im}^Q - (M_i - 1)\}$$

$$= \sum_{i=1}^{I_j} \sum_{m=1}^{M_i} \sum_{n=1}^{N_j} (SE_j + CE_{im} + PE_{imn}) \qquad (4.1)$$

根据广义财务信息与狭义财务信息元素之间的关系以及计算规则可知，对于任意公司 j 在第 t 年，有 $FIE_{j,t}^Q < FIEH_{j,t}^Q$。

另外，根据分类标准信息元素与财务信息元素之间的对应关系可知（见第4.1.3节的内容），分类标准信息元素（包括通用分类标准信息元素和扩展分类标准信息元素）可以对应于狭义财务信息元素，而非广义财务信息元素。结合下文的研究设计以及上市公司实际信息披露的内容，由于需要将上市公司附注信息分为通用分类标准信息元素和扩展分类标准信息元素，因此我们分别对广义财务信息元素和狭义财务信息元素设置度量指标，但是在本书第5章及其后的内容中，在没有特别说明的情况下，我们仅报告狭义财务信息元素所计算出的度量指标，而将广义财务信息元素计算的指标标记在本书的附注之中。

3. 财务信息元素披露数量指标

财务信息元素含量测度基于信息元素结构角度，即在考虑财务信息元素的组成结构（主体描述性元素、状态描述性元素和事实描述性元素）的基础上进行度量，以此更加细致地描述上市公司财务信息元素披露的详细程度。

但是从上市公司信息披露的实务角度分析，监管部门主要通过颁布通用分类标准的方式指导上市公司 XBRL 财务报告信息披露，且通用分类标准基于信息元素整体角度考虑。关于 XBRL 报告中财务信息元素的相关研究，如黄长胤（2012）、李争争等（2014）等都是基于财务信息元素整体进行研究，以便于与其他相关文献的研究结论进行对比分析。本节从财务信息元素整体角度进行分析，定义衡量财务信息元素披露数量的指标，而不考虑具体的信息元素组成结构特征。

根据狭义财务信息元素组成结构可知，一个典型的狭义财务信息元素由 1 个主体描述性元素、1 个状态描述性元素和若干事实描述性元素组成，即若狭义信息元素由至少 3 个信息元素单元构成,则表示该狭义财务信息元素存在,即用 FIE_{im}^N 表示狭义财务信息元素 FIE_{im} 的元素数量,因此对于任意狭义财务信息元素,$FIE_{im}^N = 1$,if $FIE_{im}^Q \geqslant 3$,否则为 0。

同理,对于任意广义财务信息元素 FIE_i,用 FIE_i^N 表示广义财务信息元素数量,根据广义财务信息元素的组成结构可知,广义信息元素由至少一个狭义财务信息元素组成,因此,定义任意广义财务信息元素 $FIE_i^N = 1$,if $\sum_{m=1}^{M_i} FIE_{im}^N \geqslant 1$,否则为 0,$M_i$ 表示对应 j 公司状态描述性元素的集合;则 j 公司第 t 年狭义财务信息元素数量集合表示为 $FIEH_{j,t}^N$,且:

$$FIEH_{j,t}^N = \sum_{i=1}^{I_j} \sum_{m=1}^{M_j} FIE_{im}^N \tag{4.2}$$

其中,I_j 表示对应 j 公司的主体描述性元素的集合,M_j 表示对应 j 公司状态描述性元素的集合;$FIE_{j,t}^N$ 表示 j 公司第 t 年广义财务信息元素集合,则:

$$FIE_{j,t}^N = \sum_{i=1}^{I_j} FIE_j^N = \sum_{i=1}^{I_j} SE_i \tag{4.3}$$

4.3 微观结构、粒度概念与信息披露质量

根据上述定义可知,财务信息元素披露含量与披露数量指标基于财务信息元素微观结构角度,结合财务信息披露研究进行定义。虽然这可以从一定程度上实现对信息披露的量化度量,却忽略了对信息元素层级的考虑,将不同层级信息元素的重要性作为等权重处理。

由粒度理论可知,不同粒度大小的信息元素对于信息生成、分析以及信息披露质量将产生不同影响,所传递的信息的重要性水平也存在一定的差异性,该差异可以用于刻画信息提供者的信息披露动机,也可以从信息需求者角度检验信息披露质量的差异性对于资本市场的市场反应的差异性。

一方面,对于信息供给方而言,其披露的信息元素颗粒越细致,反映其自愿性信息披露的动机越强,信息披露内容越丰富;而对于信息需求者而言,其可以从中获取的信息内容越丰富,即信息披露质量较高,公司内外部信息不对

称程度越低。另一方面,信息披露粒度越细致,对于信息提供方而言,其信息生成的成本越高,因此会提高公司资本成本(Healy 等,2001),降低其信息披露的动机,而对于信息需求方而言,其分析处理信息的成本也相应增加,因此信息需求方需要权衡信息的成本效益。

譬如,××公司在其 2015 年财务报告中仅披露"管理费用"合计数,与披露明细科目"管理费用——差旅费"相比,这对于信息提供者与需求者而言,具有完全不同的意义。对于信息提供者,即企业而言,企业仅披露主表中的某一会计科目信息,与在附注中对该科目明细进行解释,所承载的信息披露动机存在非常大的差异性;而对于信息需求者而言,公司信息披露的详细程度的不同,反映着信息披露质量的差异,对于主要依赖于公司公开披露的信息进行投资决策的投资者而言,信息质量的差异性,影响投资者的投资决策的准确性和投资效率。

研究信息元素权重问题对于如何准确地度量信息披露质量是至关重要的。一方面,对于信息供给方而言,信息披露的细致程度反映其自愿性信息披露的动机,经营发展等较好的上市公司通过披露更多详细信息的方式,向外部投资者传递其公司治理良好的信号,而代理问题较为严重、市场竞争度较低的公司则倾向于披露更少的财务信息,以避免可能的诉讼等问题;另一方面,对于信息需求方而言,经过细致披露的财务信息可以降低外部信息不对称性,有助于外部投资者的投资决策,并有利于利益相关者对于公司经营发展的监管,降低公司资本成本,减少其代理冲突。因此,如何有效地衡量信息披露的细致程度,成为衡量信息披露质量的关键所在。

从信息披露实务角度分析,目前现行主要国家的财务报告准则仅对信息披露进行类别规定,没有详细程度的规定,而完全由企业自行决定(尤其是在财务报告附注信息披露方面),导致承载公司主要财务信息的财务报告信息披露质量参差不齐。如何实现信息披露详细程度的最优化始终是各国资本市场的监管者和市场主体面临的问题。而解决这个问题的前提就是如何对财务信息的细致程度进行量化的度量,而不仅仅是定性的判断。

根据粒度定义可知,信息粒度是对数据信息和知识信息披露粗细的不同层次的度量。即在信息披露研究领域,粒度可以用于刻画信息披露细致程度,进而反映信息披露质量特征。Bryan(2004)认为上市公司披露的定期报告和临时公告应该采用不同的信息元素粒度,以满足不同层次信息使用者的需求。赵现明(2010)认为,在 XBRL 研究领域,粒度问题主要是指财务信息的不同层次。

关于该信息披露粒度问题的研究较少,本节尝试从财务信息元素视角出发,将粒度概念引入财务信息细致程度的量化度量。此外,本节将分类标准信息披露的层级结构与粒度概念结合,讨论了元素粒度计算的基本假定、计算原理和步骤,为分类标准扩展的量化度量提供了工具。本节借鉴黄长胤(2012)的研究思路,基于粒度理论构造衡量信息披露细致程度的度量指标。

在设置度量指标之前,需要提出若干假定条件,具体见第4.3.1节。

4.3.1　基本假定

在信息科学中,粒度逐渐被引申为对数据信息和知识粗细的不同层次的度量(黄长胤,2012)。

粒度计算是对信息元素披露细致程度进行量化处理的过程,在进行粒度计算之前,需要对其设置一定的假定。对于财务报告三大报表范围的财务信息元素,有以下几个假定。

一是有限次分解假定:信息元素可以自上而下区分为不同层级,且元素可以依据一定分解规则进行有限次向下分解。

二是父子关系假定:根据有限次分解假定,元素在根据一定规则进行向下分解时,父元素可以分解为若干子元素的集合。

三是等权重假设:结合父子关系假定,假定对于属于同一父元素的若干子元素,其所表示的信息的重要性程度相同,即若干子元素表达的权重相等。

四是可度量性假定:假定在任意信息元素空间中,信息元素的粒度大小可以用数值形式进行精确度量,以 d 表示。

五是粒度归属假定:假定任意信息元素空间中,粒度测度对狭义于财务信息元素才有意义,而对于信息元素的单个组成结构元素,粒度测度没有任何实质性意义。

4.3.2 信息元素层级关系

XBRL 报告是信息元素按照既定规则构成的集合体,并且信息元素按照一定的规则组合。根据元素计算的基本假设可知,信息元素之间可以实现有限次的分解,即元素之间存在一定的层级结构关系,在本部分内容中,我们将对信息元素的层级关系进行系统解释。

信息元素设置层级结构主要是满足以下两个目的:

第一,通过元素层级结构关系,可以规范元素拆分与组合规则,使得信息元素可以按照既定的组合方式形成财务报告,信息披露方式与 XBRL 格式财务报告披露规则相适应,满足信息化条件下计算机读取财务数据的需要。

第二,根据粒度理论,信息元素的不同粒度向外界传递不同质量等级的会计信息,因此,本书根据财务会计理论对财务信息元素进行合理化拆分,以此作为计算信息披露粒度的依据。

根据粒度计算的有限次分解假定和继承关系假定可知,一个父元素可以分解为若干子元素的集合,即若干子元素可以按照既定规则构成一个语义完整的父元素,这就是所谓的所谓自相等原理,即一个财务信息元素(父元素)与其构成继承关系的子元素相等。在本书中,我们称之为粒度等价关系,并采用"≡"符号表示,将某一父元素以及与其有等价关系的全部子元素的集合称为粒度等价对,譬如,存货≡{原材料,包装物,低值易耗品,委托加工物资,在产品,产成品,库存商品,发出商品,其他周转材料}就是一个粒度等价对(黄长胤,2012)。

基于此,根据初始粒度假定以及本书研究需要,将财务报告作为元素层级的第一层级;根据中国会计准则与上市公司财务报告信息披露规则与内容,我们将三大报表"资产负债表""利润表"与"现金流量表"作为元素层级的第二层级,且存在以下粒度等价对:财务报告≡{资产负债表,利润表,现金流量表};第三层级为三大报表中表内披露的会计科目,以资产负债表为例,存在以下粒度等价对:资产负债表≡{货币资金,交易性金融资产,应收票据,应收账款,……};第四层一般对应财务报表附注信息,即对三大报表中会计科目的解释,以货币资金为例,存在以下粒度等价对:货币资金≡{库存现金,银行存款,存放同业款项,存放中央银行款项,其他货币资金,变现受限货币资金}等。依此类推,可以通过分析财务信息元素的层级关系,对财务信息元素的组合规则进行剖析,具体结构示意如图 4-5 所示。

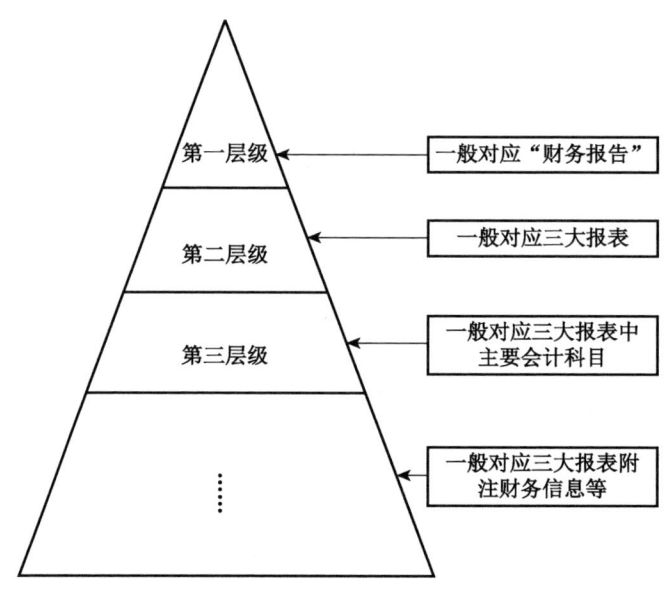

图 4-5　信息元素层级结构

关于中国上市公司财务信息元素的层级结构问题,我们采用归纳法与演绎法相结合的方式进行研究:采用归纳法对中国沪深 A 股上市公司年报附注信息提取财务信息元素,并对其元素结构与层级关系进行总结;演绎法通过结合中国会计准则与上市公司信息披露规则,总结出上市公司可能会披露的信息元素,并通过归纳法对其进行总结与筛选。最后发现,可以通过将财务信息元素分为六个层级,实现对信息元素的完整披露。

财务信息元素的层级结构具体如图 4-6 所示。

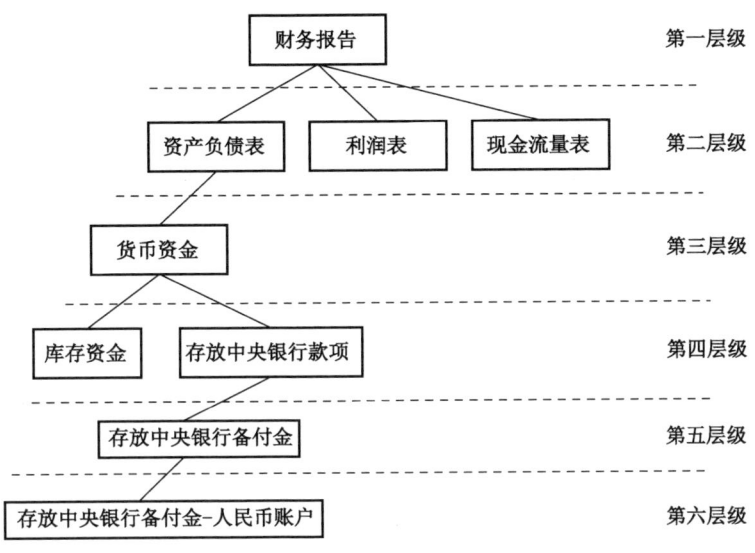

图 4-6　财务信息元素层级结构

4.3.3　粒度测度计算

如何定义不同层级的信息元素权重,即粒度测度指标 d,是衡量信息元素披露质量的关键环节。

黄长胤(2012)在结合"自相等"理论的基础上,采取"切蛋糕"的方法进行划分,即将第一层级信息元素的粒度 d 定义为1,然后根据父子关系假定与"自相等"理论层层细分,使得有限次分解后的最底层的信息元素的粒度测度指标 d 最小,以此作为度量信息披露粒度的指标。

根据本节研究需要,本书仅从财务信息元素及其微观结构构建的度量指标 FIE^N 和 FIE^Q 无法刻画不同层级信息元素的重要性,因此需要在对信息元素层级进行量化(以粒度测度 d 表示)的基础上,将两类指标相结合,作为衡量信息元素披露质量指标,但是根据定义可知,FIE^N 和 FIE^Q 与信息披露质量之间呈正相关关系,而根据黄长胤(2012)定义的 d,则与信息披露质量之间呈负相关关系,因此二者的结合无法准确地对信息元素披露质量进行定义与描述。

同时,结合信息披露的相关研究,信息元素层级与信息质量存在较大的关联性(欧阳电平和周舟,2010),根据会计信息质量特征可知,会计信息披露得越细致,其反映的信息越可靠,信息相关性越高。因此,从信息质量特征角度考虑,本书对信息披露粒度测度指标 d 作如下设置:

由于信息披露越细致,可以在一定程度上表示信息披露的质量越高,因此,我们将最下一层信息元素的粒度测度指标 d 设置为1,将第二层粒度测度指标 d 设置为 $1/2$,将第 n 层级粒度测度 d 定义为 $(1/2)^{n-1}$,依此类推。

信息元素粒度测度指标 d 的定义规则如图 4-7 所示。

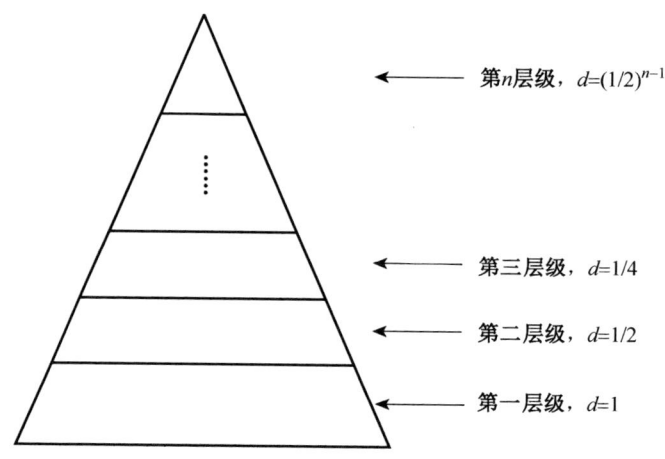

图 4-7　财务信息元素层级粒度测度指标的定义

4.3.4　信息元素披露质量指标

将基于财务信息元素以及微观结构定义的信息披露指标(第4.2.2节),分别与第4.3.3节中定义的粒度测度权重指标相结合,构造衡量信息披露质量的度量指标,以 FDQ(FIE Disclosure Quantity)表示。

用 d_i 表示任意狭义财务信息元素 $FIEH_i$ 所在的信息元素层级的粒度测度指标,则对于任意 j 公司在第 t 年:

首先,考虑财务信息元素整体披露质量,用 $FDQ_{j,t}^N$ 表示信息元素的披露质量程度,则有:

$$FDQ_{j,t}^{N} = \sum_{i=1}^{I_j}(d_i \times FIEH_i^{N}) \qquad (4.4)$$

其中，$FIEH_i^{N}$ 是衡量信息元素披露数量的指标；

其次，结合信息元素微观结构的度量指标 $FIEH_{j,t}^{Q}$，用 $FDQ_{j,t}^{Q}$ 表示财务信息元素信息含量粒度，则有：

$$FDQ_{j,t}^{Q} = \sum_{i=1}^{I_j}(d_i \times FIEH_i^{Q}) \qquad (4.5)$$

4.4 通用与扩展分类标准信息元素披露质量度量

财务信息元素是组成 XBRL 分类标准的最基本单元。XBRL 分类标准可以分为通用分类标准与扩展分类标准，并且两者在信息生成与传递中扮演着截然不同的角色。

通用分类标准即各国监管部门根据强制披露和信息监管的要求从会计准则中"提炼"出适合于各行业的通用的、最基本的信息元素。对于通用分类标准中已定义的财务信息元素，上市公司可以直接进行复用（reuse）。扩展分类标准则是对通用分类标准的补充，是上市公司出于自身信息披露的需要，对于通用分类标准中未定义的信息元素，根据会计准则以及 XBRL 语法规范而进行扩展与再定义（re-define），其本质是定义财务信息元素的过程。

事实上，上市公司存在一定的扩展需要，黄长胤和张天西（2011）、陈宋生等（2020）研究发现，上市公司存在自愿性扩展信息的需要，公司自愿性扩展的信息元素平均占公司披露的信息元素总数的 46.65%，财政部目前推行的通用分类标准暂时无法满足企业信息披露的正常需求，因此亟待根据行业披露的特点，对通用分类标准进行行业扩展与补充。

考虑到通用分类标准与扩展分类标准的不同作用，因此有必要依据上文基于 XBRL 技术定义的信息元素度量指标，根据分类标准的不同类型进行重新区分和定义。而在此之前，首先需要解决如何区分分类标准信息元素类型的问题。

如何选择通用分类标准信息元素清单是准确区分信息元素类型的关键所在。中国实施的最早的通用分类标准来自 2010 年,而财政部于 2015 年 3 月 24 日公布的《企业会计准则通用分类标准元素清单(征求意见稿)》(2015 版通用分类标准),是对 2010 版通用分类标准、石油和天然气行业分类标准以及银行业分类标准的替代。

由于本书的数据提取中剔除了银行业上市公司,并且抽样样本中所选取的石油和天然气行业上市公司极少,因此,我们以 2015 版通用分类标准为依据,对财务信息元素进行区分。需要注意的是,在本书不作特殊解释的前提下,财务信息元素仅指狭义财务信息元素,即将分类标准信息元素区分为通用分类标准信息元素和扩展分类标准信息元素时,该信息元素仅对应于狭义财务信息元素才有意义。

分类标准信息元素的具体区分与对应步骤如下。

Step 1:通过手工方式提取狭义财务信息元素及其组成结构,并将所有提取的信息元素与 2015 版通用分类标准进行匹配。

Step 2:若该元素可以对应于通用分类标准信息元素集,则将其作为上市公司复用的通用分类标准信息元素,并标记为 FIE_G。

Step 3:若该元素没有对应于通用分类标准信息元素集,则认为该元素是由单个上市公司根据自身需要扩展而得,因此将其作为扩展分类标准信息元素,并标记为 FIE_EX,即该信息元素不属于通用分类标准信息元素的范畴。

通过以上步骤,我们可以将所有提取的信息元素区分为通用分类标准信息元素和扩展分类标准信息元素。

为了便于区分下文度量指标,我们在结合前文定义的度量指标的基础上,从分类标准类型角度对上文定义的度量指标进行重新区分与再定义:对于任意 j 公司在第 t 年,FIE_{im} 表示第 i 个狭义财务信息元素,若 FIE_{im} 可以对应于通用分类标准信息元素集,则将其作为通用分类标准信息元素,标记为 $FIEH\_G$;否则,则该元素属于上市公司根据自身业务特点等自行扩展的信息元素,即将其作为扩展分类标准信息元素,标记为 $FIEH\_EX$。

因此,前文定义的信息元素衡量指标可以根据该元素的归属范畴(通用分类标准或扩展分类标准)进行再区分。

$FIEH\_G_i^Q$ 表示任意通用分类标准信息元素 $FIEH\_G_i$ 的信息元素含量,则 $FIEH\_G_{j,t}^Q$ 表示 j 公司第 t 年财务报告中通用分类标准信息元素含量,有:

$$FIEH\_G_{j,t}^Q = \sum_{i=1}^{I_{j\_G}} FIEH\_G_i^Q \qquad (4.6)$$

其中,I_{j_G} 表示通用分类标准信息元素集。

同理,用 $FIEH\_EX_i^Q$ 表示扩展分类标准信息元素 $FIEH\_EX_i$ 的信息元素含量,则 $FIEH\_EX_{j,t}^Q$ 表示 j 公司第 t 年财务报告扩展分类标准信息元素含量,则:

$$FIEH\_EX_{j,t}^Q = \sum_{i=1}^{I_{j\_G}} FIEH\_EX_i^Q \qquad (4.7)$$

其中,I_{j_G} 表示扩展分类标准信息元素集。

并且,存在以下对应关系:

$$FIEH_{j,t}^Q = FIEH\_G_{j,t}^Q + FIEH\_EX_{j,t}^Q$$

同理,我们可以对信息元素披露数量度量指标 $FIEH_{j,t}^N$,根据通用分类标准进行区分,具体定义如下所示:

用 $FIEH\_G_j^N$ 表示通用分类标准信息元素披露数量;

用 $FIEH\_G_{j,t}^Q$ 表示 j 公司第 t 年财务报告中披露的通用分类标准信息元素个数:

$$FIEH\_G_{j,t}^N = \sum_{i=1}^{I_{j\_G}} FIEH\_G_j^N \qquad (4.8)$$

其中,I_{j_G} 表示通用分类标准信息元素集;

$FIEH\_EX_i^N$ 表示扩展分类标准信息元素披露个数;

$FIEH\_EX_{j,t}^N$ 表示 j 公司第 t 年财务报告扩展分类标准信息元素个数,则:

$$FIEH\_EX_{j,t}^N = \sum_{i=1}^{I_{j,G}} FIEH\_EX_i^N \tag{4.9}$$

其中，$I_{j,G}$ 表示扩展分类标准信息元素集。

因此，根据关联关系可知，存在以下对应关系：

$$FIEH_{j,t}^N = FIEH\_G_{j,t}^N + FIEH\_EX_{j,t}^N \tag{4.10}$$

同样，结合信息元素披露质量指标 FDQ^Q 和 FDQ^N，本节根据分类标准信息元素类型进行区分。

首先，对于通用分类标准信息元素披露的度量指标进行定义，具体如下所示。

用 $FDQ\_G_{j,t}^N$ 表示基于信息元素披露整体的通用分类标准信息元素披露质量指标，则有：

$$FDQ\_G_{j,t}^N = \sum_{i=1}^{I_j} (d_i \times FIEH\_G_i^N) \tag{4.11}$$

用 $FDQ\_G_{j,t}^Q$ 表示基于信息元素微观结构设置的通用分类标准信息元素披露质量指标，则有：

$$FDQ\_G_{j,t}^Q = \sum_{i=1}^{I_j} d_i \times FIEH\_G_i^Q \tag{4.12}$$

同理，对扩展分类标准信息元素披露的度量指标进行定义，具体表示如下所示：

用 $FDQ\_EX_{j,t}^N$ 表示扩展分类标准信息元素披露的细致程度，则有：

$$FDQ\_EX_{j,t}^N = \sum_{i=1}^{I_j} (d_i \times FIEH\_EX_i^N) \tag{4.13}$$

用 $FDQ\_EX_{j,t}^Q$ 表示扩展分类标准信息元素披露信息含量粒度，则有：

$$FDQ\_EX_{j,t}^Q = \sum_{i=1}^{I_j} (d_i \times FIEH\_EX_i^Q) \tag{4.14}$$

对于本书已经定义的财务信息元素的度量指标进行汇总，具体如表 4-1 所示。

表 4-1 主要变量定义

元素名称	标识	公式表达
元素定义	—	—
广义信息元素	FIE_i	—
狭义信息元素	FIE_{im}	—
主体描述性元素	SE_i	—
状态描述性元素	CE_{im}	—
事实描述性元素	PE_{imn}	—
通用分类标准信息元素	FIE_G_i	—
扩展分类标准信息元素	FIE_EX_i	—
财务信息元素披露含量	—	—
狭义信息元素含量	FIE_{im}^Q	$FIE_{im}^Q = \sum_{n=1}^{N_{im}} PE_{imn} + 2$，$N_{im}$ 表示 FIE_{im} 中事实描述性元素个数，$N_{im} \geqslant 1$
广义信息元素含量	FIE_i^Q	$FIE_i^Q = \sum_{m=1}^{M_i} FIE_{im}^Q - (M_i - 1)$，$M_i$ 表示组成 FIE_i 的狭义财务信息元素个数
主体描述性元素含量	$SE_{j,t}^Q$	$SE_{j,t}^Q = \sum_{i=1}^{I_j} SE_i$，$I_j$ 表示对应 j 公司的主体描述性元素的集合
状态描述性元素含量	$CE_{j,t}^Q$	$CE_{j,t}^Q = \sum_{i=1}^{I_j} \sum_{m=1}^{M_j} CE_{im}$，$I_j$ 表示对应 j 公司的主体描述性元素的集合，M_j 表示对应 j 公司状态描述性元素的集合
事实描述性元素含量	$PE_{j,t}^Q$	$PE_{j,t}^Q = \sum_{i=1}^{I_j} \sum_{m=1}^{M_j} \sum_{n=1}^{N_j} PE_{imn}$，$I_j$ 表示对应 j 公司的主体描述性元素的集合，M_j 表示对应 j 公司状态描述性元素的集合，N_j 表示对应 j 公司的事实描述性元素的集合
狭义财务信息元素含量	$FIEH_{j,t}^Q$	$FIEH_{j,t}^Q = \sum_{i=1}^{I_j} \sum_{m=1}^{M_i} FIE_{im}^Q$
广义财务信息元素含量	$FIE_{j,t}^Q$	$FIE_{j,t}^Q = \sum_{i=1}^{I_j} FIE_i^Q = \sum_{j=1}^{I_j} \sum_{m=1}^{M_i} \{FIE_{im}^Q - (M_i - 1)\}$
财务信息元素披露数量	—	—
狭义信息元素数量	$FIEH_{j,t}^N$	$FIEH_{j,t}^N = \sum_{i=1}^{I_j} \sum_{m=1}^{M_j} FIE_{im}^N$，$I_j$ 表示对应 j 公司的主体描述性元素的集合，M_j 表示对应 j 公司状态描述性元素的集合
广义信息元素数量	$FIE_{j,t}^N$	$FIE_{j,t}^N = \sum_{i=1}^{I_j} FIE_j^N = \sum_{i=1}^{I_j} SE_i$
财务信息元素披露质量	—	—

（续表）

元素名称	标识	公式表达
财务信息元素披露细致程度	$FDQ_{j,t}^{N}$	$FDQ_{j,t}^{N} = \sum_{i=1}^{I_j}(d_i \times FIEH_i^{N})$
财务信息元素信息含量粒度	$FDQ_{j,t}^{Q}$	$FDQ_{j,t}^{Q} = \sum_{i=1}^{I_j}(d_i \times FIEH_i^{Q})$
通用分类标准与扩展分类标准	—	—
通用分类标准信息元素含量	$FIEH\_G_{j,t}^{Q}$	$FIEH\_G_{j,t}^{Q} = \sum_{i=1}^{I_{j\_G}} FIEH\_G_i^{Q}$
通用分类标准信息元素数量	$FIEH\_G_{j,t}^{N}$	$FIEH\_G_{j,t}^{N} = \sum_{i=1}^{I_{j\_G}} FIEH\_G_j^{N}$
通用分类标准信息元素质量	$FDQ\_G_{j,t}^{N}$	$FDQ\_G_{j,t}^{N} = \sum_{i=1}^{I_j}(d_i \times FIEH\_G_i^{N})$
	$FDQ\_G_{j,t}^{Q}$	$FDQ\_G_{j,t}^{Q} = \sum_{i=1}^{I_j}(d_i \times FIEH\_G_i^{Q})$
扩展分类标准信息元素含量	$FIEH\_EX_{j,t}^{Q}$	$FIEH\_EX_{j,t}^{Q} = \sum_{i=1}^{I_{j\_G}} EIEH\_EX_i^{Q}$
扩展分类标准信息元素数量	$FIEH\_EX_{j,t}^{N}$	$FIEH\_EX_{j,t}^{N} = \sum_{i=1}^{I_{j\_G}} FIEH\_EX_i^{N}$
扩展分类标准信息元素质量	$FDQ\_EX_{j,t}^{N}$	$FDQ\_EX_{j,t}^{N} = \sum_{i=1}^{I_j}(d_i \times FIEH\_EX_i^{N})$
	$FDQ\_EX_{j,t}^{Q}$	$FDQ\_EX_{j,t}^{Q} = \sum_{i=1}^{I_j}(d_i \times FIEH\_G_i^{Q})$

4.5　本章小结

　　财务信息元素理论是 XBRL 分类标准研究的基础理论,本章从财务信息元素微观结构视角出发,对本书的第一个研究内容"财务信息元素的微观结构标准化"展开研究。

　　本章采取归纳与演绎法相结合,在财务信息元素理论基础上,结合信息元素空间理论与信息元素粒度理论,从理论角度对财务信息元素的逻辑结构与空间结构进行定义与拓展;然后通过 XBRL 分类标准,借鉴数学公式表达方法,从信息元素微观结构视角,对信息元素进行合理量化度量。

　　具体而言,对于"财务信息元素的微观结构标准化"问题,本章主要从两个视角,即财务信息元素的结构元素以及结构关系,对财务信息元素微观结构进行理论分析以及度量。

财务信息元素的组成结构,即主体描述性元素、状态描述性元素和事实描述性元素的结构关系与逻辑关系。本章对三种结构元素、各自的表现形式及在构建财务信息元素中三者的逻辑关系与空间结构关系等分别进行阐述,并结合结构元素在信息披露中的作用,构建了基于结构元素的财务信息披露量化指标。而广义与狭义财务信息元素的关系,则是对财务信息元素理论(广义财务信息元素)与其应用(狭义财务信息元素,即分类标准信息元素)关系的梳理。

在此基础上,本书结合信息披露以及粒度理论等,对企业信息披露行为从财务信息元素视角,通过不同的维度构造度量方法,以此作为衡量企业信息披露行为的指标。

从微观结构视角对财务信息元素的组成结构规则进行明确界定与区分,可以增强对财务信息元素的理论的理解,是对财务信息元素理论的有效补充与延伸。从 XBRL 分类标准推广视角,财务信息元素理论是分类标准构建的基础理论,通过对财务信息元素微观结构进行定义与扩展,可以规范分类标准信息元素的定义与遴选,对于分类标准信息元素的标准化与规范化,以及行业分类标准的合理制定与实施具有借鉴与指导意义。此外,从上市公司信息披露实务角度,通过从信息元素微观结构角度对上市公司财务信息披露进行研究,结合 XBRL 分类标准的推广,可以从信息披露的标准化定义角度对上市公司信息披露质量进行规范。

第 5 章

基于上市公司披露实例的财务
信息元素微观结构研究

第 4 章从理论角度对财务信息元素的微观结构标准化问题进行阐述。财务信息元素的微观结构主要包括结构元素以及结构关系两部分，并基于上述两部分对信息元素的度量指标进行定义，但是财务信息元素的微观结构究竟如何？

本章基于财务信息元素微观结构视角，以中国上市公司财务信息披露实例作为研究对象，对财务信息元素的微观结构从实务披露视角进行研究，继续对本书的第一个研究内容"财务信息元素的微观结构标准化"进行阐述。

5.1 财务信息元素提取思路

本书在结合上市公司信息披露实例的基础上，对信息元素的微观结构特征进行考察。根据财务信息元素及其结构元素定义可知，目前尚没有财务信息元素及其结构的第一手数据资料。相关研究，如黄长胤(2012)、李争争(2013)等分别从分类标准扩展与评价角度，对狭义财务信息元素进行研究，上述研究所需要的狭义财务信息元素数据都是采取人工翻阅财务报表附注，历时数月完成。

本书需要从微观结构角度对财务信息元素进行研究，即本书不仅需要考虑狭义财务信息元素整体，还需要对广义财务信息元素，以及二者的结构元素（主体描述性元素、状态描述性元素以及事实描述性元素）的分布情况等进行统计。本书的数据统计工作量远大于上述两个研究。因此，对所有上市公司全部提取信息元素及其结构元素，无论是基于时间抑或效率等方面考虑，都不是一个合理的方法。

因此,在提取信息元素及其结构元素时,本书借鉴 Bovee 等(2002)、高锦萍和张天西(2007)、黄长胤(2012)和李争争(2013)的研究方法,通过等距抽样的方法选取部分上市公司作为研究样本,并对其财务报告附注信息提取相应的结构元素以及广义与狭义财务信息元素。

本书研究所使用的财务信息元素数据集,由包括本书作者在内的三位研究者,从 2014 年 12 月到 2015 年 3 月中旬,历时 3 个月有余,通过手工统计并提取的方式,获得的所有初始信息元素数据;在此基础上,也兼顾了财务信息元素及其结构元素提取中可能出现的主观因素以及提取错误信息元素的可能性。为了保证元素信息元素的可靠性,三位研究者从 2015 年 4 月开始,历时1 个月,采用交叉复核的方式,对所有信息元素数据进行复核,以保障数据结果的可靠性与稳健性。关于信息元素的具体提取方法与步骤见第5.3 节。

根据财务信息元素空间结构(参见图 4-3),一个完整的财务信息元素处于由主体描述性元素、状态描述性元素和事实描述性元素构成的三维空间结构图中。由于元素结构的复杂性,在元素提取的模板设计中,只能通过 EXCEL 将其由三维降维为二维进行表示并提取相应的元素,而在元素数据处理中,则需要将二维信息元素数据还原至三维处理;因此,本书涉及的元素提取与数据处理工作量远大于从元素整体角度的研究。

在提取的信息元素初始统计表中,每一个研究对象(根据等距抽样方法筛选出的一家上市公司)的所有初始元素以一个 EXCEL 表的形式进行列示。初始元素统计 EXCEL 表平均大小为 1 125 KB。通过 14 000 余个结构元素名称标签(全部主体描述性元素和部分事实描述性元素)作为统计表的行元素标签,并通过 20 个左右的列结构元素(5 个状态描述性元素以及部分事实描述性元素)名称标签,定义与描述所有可能存在的财务信息元素的结构元素。

根据财务信息元素结构可知,初始财务信息元素(包括广义财务信息元素以及狭义财务信息元素)的提取并不能直接为本书研究所采纳。根据财务信息元素结构定义可知,一个完整的财务信息元素由主体描述性元素、状态描述性元素和事实描述性元素根据既定的构成规则组成。因此,在提取完结构信息元素之后,还需要根据财务信息元素的结构特点,将其由 EXCEL 表中的二维数据转换为三维数据并进行相应的整合处理。

5.2 样 本 选 择

由于人工翻阅财务报表附注并提取元素的工作量较大,国内外相关研究一般都采用抽样方法获得研究样本。譬如,Bovee 等(2002)以销售收入规模作为抽样指标,对美国上市公司根据行业进行排序,在每个行业中选取销售收入排名前五名和后两名的上市公司作为研究样本,对分类标准的匹配性进行考察;而高锦萍和张天西(2007)则以主营业务收入作为抽样指标,在剔除金融业样本后,采用同样的方式在每个行业抽取 10 家上市公司作为研究对象;黄长胤(2012)则以营业收入作为评价指标,以 5 为步长进行等距抽样,以不放回抽样的方式循环抽取研究所用的样本公司。

本书借鉴 Bovee 等(2002)、高锦萍和张天西(2007)以及黄长胤(2012)等研究中所采纳的抽样方法,以营业收入作为抽样选择的筛选指标,采用等距抽样的方法,对上市公司进行抽样。由于本书数据提取的时间为 2014 年 12 月到 2015 年 3 月,而 2014 年上市公司财务报告并未全部对外披露,本书以 2013 年年报数据作为研究样本进行抽样选择,具体抽样步骤如下。

Step 1:以中国证监会 2001 年《上市公司行业分类指引》所列的除金融行业的 12 个基本行业门类作为行业选择标准。

Step 2:对于其中每个行业门类,根据 2013 年度报表中披露的营业收入的规模进行排序,以 10 为抽样步长,进行等距抽样。

Step 3:如果某行业首次抽样的样本数达到或者超过 10 个,则停止抽样,如果未达到 10 个,则以不放回抽样的方式循环上述抽样过程,直至行业样本数达到 10 为止。抽样步骤与过程如表 5-1 所示。

表 5-1　抽样及筛选步骤

对象	筛选条件	上市公司(家)
初始样本	2013 年沪深 A 股上市公司	2 809
剔除	金融业上市公司	49
初始抽样样本	—	2 760
抽样结果	分行业等距抽样	266

根据上述抽样步骤,共抽取 266 家上市公司研究样本,表 5-2 表示 266 个研究对象的行业分布情况。

由表 5-2 可知,制造业上市公司的抽样样本最多,占全部研究样本的 52.63%;其次是信息技术业,占全部研究样本的 6.77%。通过对比抽样样本的行业分布与中国上市公司的行业分布情况可知,抽样结果的行业分布基本与中国上市公司实际行业分布状况类似,因此,抽样结果具有一定的代表性。

表 5-2　266 个研究对象的行业分布情况

代码	行业名称	样本数量	占全部样本比例(%)	行业上市公司数量	占全部样本比例(%)
A	农、林、牧、渔业	10	3.76	44	1.81
B	采掘业	10	3.76	64	2.63
C	制造业	140	52.63	1 482	60.99
D	电力煤气	10	3.76	76	3.13
E	建筑业	10	3.76	53	2.18
F	交通运输业	10	3.76	79	3.25
G	信息技术业	18	6.77	204	8.40
H	批发和零售业	14	5.26	128	5.27
J	房地产业	14	5.26	130	5.35
K	社会服务业	10	3.76	81	3.33
L	传播与文化产业	10	3.76	38	1.56
M	综合类	10	3.76	51	2.10
Sum	—	266	100.00	2 430	100.00

5.3　财务信息元素提取规则

5.3.1　财务信息元素提取方法

关于财务信息元素的遴选与提取方法,主要包括准则法和实务法两种(李争争,2013;吴忠生和刘勤,2015)。两种信息元素提取方法在依据方面存在较大的差异。

准则法是依据目前通行的会计准则以及相关的会计制度等政策法规,通过逐条提取财务信息并建立关联的方法,实现对财务信息元素集合的汇集(吴忠生和刘勤,2015)。准则法是基于分类标准的制定与实施视角总结的方法,考虑到各国目前推行的通用分类标准是在各国监管部门以及国际组织(譬如:国际会计准则委员会、XBRL 国际组织)等的推动下制定并实施的,因此准则法体现了政策制定者的监管要求(李争争,2013)。

实务法则是依据上市公司财务报告信息报送和披露实践,以其在实务中实际报送的财务报告与其他相关资料为遴选起点,从中提取财务信息元素并建立关联,并最终形成分类标准;实务法符合企业信息披露的习惯(吴忠生,2014)。2010 版通用分类标准以及 2015 版通用分类标准,都是基于准则法制定的。

在本章的研究中,根据财务信息元素及其结构的定义,需要对财务信息元素及三个组成部分(主体描述性元素、状态描述性元素和事实描述性元素)分别进行统计,所采取的数据统计方法是人工统计。由于人工统计数据不可避免地出现主观性偏差问题,我们采用三个研究者独立统计并交叉复核的方法,确保数据结构的可靠性。

5.3.2 财务信息元素提取对象

根据我国会计准则规定,财务报告具有决策有用、受托责任双重目标和公共产品的特征,提供高质量的财务报告,属于企业对社会承担的法律责任(刘玉廷,2010)。

现行财务报告由财务报表和其他财务报告两种信息群体构成(葛家澍和刘峰,2011)。其中,财务报表是财务报告的中心部分,在企业对外公开的财务信息群体中,财务报表以已发生的交易(事项)为基础,以可稽核的凭证为支撑,按会计准则进行确认、计量与列报(葛家澍和刘峰,2011),提供反映公司过去、现在和未来经济状况与发展的基本信息,其他财务报告则对企业基本信息之外的主要会计事项提供补充信息。

在中国,上市公司信息披露采取强制披露政策,企业的财务报告主表中的三大财务报表(资产负债表、利润表和现金流量表)按照财政部和证监会的相关要求披露,并且反映的是汇总性程度很强的基于货币计量的历史信息,由于主表信息披露具有既定的披露规则,上市公司之间披露的信息内容差异性变化幅度不大。

为了弥补主表信息披露的不足,并为信息使用者提供更加详尽的信息,上市公司可以在财务报表附注中进行补充披露,因此上市公司自愿性披露信息主要集中于报表附注之中。一些研究,如 Hodge 等(2004)等也发现上市公司管理层倾向于将更多的细致信息隐藏于财务报表附注中,而不是在财务报表主表中全部披露出来。

因此本章基于上市公司年报附注,对财务信息元素及其组成结构元素的披露情况进行汇集与统计。通过对上市公司财务报表附注信息的汇集,本章从实务披露角度反映上市公司信息元素披露的差异性,因此以财务报表附注项目作为对象来研究财务信息元素的微观结构问题,对于考察上市公司自愿性信息披露行为以及规范 XBRL 分类标准的行业扩展等具有重要的研究意义。

高锦萍和张天西(2006)以财务报表附注作为研究对象,考察 XBRL 分类标准与上市公司报告实务披露的差异性。他们将附注内容划分为"资产负债表项目差异""利润表项目差异""现金流量表项目差异"以及"特别注意项目"四项,而并不是将全部附注信息进行考虑。

本章并不是考虑年报附注中所有的信息,仅选择与三大报表相关的信息,对于诸如"公司基本情况""主要会计政策与会计估计""税项""企业合并及合并财务报表"以及"分部报告"等信息均不作统计,本章的统计开始于"合并财务报表附注项目"的货币资金科目,并止于现金流量表附注的最后一项。

5.3.3 财务信息元素提取流程与示例

本书将财政部 2015 版《企业会计准则通用分类标准》与抽样选取的上市公司财务报告附注信息进行批量匹配。

若 2015 版分类标准中定义的元素在企业报告的实例中出现,则将其作为通用分类标准,并标记为 1,否则为企业自行扩展分类标准;同时,对于报告实例中出现的信息元素(通用分类标准信息元素和扩展分类标准信息元素),根据财务信息元素及其结构定义,将任意信息元素区分为主体描述性元素、状态描述性元素和事实描述性元素等三个部分,并对上述三者分别进行区分、归集与汇总,统计到 EXCEL 信息元素汇总表中。

对于以上规则统计的信息元素,每个上市公司统计的元素分别以 EXCEL 表中的一个工作表(sheet)进行保存,之后的信息元素数据汇集以及批量处理均使用统计分析软件 SAS9.4。

具体财务信息元素提取规则与数据处理流程如图 5-1 所示。

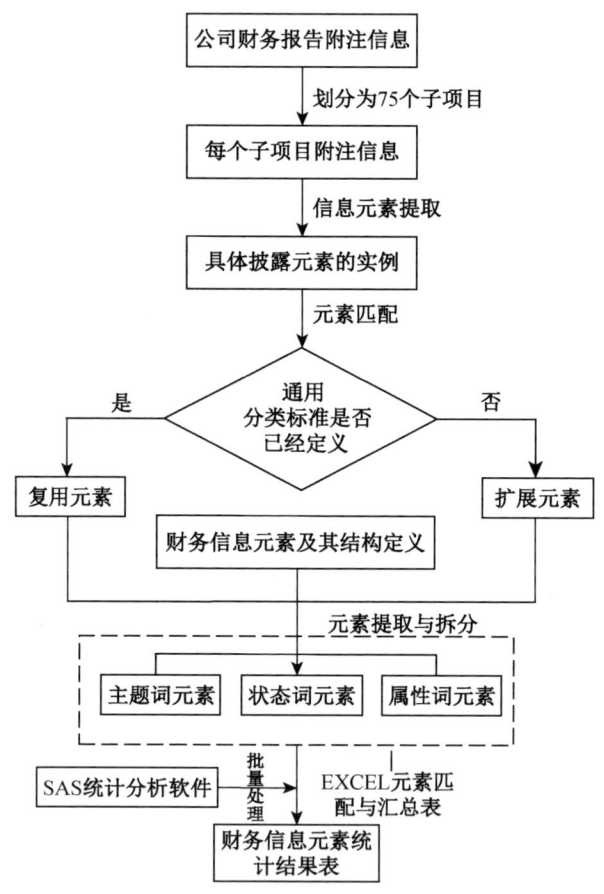

图 5-1 财务信息元素提取规则与处理流程

接下来,我们以××公司年报附注中货币资金的部分内容为例,展示财务信息元素的提取过程,具体如图 5-2 所示。

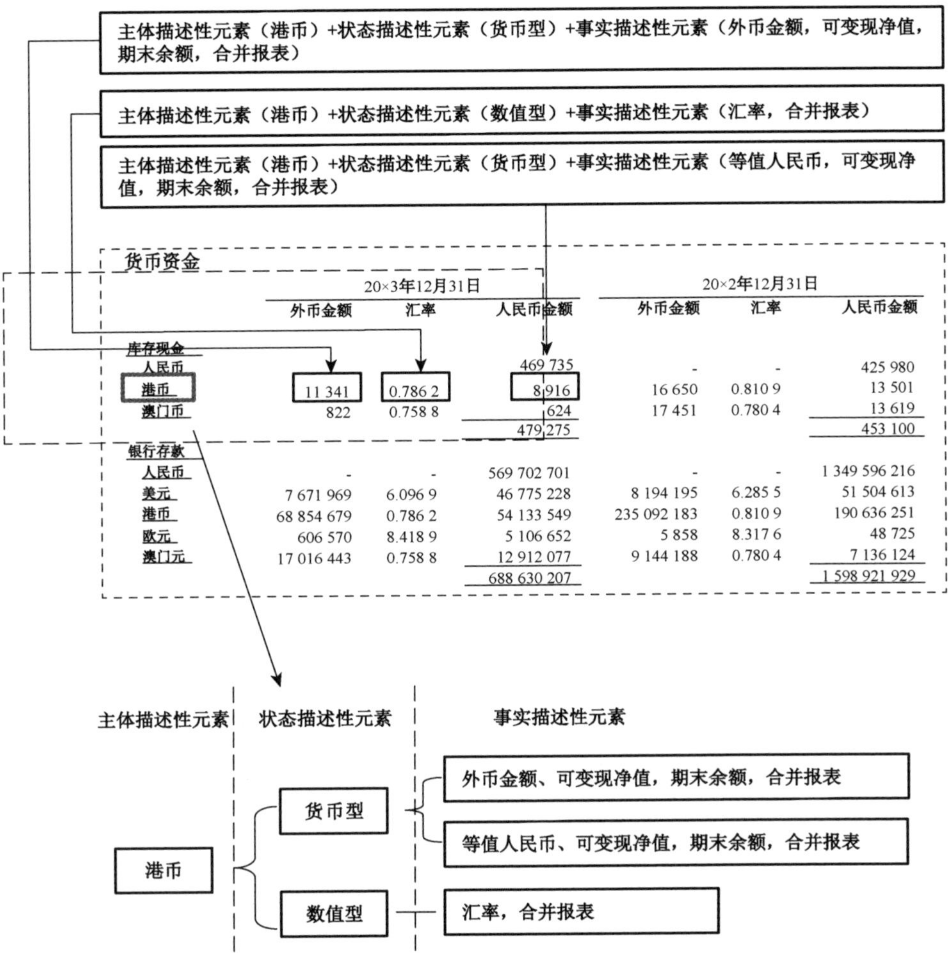

主体描述性元素（港币）+状态描述性元素（货币型）+事实描述性元素（外币金额，可变现净值，期末余额，合并报表）

主体描述性元素（港币）+状态描述性元素（数值型）+事实描述性元素（汇率，合并报表）

主体描述性元素（港币）+状态描述性元素（货币型）+事实描述性元素（等值人民币，可变现净值，期末余额，合并报表）

货币资金

	20×3年12月31日			20×2年12月31日		
	外币金额	汇率	人民币金额	外币金额	汇率	人民币金额
库存现金						
人民币			469 735	-		425 980
港币	11 341	0.786 2	8 916	16 650	0.810 9	13 501
澳门币	822	0.758 8	624	17 451	0.780 4	13 619
			479 275			453 100
银行存款						
人民币	-	-	569 702 701	-	-	1 349 596 216
美元	7 671 969	6.096 9	46 775 228	8 194 195	6.285 5	51 504 613
港币	68 854 679	0.786 2	54 133 549	235 092 183	0.810 9	190 636 251
欧元	606 570	8.418 9	5 106 652	5 858	8.317 6	48 725
澳门元	17 016 443	0.758 8	12 912 077	9 144 188	0.780 4	7 136 124
			688 630 207			1 598 921 929

主体描述性元素 　状态描述性元素 　　事实描述性元素

外币金额、可变现净值，期末余额，合并报表

等值人民币、可变现净值，期末余额，合并报表

汇率，合并报表

港币 — 货币型 / 数值型

图 5-2　财务信息元素统计

对上述统计的财务信息元素进行总结。

主体描述性元素：港币。

状态描述性元素：货币型（2 次）、数值型（1 次）。

事实描述性元素：合并报表（3 次）、可变现净值（2 次），期末余额（2 次），外币金额（1 次），汇率（1 次），等值人民币（1 次）。

将上述信息元素对应到 EXCEL 统计表中，如表 5-3 所示。

表 5-3　财务信息元素统计 EXCEL

A	B	C	D	E	F	G	H	I	J	K	L	M	N	O
	货币型元素	股本型元素	日期型元素	数值型元素	文本型元素	可变现净值	历史成本	净现值	重置成本	公允价值	账面余额	账面净值	账面价值	合并报表
本期期末余额	1					1					1			1
1．1．1 库存现金——人民币账户														
本期期末余额	1										1			1
1．1．2 库存现金——港币账户														
外币金额	1										1			1
外汇汇率			1											1
等值人民币	1										1			1

在表 5-3 中,状态描述性元素集合包括货币型元素、股本型元素、日期型元素、数值型元素以及文本型元素等五类。

根据财务信息元素结构定义,财务信息元素处于由主体描述性元素、状态描述性元素和事实描述性元素共同构成的三位立体交叉图中,在上表 5-3 中,我们通过 EXCEL 统计表将"三位"结构转换成"二维"结构,主体描述性元素所在的行加上所有状态描述性元素和事实描述性元素组成的行共同构成一个广义财务信息元素,而其中事实描述性元素所在的任意一行加上主体描述性元素则组成了一个狭义财务信息元素。

5.4　基于财务信息元素的企业信息披露状况分析

5.4.1　基本描述性统计

表 5-4 展示了基于 266 个抽样样本的主要研究指标描述性统计结果。

具体变量定义的解释如表 4-1 所示。

表 5-4 中第一部分表示基于财务信息元素定义构造的衡量信息元素披露数量的度量指标。其中,FIE^N 表示广义财务信息元素披露的数量,而 $FIEH^N$

则展示的是狭义财务信息元素披露的数量（对应于分类标准信息元素）。由表 5-4 可知，266 个研究样本披露的广义财务信息元素的均值为 362.18，披露的狭义财务信息元素均值 $FIEH^N$ 为 692.79，狭义财务信息元素最大值为 1 485.00，标准差为 180.48，表明不同的企业披露的信息元素之间存在较大的差异性。

表 5-4　财务信息元素主要度量指标的描述性统计

	变量	Mean	Std. Dev	Min	25%	Median	75%	Max	N
财务信息元素披露数量指标	FIE^N	362.18	74.99	108.00	312.00	354.00	406.00	636.00	266
	$FIEH^N$	692.79	180.48	152.00	570.50	663.50	797.75	1 485.00	266
	$FIEH\_G^N$	274.00	70.24	90.00	228.00	264.00	311.00	553.00	266
	$FIEH\_EX^N$	418.78	119.06	62.00	336.25	397.50	487.75	935.00	266
财务信息元素披露含量指标	FIE^Q	5 477.32	690.27	3 202.00	4 975.75	5 409.50	5 873.75	8 466.00	266
	$FIEH^Q$	3 309.08	853.86	741.00	2 736.50	3 174.00	3 810.75	6 973.00	266
	$FIEH\_G^Q$	1 379.84	345.42	447.00	1 158.50	1 329.50	1 566.50	2 717.00	266
	$FIEH\_EX^Q$	1 932.48	549.20	294.00	1 562.50	1 832.50	2 247.25	4 268.00	266
财务信息元素披露质量指标	FDQ^N	279.52	85.14	47.25	222.72	261.44	330.44	671.75	266
	FDQ_G^N	83.44	25.82	25.38	65.75	78.06	96.22	189.75	266
	FDQ_EX^N	196.08	63.19	21.88	152.66	183.50	232.75	482.00	266
	FDQ^Q	1 315.52	396.44	230.50	1 045.78	1 233.50	1 549.35	3 100.50	266
	FDQ_G^Q	417.21	125.46	126.50	332.28	391.88	480.84	923.38	266
	FDQ_EX^Q	898.31	289.21	104.00	693.35	835.57	1 065.47	2 177.13	266

根据通用分类标准对企业披露的狭义财务信息元素进行分类总结可知，研究样本复用的通用分类标准信息元素 $FIEH\_G^N$ 均值为 274.00，标准差为 70.24，由于通用分类标准中定义的信息元素为监管机构等筛选出的最基本信息元素，企业复用的通用分类标准信息元素的差异性较小。

而扩展分类标准则是企业根据自身业务需要以及 XBRL 分类标准的规范，对信息元素进行扩展与再定义的过程（吴忠生，2014；杜威等，2015），不同的企业之间扩展分类标准信息元素存在较大的差异。表 5-4 显示，研究样本扩展分类标准信息元素 $FIEH\_EX^N$ 均值为 418.78，而黄长胤和张天西（2011）的研究样本则表明，2009 年研究对象平均扩展分类标准信息元素的均值为 222.82,即企业扩展分类标准信息元素并实现自愿性信息披露的动机得到显著的改善。$FIEH\_EX^N$ 的最大值为 935.00,最小值为 62.00,标准差为 119.06,对比通用分类标准信息元素的分布可知,企业自愿性扩展分类标准,并满足其信息披露的行为存在较大的差异性。

表 5-4 中第二部分展示基于财务信息元素微观结构视角构造的财务信息元素信息含量的度量指标值。根据财务信息元素理论可知,一个典型的财务信息元素是由主体描述性元素、状态描述性元素和事实描述性元素基于一定的构词规则共同构成,因此可以从信息元素组成结构角度对信息披露进行量化处理。

根据表 5-4 的描述性统计结果可知,广义财务信息元素信息含量 FIE^Q 的均值为 5 477.32,即对于任意广义财务信息元素,其由 15.12 个(5 477.32/362.18)元素单元(主体描述性元素、状态描述性元素和事实描述性元素)组成,其最小值为 3 202.00,最大值为 8 466.00,即使用财务信息元素微观结构视角构造的度量指标可以更加精确地刻画上市公司信息披露行为(杜威等,2015)。$FIEH^Q$ 表示狭义财务信息元素的信息披露含量,其均值为 3 309.08,表示对于任意狭义财务信息元素,其由 4.78 个(3 309.08/692.29)元素单元组成。

进一步将该指标分为通用分类标准信息元素与扩展分类标准信息元素。通用分类标准信息元素 $FIEH\_G^Q$ 的均值为 1 379.84,标准差为 345.42;而扩展分类标准信息元素 $FIEH\_EX^Q$ 的均值为 1 932.48,标准差为 549.20。结合关于财务信息元素披露数量的数据对比可知,不同的企业之间信息披露质量存在较大的差异性,企业通过扩展分类标准来实现其自愿性信息披露的动机,该动机不仅表现在对分类标准信息元素的扩展方面,扩展分类标准信息元素结构的差异性更可以描述企业信息披露的差异性。

表 5-4 中第三部分显示基于粒度理论基础计算的财务信息元素披露质量指标,即将信息元素的层级作用权重根据粒度理论进行量化,并与信息披露的相关指标,如 FIE^N 和 FIE^Q 等结合,从信息披露层级角度对信息披露质量进行描述。

FDQ^N 是基于 FIE^N 构造的信息元素披露质量指标,根据表 5-4 可知,

FDQ^N 的均值为 279.52,最小值 47.25,最大值为 671.75,标准差为 85.14,大于 FIE^N 的标准差(74.99),表示以 FDQ^N 作为信息披露指标所描述的信息披露的差异性大于仅从信息元素披露整体角度进行度量的 FIE^N 指标;将分类标准信息元素根据类型划分为通用分类标准信息元素和扩展分类标准信息元素,并将其分别与信息披露层级指标 d_i 相结合,可以获得通用分类标准信息元素披露质量 FDQ_G^N,以及扩展分类标准信息元素披露质量 FDQ_EX^N。FDQ_G^N 的均值为 83.44,标准差为 25.82,而 FDQ_EX^N 的均值为 196.08,标准差为 63.19,即以 FDQ_EX^N 作为指标描述的企业自愿性信息披露行为,所表现的差异性更大。

FDQ^Q 则是基于 FIE^Q,从财务信息元素微观结构视角构造的信息元素披露质量指标。根据表 5-4 可知,FDQ^Q 的均值为 1 315.52,标准差为 396.44;将该指标根据分类标准信息元素类型进行区分,可以得到基于通用分类标准的信息披露质量指标 FDQ_G^Q,以及基于扩展分类标准构造的信息披露质量指标 FDQ_EX^Q。FDQ_G^Q 的均值为 417.21,标准差为 125.46,而 FDQ_EX^Q 的均值为 898.31,标准差为 289.21,表明企业在对信息元素进行扩展时,所体现出的自愿性信息披露动机的差异性更大,结论与前文的研究结论一致。

表 5-4 从整体角度,对以财务信息元素构造的度量指标表示的信息披露状况进行分析。考虑到信息披露状况与行业存在较大的关系(黄长胤,2012),因此需要对上述的度量指标根据行业类型进行划分,并分别对其状况进行描述。

前文以行业代码作为标志,对财务信息披露状况分别进行初步分析,第5.4节还会对于其中可能存在的行业信息披露差异性进行检验。

5.4.2　财务信息元素结构分布

根据财务信息元素微观结构可知,财务信息元素由主体描述性元素、状态描述性元素和事实描述性元素按照既定的构造规则组成。表 5-5 展示了财务信息元素组成结构的描述性统计。

表 5-5　财务信息元素组成结构描述性统计

变量	Mean	Std. Dev	Min	25%	Median	75%	Max
SE^Q	362.18	74.99	108.00	312.00	354.00	406.00	636.00
CE^Q	709.59	184.30	158.00	579.25	678.50	821.75	1 505.00
Currency	505.52	128.35	132.00	418.00	493.00	569.25	988.00
Date	33.34	15.89	1.00	22.25	31.00	41.00	126.00
Numeric	74.89	23.63	9.00	56.25	71.00	89.75	184.00
Text	90.51	35.16	10.00	65.25	84.00	110.00	216.00
Share	5.34	5.44	1.00	3.00	4.00	7.00	55.00
PE^Q	4 405.54	460.72	2 936.00	4 091.25	4 389.5	4 686.25	6 325.00

根据财务信息元素的结构定义可知,任意财务信息元素具有唯一的主体描述性元素、若干状态描述性元素以及修饰二者的事实描述性元素,因此,主体描述性元素披露的合计值 SE^Q 与广义财务信息元素 FIE^N 的统计值一致,其均值为 362.18,最小值为 108.00,最大值为 636.00。

根据主体描述性元素的定义可知,主体描述性元素由企业结合其业务特点以及实际信息披露的需要,以财务会计的基本概念、基本术语、财务报表的项目名称、会计科目等表示。主体描述性元素的唯一性决定了其所代表的财务信息元素的唯一性,是区别财务信息元素的最主要标志。因此,在本书抽样获取的 266 家上市公司中,可以汇总出主体描述性元素披露的最大边界,但是其最大边界仅存在于某一确定的研究范围之中。结合主体描述性元素的定义以及上市公司实际业务特点可知,主体描述性元素不存在确定性的最大边界。

CE^Q 表示状态描述性元素披露集合,结合表 5-5 可知,CE^Q 的均值为 709.59,表示对于任意研究样本,在财务报告附注信息披露中,其披露的状态描述性元素的均值为 709.59,最小值为 158.00,最大值为 1 505.00。状态描述性元素表示财务信息元素"事实值"所处的状态特征,根据上市公司实际披露状况进行汇集发现,上市公司在信息披露中出现的状态描述性元素主要可以分为以下 5 种类型,即货币型($Currency$)、日期型($Date$)、数值型($Numeric$)、文本型($Text$)以及股本型($Share$)。

表5-5列示了五种状态描述性元素的描述性统计分布。在五种状态描述性元素中,货币型元素出现的次数最多,均值为505.52,即财务报告附注信息主要是对公司三大主表信息进行解释与说明,因此其披露的信息主要与货币相关;文本型描述性元素出现的均值为90.51,仅次于货币型描述性元素出现的频次,在附注信息中,公司会通过文本型信息对主要的会计科目信息进行解释;数值型状态描述性元素的均值为74.89,主要出现在与环比/同比变动相关的信息中;日期型状态描述性元素出现的均值为33.34;股本型状态描述性元素出现的均值为5.34,出现频次最少。

事实描述性元素用于定义信息元素存在的"背景"特征,PE^Q 表示事实描述性元素披露的合计,均值为 4 405.54。根据事实描述性元素的定义可知,其主要是从时间、空间维度等方面对主体描述性元素和状态描述性元素进行解释,其披露的频次远大于其他两种信息元素。同时,由事实描述性元素的特征可知,其也不存在一个最大化的边界。

表5-6 显示了主体描述性元素、状态描述性元素和事实描述性元素的行业分布。由于行业特点以及公司业务特点之间存在较大差异,一些研究表明,不同的公司之间信息披露存在较大的差异。

表5-6　财务信息元素组成结构行业分布统计表

代码		行业名称	Mean	Std. Dev	Min	Median	Max	N
主体描述性元素 SE	A	农林牧渔业	152.40	46.69	107.00	140.50	244.00	10
	B	采掘业	178.10	53.29	100.00	167.50	255.00	10
	C	制造业	157.64	34.63	96.00	146.50	266.00	140
	D	电力煤气	137.30	35.88	84.00	136.00	191.00	10
	E	建筑业	176.00	64.37	103.00	153.50	294.00	10
	F	交通运输业	150.50	27.84	108.00	152.50	192.00	10
	G	信息技术业	144.72	47.97	101.00	144.00	220.00	18
	H	批发和零售业	155.43	30.60	115.00	153.00	216.00	14
	J	房地产业	137.07	35.00	97.00	124.50	201.00	14
	K	社会服务业	153.60	32.68	102.00	156.00	196.00	10
	L	传播与文化产业	147.30	33.66	89.00	147.00	196.00	10
	M	综合类	170.70	62.40	65.00	166.50	292.00	10

（续表）

代码		行业名称	Mean	Std. Dev	Min	Median	Max	N
状态描述性元素CE	A	农林牧渔业	643.80	204.64	450.00	552.00	1 038.00	10
	B	采掘业	816.60	229.43	370.00	814.00	1 149.00	10
	C	制造业	714.25	154.01	396.00	686.00	1 258.00	140
	D	电力煤气	659.90	194.21	416.00	654.00	990.00	10
	E	建筑业	823.30	323.97	480.00	803.50	1 505.00	10
	F	交通运输业	756.20	170.17	507.00	732.00	967.00	10
	G	信息技术业	662.72	207.46	158.00	621.00	1 066.00	18
	H	批发和零售业	728.86	169.98	464.00	689.00	1 090.00	14
	J	房地产业	646.36	182.81	418.00	617.00	1 001.00	14
	K	社会服务业	669.10	177.54	394.00	650.00	993.00	10
	L	传播与文化产业	632.40	163.60	341.00	632.50	866.00	10
	M	综合类	684.00	152.00	367.00	654.00	859.00	10
事实描述性元素PE	A	农林牧渔业	4 159.81	438.69	3 686.00	4 064.00	5 223.00	10
	B	采掘业	4 438.92	532.90	3 631.00	4 402.00	5 413.00	10
	C	制造业	4 395.58	407.52	3 436.00	4 382.50	5 437.00	140
	D	电力煤气	4 110.10	488.74	3 344.00	4 076.00	4 836.00	10
	E	建筑业	4 647.46	732.49	3 868.00	4 525.00	6 325.00	10
	F	交通运输业	4 463.01	386.19	3 775.00	4 592.50	4 892.00	10
	G	信息技术业	4 254.58	470.62	2 936.00	4 311.00	5 016.00	18
	H	批发和零售业	4 539.42	403.57	4 025.00	4 545.00	5 388.00	14
	J	房地产业	4 387.32	494.75	3 608.00	4 386.00	5 364.00	14
	K	社会服务业	4 553.40	481.97	3 627.00	4 464.50	5 295.00	10
	L	传播与文化产业	4 531.32	407.43	3 774.00	4 568.50	5 106.00	10
	M	综合类	4 590.03	699.54	3 746.00	4 544.50	6 235.00	10

　　表5-6显示,从最小值来看,对于主体描述性元素,披露较多的行业分别是交通运输业(108.00)、农林牧渔业(107.00)以及建筑业(103.00),而披露较少的行业则是综合类(65.00)、电力煤气(84.00)以及传播与文化产业(89.00)。对于状态描述性元素,披露最多的行业是交通运输业(507.00)、建筑业(480.00)以及批发和零售业(464.00),披露较少的行业是信息技术业(158.00)、传播与文化产业(341.00)以及综合类(367.00)。对于事实描述性元素,

披露最多的行业分别是批发和零售业(4 025.00)、建筑业(3 868.00)以及交通运输业(3 775.00),而披露相对较少的行业是信息技术业(2 936.00)、制造业(3 436.00)以及电力煤气(3 344.00)。

5.4.3 财务信息元素披露数量

由于篇幅有限,在本节以下部分中,仅报告与狭义财务信息元素度量指标相关的表格,而将与广义财务信息元素相关的表格在文章附录信息中进行展示。

表5-7到表5-9展示了财务信息披露数量的3个度量指标,即 $FIEH^N$、$FIEH\_G^N$ 和 $FIEH\_EX^N$ 的行业分布情况。对于狭义财务信息元素披露数量度量指标 $FIEH^N$,结合表5-4可知,$FIEH^N$ 的标准差为180.48,即不同行业之间财务报告附注信息中披露的信息元素存在较大的差异性。披露 $FIEH^N$ 最多的行业是 E 建筑业,行业披露均值为802.70,研究结论与黄长胤(2012)一致。黄长胤(2012)基于2009年的研究样本也发现,建筑业披露的信息元素总数为行业最多,行业披露均值为535.40。而2013年研究样本中建筑业披露均值上升至802.70,表明上市公司附注披露的信息元素呈现上升趋势;披露最少的行业是传播与文化产业和农林牧渔业,行业披露均值分别为624.00和631.60,较黄长胤(2012)的行业披露均值的最小值416.74也出现显著的提高,表明上市公司在信息披露方面存在较大的改善与提高,投资者外部信息环境得到改进。

表 5-7　财务信息元素披露数量描述性统计($FIEH^N$)

代码	行业名称	Mean	Std. Dev	Min	Median	Max	N
A	农林牧渔业	631.60	201.55	446.00	544.00	1 014.00	10
B	采掘业	791.60	236.23	344.00	776.50	1 133.00	10
C	制造业	696.03	150.42	381.00	668.00	1 239.00	140
D	电力煤气	643.40	185.89	413.00	641.00	939.00	10
E	建筑业	802.70	320.16	477.00	773.50	1 485.00	10
F	交通运输业	732.00	162.06	489.00	715.00	935.00	10

（续表）

代码	行业名称	Mean	Std. Dev	Min	Median	Max	N
G	信息技术业	646.39	206.75	152.00	602.00	1 058.00	18
H	批发和零售业	708.00	161.05	450.00	670.00	1 013.00	14
J	房地产业	635.79	179.48	408.00	602.00	986.00	14
K	社会服务业	656.60	171.66	392.00	627.00	965.00	10
L	传播与文化产业	624.00	162.21	341.00	625.50	853.00	10
M	综合类	743.70	277.67	283.00	737.00	1 343.00	10

表 5-8　财务信息元素披露数量描述性统计（通用分类标准部分 $FIEH\_G^N$）

代码	行业名称	Mean	Std. Dev	Min	Median	Max	N
A	农林牧渔业	254.50	71.40	184.00	241.50	412.00	10
B	采掘业	303.90	83.14	161.00	322.50	448.00	10
C	制造业	274.54	60.66	162.00	270.00	502.00	140
D	电力煤气	259.90	79.83	167.00	267.00	433.00	10
E	建筑业	312.50	119.42	179.00	256.50	553.00	10
F	交通运输业	279.50	56.41	214.00	252.50	361.00	10
G	信息技术业	273.17	76.84	90.00	258.50	418.00	18
H	批发和零售业	280.14	57.91	182.00	277.00	392.00	14
J	房地产业	253.43	81.21	159.00	230.50	461.00	14
K	社会服务业	259.70	76.44	165.00	241.50	424.00	10
L	传播与文化产业	232.30	49.69	127.00	240.00	299.00	10
M	综合类	303.90	107.63	120.00	313.00	515.00	10

表 5-9　财务信息元素披露数量描述性统计（扩展分类标准部分 $FIEH\_EX^N$）

代码	行业名称	Mean	Std. Dev	Min	Median	Max	N
A	农林牧渔业	377.60	137.79	245.00	328.00	679.00	10
B	采掘业	488.50	159.04	183.00	472.00	709.00	10
C	制造业	421.91	99.04	219.00	403.00	751.00	140
D	电力煤气	384.50	115.11	239.00	388.00	548.00	10
E	建筑业	491.10	211.27	276.00	464.50	935.00	10
F	交通运输业	452.50	119.97	246.00	471.50	624.00	10

（续表）

代码	行业名称	Mean	Std. Dev	Min	Median	Max	N
G	信息技术业	473.22	135.91	62.00	340.50	660.00	18
H	批发和零售业	428.86	117.79	268.00	424.00	691.00	14
J	房地产业	383.00	109.93	209.00	378.00	564.00	14
K	社会服务业	397.80	100.44	227.00	384.50	542.00	10
L	传播与文化产业	391.90	113.84	214.00	385.50	557.00	10
M	综合类	440.50	173.12	163.00	440.00	828.00	10

将企业披露的分类标准信息元素区分为通用分类标准信息元素（表5-8）和扩展分类标准信息元素（表5-9）。

结合表5-8可知,复用通用分类标准信息元素 $FIEH\_G^N$ 最多的行业是建筑业,行业均值为312.50,结论与黄长胤（2012）的研究结论一致;复用通用分类标准较少的行业是传播与文化产业,行业均值为232.30;而企业扩展分类标准则更能够刻画企业自愿性信息披露行为,并且企业之间信息披露的差异性更大。

结合表5-9可知,扩展分类标准信息元素 $FIEH\_EX^N$ 最多的行业是建筑业,行业扩展均值为491.10,并且建筑业内不同公司之间自愿性信息扩展的差异性是所考察的12个行业中最大的,建筑业扩展分类标准信息元素的标准差为211.27,为各行业扩展分类标准差的最大值。

5.4.4　财务信息元素披露含量

结合财务信息元素微观结构可知,一个完整定义的财务信息元素由三个组成部分根据既定的结构构造而成,企业信息披露行为不仅表现在对信息元素披露数量的差异性方面,其信息披露行为可以通过对信息元素含量的度量指标进行深层次的刻画与描述。关于信息元素含量的度量指标 $FIEH^Q$、$FEIH\_G^Q$ 以及 $FIEH\_EX^Q$ 的分行业描述性统计如表5-10到表5-12所示。

$FIEH^Q$ 是对任意财务信息元素,从微观结构视角,即结合主体描述性元素、状态描述性元素和事实描述性元素的披露状况对信息披露行为进行衡量。根据表5-4所示,$FIEH^Q$ 行业均值为3 309.08,标准差为853.86,即公司披露的财务信息元素微观结构之间存在较大的差异性。信息元素披露的差异性不仅表现在信息元素披露数量方面，基于微观结构的信息元素含量可以更深层次地刻画企业信息披露行为，具体行业的差异性如表5-10所示。基于财务信息元素微观结构度量的信息元素含量指标 $FIEH^Q$，披露最多的行业是建筑业（行业均值 3 822.50）和采掘业（行业均值为 3 781.30），而披露较少的行业则是传播与文化产业（行业均值 2 985.50）、房地产业（行业均值 3 018.29）和农林牧渔业（行业均值 3 018.30）。

接下来根据分类标准信息元素类型的不同，将其划分为基于通用分类标准度量的信息元素含量指标 $FIEH\_G^Q$（表5-11）和扩展分类标准信息元素含量指标 $FIEH\_EX^Q$（表5-12）。企业在复用通用分类标准信息元素时，也需要根据信息元素微观结构特征，对其组成部分分别进行披露。表5-11显示，对于 $FIEH\_G^Q$，建筑业和采掘业披露的均值最大，分别为 1 564.00 和 1 523.60，分别占 $FIEH^Q$ 的比重为 41.00% 和 40.30%；而基于信息元素含量的度量指标中，披露最少的行业是传播与文化产业，$FIEH\_G^Q$ 均值为 1 175.30，即行业之间信息披露的差异性在基于微观结构的度量指标中表现得更为明显。

分类标准扩展是以通用分类标准为基础，对元素以及元素之间的链接关系进行扩展与再定义的过程（黄长胤，2012）。$FIEH\_EX^Q$ 则反映对于公司自行扩展的分类标准信息元素，其在扩展信息元素时，所自愿性扩展的信息元素组成结构的数量，$FIEH\_EX^Q$ 值越大，表示公司在扩展信息元素时，再定义的信息元素数量越多，即公司自愿性扩展分类标准信息元素的动机越高。相比于仅从财务信息元素整体角度衡量财务信息元素扩展数量的指标 $FIEH\_EX^N$，$FIEH\_EX^Q$ 可以更加深刻地刻画企业自愿性信息扩展与信息披露的动机。

结合表5-4列示的 $FIEH\_G^Q$ 与 $FIEH\_EX^Q$ 分布标准差可知，基于通用分类标准信息元素的信息含量指标 $FIEH\_G^Q$ 的标准差为345.42，而扩展分类标准信息元素披露含量 $FIEH\_EX^Q$ 的标准差则为549.20，即企业通过扩展分类标准信息元素，实现其自愿性信息的行为存在更大差异性。且企业对分类标准信息元素的扩展，不仅表现在对财务信息元素整体的扩展，并能通过其对信息元素微观结构的扩展进行展示，以满足不同行业以及不同企业信息披露的特殊要求（黄长胤，2012；刘星星，2012）。表5-12显示，对于扩展分类标准度量指标 $FIEH\_EX^Q$，披露最多的行业是建筑业（行业均值 2 263.20）和采掘业

（2 262.10），而自愿性扩展最少的行业则是信息技术业（行业均值1 742.28）和农林牧渔业（行业均值为1 742.90）。

表 5-10　财务信息元素披露衡量描述性统计（$FIEH^Q$）

代码	行业名称	Mean	Std. Dev	Min	Median	Max	N
A	农林牧渔业	3 018.30	947.25	2 132.00	2 576.50	4 808.00	10
B	采掘业	3 781.30	1 130.90	1 667.00	3 727.50	5 443.00	10
C	制造业	3 326.97	709.19	1 818.00	3 192.00	5 876.00	140
D	电力煤气	3 070.60	882.36	1 975.00	3 071.50	4 501.00	10
E	建筑业	3 822.50	1 496.40	2 284.00	3 700.00	6 973.00	10
F	交通运输业	3 501.70	764.24	2 388.00	3 415.50	4 470.00	10
G	信息技术业	3 120.17	998.70	741.00	2 914.50	5 088.00	18
H	批发和零售业	3 395.29	771.28	2 162.00	3 233.50	4 837.00	14
J	房地产业	3 018.29	840.86	1 907.00	2 843.50	4 619.00	14
K	社会服务业	3 125.10	815.72	1 871.00	2 963.50	4 565.00	10
L	传播与文化产业	2 985.50	774.69	1 614.00	3 024.50	4 041.00	10
M	综合类	3 543.50	1 310.75	1 369.00	3 503.50	6 367.00	10

表 5-11　财务信息元素含量描述性统计（通用分类标准 $FIEH\_G^Q$）

代码	行业名称	Mean	Std. Dev	Min	Median	Max	N
A	农林牧渔业	1 277.60	351.84	933.00	1 201.50	2 042.00	10
B	采掘业	1 523.60	412.54	817.00	1 608.50	2 236.00	10
C	制造业	1 384.91	298.00	823.00	1 363.00	2 488.00	140
D	电力煤气	1 303.80	391.02	844.00	1 330.00	2 152.00	10
E	建筑业	1 564.00	581.20	906.00	1 305.50	2 717.00	10
F	交通运输业	1 409.80	275.35	1 076.00	1 281.00	1 817.00	10
G	信息技术业	1 380.28	390.08	447.00	1 302.00	2 096.00	18
H	批发和零售业	1 415.07	288.53	924.00	1 396.50	1 954.00	14
J	房地产业	1 268.14	389.78	781.00	1 162.50	2 233.00	14
K	社会服务业	1 304.40	374.66	828.00	1 205.50	2 102.00	10
L	传播与文化产业	1 175.30	253.22	642.00	1 213.00	1 509.00	10
M	综合类	1 515.60	524.16	609.00	1 573.00	2 539.00	10

表 5-12　财务信息元素含量描述性统计（扩展分类标准 $FIEH\_EX^{Q}$）

代码	行业名称	Mean	Std. Dev	Min	Median	Max	N
A	农林牧渔业	1 742.90	629.31	1 119.00	1 521.00	3 119.00	10
B	采掘业	2 262.10	748.80	850.00	2 179.50	3 292.00	10
C	制造业	1 945.49	454.63	995.00	1 855.50	3 449.00	140
D	电力煤气	1 771.00	530.17	1 102.00	1 781.00	2 527.00	10
E	建筑业	2 263.20	963.49	1 278.00	2 166.50	4 268.00	10
F	交通运输业	2 092.30	555.58	1 165.00	2 184.00	2 908.00	10
G	信息技术业	1 742.28	639.04	294.00	1 596.00	3 119.00	18
H	批发和零售业	1 985.07	548.15	1 224.00	1 944.00	3 208.00	14
J	房地产业	1 752.86	501.60	970.00	1 714.00	2 590.00	14
K	社会服务业	1 824.40	466.22	1 043.00	1 738.50	2 467.00	10
L	传播与文化产业	1 811.20	527.25	972.00	1 811.50	2 584.00	10
M	综合类	2 031.00	800.48	760.00	2 023.50	3 828.00	10

5.4.5　财务信息元素披露质量

根据定义可知,财务信息元素披露数量与披露含量指标是对财务信息元素披露状况进行描述,以此作为描述企业信息披露状况的指标。根据粒度理论可知,信息披露的细致程度同样会影响信息披露质量。因此需要结合粒度理论,构造衡量信息披露质量的指标,具体结果如表 5-13 到表 5-16 所示。鉴于篇幅有限,对于 FDQ^{N} 和 FDQ^{Q} 的分行业描述性统计没有在正文中报告。

表 5-13　财务信息元素披露质量指标描述性统计（通用分类标准 FDQ_G^{N}）

代码	行业名称	Mean	Std. Dev	Min	Median	Max	N
A	农林牧渔业	77.31	27.18	55.00	69.31	146.13	10
B	采掘业	94.93	29.95	45.50	102.00	145.88	10
C	制造业	83.25	22.94	43.50	79.19	170.50	140
D	电力煤气	78.66	25.35	48.63	77.75	137.13	10
E	建筑业	96.40	42.42	52.13	74.81	189.75	10
F	交通运输业	86.28	23.19	59.63	75.44	124.38	10
G	信息技术业	80.28	25.82	25.38	80.81	136.00	18

（续表）

代码	行业名称	Mean	Std. Dev	Min	Median	Max	N
H	批发和零售业	84.29	20.22	49.88	82.06	124.13	14
J	房地产业	79.02	31.02	45.38	67.00	154.75	14
K	社会服务业	81.76	30.14	54.88	72.19	151.63	10
L	传播与文化产业	67.49	17.07	35.38	67.19	96.25	10
M	综合类	98.00	38.38	33.75	102.56	169.75	10

表 5-14　财务信息元素披露质量指标描述性统计（扩展分类标准 FDQ_EX^N）

代码	行业名称	Mean	Std. Dev	Min	Median	Max	N
A	农林牧渔业	179.54	78.90	125.38	150.25	343.25	10
B	采掘业	225.38	86.68	67.38	229.88	349.25	10
C	制造业	196.59	51.87	100.00	186.44	387.38	140
D	电力煤气	183.38	63.87	103.00	188.44	297.50	10
E	建筑业	237.31	118.77	120.75	218.75	482.00	10
F	交通运输业	205.04	58.89	103.50	214.88	282.00	10
G	信息技术业	173.83	73.82	21.88	164.50	343.75	18
H	批发和零售业	196.94	56.45	114.75	186.56	328.13	14
J	房地产业	189.42	65.25	101.50	170.88	295.50	14
K	社会服务业	185.85	50.15	109.25	183.56	251.63	10
L	传播与文化产业	184.01	56.66	96.63	176.56	265.75	10
M	综合类	209.21	94.36	69.00	203.38	428.13	10

　　表 5-13 和表 5-14 分别表示通用分类标准和扩展分类标准信息元素的披露质量指标 FDQ_G^N 和 FDQ_EX^N。上述两个指标都基于财务信息元素披露数量构造。对于通用分类标准信息元素披露质量 FDQ_G^N，披露最高的三个行业是分别是综合类（均值 98.00）、建筑类（均值 96.40）和采掘类（均值 94.93），结合表 5-8 可知，上述 3 个行业也是披露通用分类标准信息元素数量 $FIEH\_G^N$ 较多的行业，表示上述三个行业复用的通用分类标准信息元素较多，并且其复用的底层的信息元素大于行业通用的均值；而以 FDQ_G^N 表示的信息披露质量最低的行业是传播与文化产业，同时也是复用通用分类标准信

息元素最少的行业，FDQ_G^N 均值为 67.49；企业自愿性信息披露，可以表现在对分类标准信息元素的定义与扩展方面（以 $FIEH\_EX^N$ 和 $FIEH\_EX^Q$ 表示），而其扩展的信息元素层级则可以更精确地描述企业信息披露行为。

根据表 5-14，以 FDQ_EX^N 度量的信息披露质量指标，最高的三个行业分别是建筑业（均值为 237.31）、采掘业（均值为 225.38）和综合类（均值为 209.21），而根据企业扩展分类标准信息元素 $FIEH\_EX^N$ 的行业分布可知（参见表 5-9），企业扩展分类标准信息元素最多的三个行业分别是建筑业（均值为 491.10）、采掘业（均值为 488.50）和交通运输业（均值为 452.50），即考虑信息元素层级的 FDQ_EX^N 与 $FIEH\_EX^N$ 之间存在一定的差异性；而 FDQ_EX^N 披露最低的行业是信息技术业（均值为 173.83），与基于企业扩展分类标准信息元素数量 $FIEH\_EX^N$ 的行业分布结果一致。

表 5-15 和表 5-16 是将粒度理论层级结构（以 d_i 度量信息元素披露层级的权重）与财务信息元素微观结构（以 $FIEH^Q$、$FIEH\_G^Q$ 及 $FIEH\_EX^Q$ 表示）相结合，分别从通用分类标准和扩展分类标准角度构造的信息披露质量指标，分别以 FDQ_G^Q 和 FDQ_EX^Q 表示。

表 5-15　财务信息元素披露质量指标描述性统计（通用分类标准 FDQ_G^Q）

代码	行业名称	Mean	Std. Dev	Min	Median	Max	N
A	农林牧渔业	385.60	132.00	278.00	346.81	717.38	10
B	采掘业	472.64	147.53	229.25	501.81	722.50	10
C	制造业	417.00	111.45	220.25	395.44	842.00	140
D	电力煤气	392.58	123.47	244.63	387.69	677.25	10
E	建筑业	478.83	204.24	262.00	378.88	923.38	10
F	交通运输业	431.96	112.44	298.75	380.06	620.63	10
G	信息技术业	403.20	129.22	126.50	403.63	676.38	18
H	批发和零售业	422.87	98.80	252.13	414.75	611.88	14
J	房地产业	391.97	147.01	223.50	333.19	737.63	14
K	社会服务业	407.60	145.87	274.50	360.50	744.38	10
L	传播与文化产业	339.95	86.32	177.88	338.25	482.00	10
M	综合类	484.13	185.66	169.50	511.31	831.88	10

表 5-16　财务信息元素披露质量指标描述性统计（扩展分类标准 FDQ_EX^Q）

代码	行业名称	Mean	Std. Dev	Min	Median	Max	N
A	农林牧渔业	823.26	356.71	582.25	686.75	1 574.38	10
B	采掘业	1 033.75	402.12	314.50	1 047.63	1 625.50	10
C	制造业	900.22	236.44	450.75	854.94	1 752.38	140
D	电力煤气	837.75	292.64	468.00	855.82	1 366.75	10
E	建筑业	1 085.94	538.32	555.13	1 003.57	2 177.13	10
F	交通运输业	939.54	269.85	487.50	973.44	1 307.25	10
G	信息技术业	809.43	348.48	104.00	760.82	1 633.00	18
H	批发和零售业	904.62	261.50	531.75	850.94	1 523.13	14
J	房地产业	861.86	297.16	464.25	770.38	1 334.75	14
K	社会服务业	844.00	230.08	493.25	823.76	1 135.50	10
L	传播与文化产业	841.54	258.35	436.13	821.82	1 201.75	10
M	综合类	956.04	431.89	317.25	921.94	1 958.38	10

对于通用分类标准信息元素披露质量指标 FDQ_G^Q，其披露的最大的三个行业分别是综合类（均值为 484.13）、建筑业（均值为 478.83）和采掘业（均值为 472.64）；而不考虑信息元素层级的微观结构度量指标 $FIEH\_G^Q$（表 5-11），信息披露含量最大的三个行业顺序则是建筑业、采掘业和综合类，该结果与考虑信息元素披露层级的 FDQ_G^Q 存在一定的差异；FDQ_G^Q 的最小值出现在传播与文化产业（均值为 339.95），该结果与基于 $FIEH\_G^Q$ 指标的结果一致。

表 5-16 展示扩展分类标准信息元素质量指标 FDQ_EX^Q。本书认为，企业自愿性信息披露行为，可以以其扩展分类标准信息元素的数量进行表述（黄长胤，2012；杜威等，2015），抑或通过其对财务信息元素微观结构的扩展（$FIEH\_EX^Q$）进行表述。但是根据财务信息元素理论以及粒度理论，本书认为，企业的自愿性信息披露行为不仅表现在对仅从信息披露数量或微观结构的定义与扩展，还会表现在对更细致层面的信息的披露，因此将微观结构与信息披露层级相结合的指标 FDQ_EX^Q，可以从更深层次对企业自愿性信息披露

行为进行描述。根据表 5-16 可知，FDQ_EX^Q 披露最大的三个行业分别是建筑业（均值为 1 085.94）、采掘业（均值为 1 033.75）和综合类（均值为 956.04），而 FDQ_EX^Q 的最小值出现在信息技术业（均值为 809.43），其结果与表 5-12 基于 $FIEH\_EX^Q$ 的结果一致，表示考虑信息披露层级的指标可以较好地描述企业的信息披露行为。

5.5　财务信息元素披露行业差异性分析

5.5.1　研究方法选择

在对抽样样本获取的财务信息元素数据进行整理后，本书从微观结构标准化视角出发，考察不同行业之间是否在信息元素披露方面存在显著差异。

根据已有 XBRL 研究表明，XBRL 财务报告的信息披露之间呈现行业差异（吴忠生，2014），但是这种差异是普遍存在于各个行业之中还是由少数几个行业所引起，目前鲜有这方面的研究。我们认为考察行业之间的信息披露差异是非常有必要的，由于财政部已经着手对分类标准进行行业扩展，因此考察行业之间信息披露的差异，对于如何进行分类标准的行业扩展具有重要的指导意义。

通过总结检验行业之间两两比较的方法可知，如果存在明确的对照组，要进行验证性研究，即在计划好的某两个或几个组间进行比较，宜用 LSD 法；若需要进行的是多个均数间的两两比较（探索性研究），且各组人数相等，适宜用 Tukey 法或 SNK 检验。相比之下，后者更方便一些，但是如果比较的组数特别多，则 SNK 法的假阳性较高；若需要进行的是多个均数间的两两比较（探索性研究），各组人数相等，且组数较多，比较较为复杂，则宜用 Scheffe 法。

由于 LSD 对两两差异的存在比较敏感（郭鹏飞和孙培源，2003；刘素等，2010），因此本章选择 LSD 检验作为本部分采纳的研究方法。

5.5.2　行业间差异检验

吴忠生(2014)采用 Kruskal-Wallis H 非参数检验方法,将财务报告附注信息区分为 19 个项目类别进行检验,检验各主要项目之间是否存在显著的行业差异。非参数检验的结果表现,在吴忠生所考察的 19 个项目中,有 13 个项目在 10％的置信区间显著,而对于"其他重要事项""补充资料"以及"税项项目"等 6 个子项目则未发现行业差异。

本节基于吴忠生(2014)的研究结果,以财务信息元素理论作为研究视角,从信息元素微观结构视角深层次地对信息披露的行业差异性进行检验;同时,根据理论推导可知,由于通用分类标准和扩展分类标准的不同作用,杜威等(2015)也发现,上市公司在分类标准信息元素的披露方面也存在显著差异,并且该差异在企业自愿性扩展分类标准中表现得更为明显,因此我们对行业的差异采用 LSD 法作进一步研究。根据研究设计需要,本书采用 LSD 方法对各个变量的行业差异性进行检验,但是鉴于篇幅原因,本节中仅对与财务信息元素披露数量和信息元素含量相关的变量进行检验,其他的检验见本书附注所示。

表 5-17 到表 5-19 为基于财务信息元素披露数量的 LSD 检验结果。其中表 5-18 和表 5-19 将财务信息元素披露数量区分为通用分类标准信息元素和扩展分类标准信息元素。通过对比三个表格的结果可知,不同行业之间在信息元素披露方面存在一定的差异性,但是这种差异性在通用分类标准信息元素披露方面体现得不是很明显,信息元素披露的行业差异性主要体现在信息元素的扩展领域。

表 5-17　*FIEH^N* LSD 检验结果

代码	A	B	C	D	E	F	G	H	J	K	L
B	160.00**										
C	64.43	−95.57									
D	11.80	−148.20*	−52.63								
E	171.10**	11.10	106.67*	159.30**							
F	100.40	−59.60	35.97	88.60	−70.70						

（续表）

代码	A	B	C	D	E	F	G	H	J	K	L
G	14.79	−145.21**	−49.64	2.99	−156.31**	−85.61					
H	76.40	−83.60	11.97	64.60	−94.70	−24.00	61.61				
J	4.19	−155.81**	−60.24	−7.61	−166.91**	−96.21	−10.60	−72.21			
K	25.00	−135.00*	−39.43	13.20	−146.10*	−75.40	10.21	−51.40	20.81		
L	−7.60	−167.60**	−72.03	−19.40	−178.70**	−108.00	−22.39	−84.00	−11.79	−32.60	
M	112.10	−47.90	47.67	100.30	−59.00	11.70	97.31	35.70	107.91	87.10	119.70

注：＊＊＊、＊＊、＊分别表示在1％、5％与10％的水平统计显著。

表 5-18　FIEH_G^N LSD 检验结果

代码	A	B	C	D	E	F	G	H	J	K	L
B	49.40										
C	20.04	−29.36									
D	5.40	−44.00	−14.64								
E	58.00*	8.60	37.96*	52.60*							
F	25.00	−24.40	4.96	19.60	−33.00						
G	18.67	−30.73	−1.38	13.27	−39.33	−6.33					
H	25.64	−23.76	5.60	20.24	−32.36	0.64	6.98				
J	−1.07	−50.47*	−21.11	−6.47	−59.07**	−26.07	−19.74	−26.71			
K	5.20	−44.20	−14.84	−0.20	−52.80*	−19.80	−13.47	−20.44	6.27		
L	−22.20	−71.60**	−42.24*	−27.60	−80.20**	−47.20	−40.87	−47.84*	−21.13	−27.40	
M	49.40	0.00	29.36	44.00	−8.60	24.40	30.73	23.76	50.47*	44.20	71.60**

注：＊＊＊、＊＊、＊分别表示在1％、5％与10％的水平统计显著。

表 5-19　FIEH_EX^N LSD 检验结果

代码	A	B	C	D	E	F	G	H	J	K	L
B	110.90**										
C	44.31	−66.59*									
D	6.90	−104.00**	−37.41								
E	113.50**	2.60	69.19*	106.60**							
F	74.90	−36.00	30.59	68.00	−38.60						
G	−4.38	−115.28**	−48.69	−11.28	−117.88**	−79.28*					
H	51.26	−59.64	6.94	44.36	−62.24	−23.64	55.63				
J	5.40	−105.50**	−38.91	−1.50	−108.10**	−69.50	9.78	−45.86			
K	20.20	−90.70*	−24.11	13.30	−93.30*	−54.70	24.58	−31.06	14.80		
L	14.30	−96.60*	−30.01	7.40	−99.20*	−60.60	18.68	−36.96	8.90	−5.90	
M	62.90	−48.00	18.59	56.00	−50.60	−12.00	67.28	11.64	57.50	42.70	48.60

注＊＊＊、＊＊、＊分别表示在1％、5％与10％的水平统计显著。

表 5-20 到表 5-22 报告基于财务信息元素信息披露含量的检验结果,上述 3 个表格分别对狭义财务信息元素信息含量、通用分类标准信息元素含量以及扩展分类标准信息元素含量进行行业对比。根据信息元素含量的度量指标设计可知,信息元素含量可以从微观结构角度刻画上市公司信息披露行为,结合表 5-17 和表 5-20 的检验结果可知,上市公司在财务信息元素披露方面存在一定的差异,但是公司在基于信息元素含量度量的指标发现,企业信息披露的差异性更大,即信息披露含量确实可以深入地刻画上市公司信息披露行为的差异性。

表 5-20　$FIEH^Q$ LSD 检验结果

代码	A	B	C	D	E	F	G	H	J	K	L
B	763.00**										
C	308.70	−454.30									
D	52.30	−710.70*	−256.40								
E	804.20**	41.20	495.50*	751.90**							
F	483.40	−279.60	174.70	431.10	−320.80						
G	101.90	−661.10*	−206.80	49.60	−702.30**	−381.50					
H	377.00	−386.00	68.30	324.70	−427.20	−106.40	275.10				
J	5.00	−763.00*	−308.70	−52.30	−804.20**	−483.40	−101.90	−377.00			
K	106.80	−656.20*	−201.90	54.50	−697.40*	−376.60	4.90	−270.20	106.80		
L	−32.80	−795.80*	−341.50	−85.10	−837.00**	−516.20	−134.70	−409.80	−32.80	−139.60	
M	525.20	−237.80	216.50	472.90	−279.00	41.80	423.30	148.20	525.20	418.40	558.00

注:***、**、*分别表示在 1%、5% 与 10% 的水平统计显著。

表 5-21　$FIEH\_G^Q$ LSD 检验结果

代码	A	B	C	D	E	F	G	H	J	K	L
B	246.00										
C	107.31	−138.69									
D	26.20	−219.80	−81.11								
E	286.40*	40.40	179.09	260.20*							
F	132.20	−113.80	24.89	106.00	−154.20						
G	102.68	−143.32	−4.63	76.48	−183.72	−29.52					
H	137.47	−108.53	30.16	111.27	−148.93	5.27	34.79				
J	−9.46	−255.46*	−116.76	−35.66	−295.86**	−141.66	−112.13	−146.93			
K	26.80	−219.20	−80.51	0.60	−259.60*	−105.40	−75.88	−110.67	36.26		
L	−102.30	−348.30*	−209.61*	−128.50	−388.70**	−234.50	−204.98	−239.77*	−92.84	−129.10	
M	238.00	−8.00	130.69	211.80	−48.40	105.80	135.32	100.53	247.46*	211.20	340.30**

注:***、**、*分别表示在 1%、5% 与 10% 的水平统计显著。

表 5-22   **FIEH_EX^Q LSD 检验结果**

代码	A	B	C	D	E	F	G	H	J	K	L
B	519.20**										
C	202.59	-316.61*									
D	28.10	-491.10**	-174.49								
E	520.30**	1.10	317.71*	492.20**							
F	349.40	-169.80	146.81	321.30	-170.90						
G	-0.62	-519.82**	-203.21	-28.72	-520.92**	-350.02					
H	242.17	-277.03	39.59	214.07	-278.13	-107.23	242.79				
J	9.96	-509.24**	-192.63	-18.14	-510.34**	-339.44	10.58	-232.21			
K	81.50	-437.70*	-121.09	53.40	-438.80*	-267.90	82.12	-160.67	71.54		
L	68.30	-450.90*	-134.29	40.20	-452.00*	-281.10	68.92	-173.87	58.34	-13.20	
M	288.10	-231.10	85.51	260.00	-232.20	-61.30	288.72	45.93	278.14	206.60	219.80

注：＊＊＊、＊＊、＊分别表示在1％、5％与10％的水平统计显著。

表 5-21 和表 5-22 则是对信息元素区分为通用分类标准和扩展分类标准，以此研究是否上市公司信息披露行为的差异性。由于信息含量的度量指标可以更深刻地对上市公司信息披露行为进行描述，对比表 5-21 和表 5-22 的检验结果可知，上市公司的信息披露差异主要体现在自愿性信息披露行为方面，对于通用分类标准，由于监管部门对其信息元素的披露已经进行严格的设定，因此，公司在复用通用分类标准信息元素时，需要再定义的部分非常有限，而对于扩展分类标准信息元素，公司在对其进行扩展时，对 $FIEH^N$ 和 $FIEH^Q$ 指标都有影响。公司首先需要确定是否需要对信息元素进行扩展；其次，不同的公司在信息元素扩展时，根据信息元素微观结构可知，不同的公司对于信息元素的状态描述性元素和事实描述性元素的扩展存在较大的行业差异性。

5.6   财务信息元素微观结构视角分析

关于财务信息元素的微观结构问题，本书采用归纳法与演绎法，从财务信息元素的结构元素，如主体描述性元素、状态描述性元素和事实描述性元素的表现形式，以及结构关系，如广义财务信息元素与狭义财务信息元素之间的逻辑关系等角度,对财务信息元素微观结构进行定义。

但是,财务信息元素的微观结构具体表现形式如何,本节结合中国上市公司信息元素披露的实例,并结合信息元素类型,从结构元素披露以及广义财务信息元素与狭义财务信息元素的信息披露实例角度,进行分别阐述。

5.6.1 结构元素

根据财务信息元素定义可知,财务信息元素由三大结构元素,即主体描述性元素、状态描述性元素和事实描述性元素根据既定的构词规则组成,三个组成部分分别从信息元素的不同维度对财务信息进行描述与定义,共同构成了一个语义完整的、传递有效财务信息的信息元素集合。

那么,对于任意财务信息元素,其结构元素如何构成? 即从几个维度,可以实现对财务信息元素的完整定义与披露,是本节关注的内容。

根据第 5.3 节的信息元素提取规则可知,本书是对照 2015 版通用分类标准对企业信息元素披露进行分类并统计。分类标准信息元素结构与狭义财务信息元素的组成结构一致,都由唯一主体描述性元素、唯一状态描述性元素和若干修饰二者的事实描述性元素组成。因此,本节结合中国上市公司信息元素披露的实例,从狭义信息元素,即分类标准信息角度,考察财务信息元素的结构元素披露状况。

狭义财务信息元素的结构元素描述性统计如表 5-23 所示。

表 5-23 狭义财务信息元素组成结构指标描述性统计

指标	Mean	Std. Dev	Min	25%	Median	75%	Max	Sum
全样本	4.78	0.55	4.00	4.00	5.00	5.00	8.00	184 281.00
通用分类标准部分	4.14	0.45	4.00	4.00	5.00	5.00	6.00	72 884.00
扩展分类标准部分	5.62	0.59	4.00	4.00	5.00	6.00	8.00	111 397.00

根据表 5-23 可知,266 个研究样本共披露 184 281.00 个分类标准信息元素/狭义财务信息元素,平均每个研究样本披露的分类标准信息元素为 692.79 个(以 $FIEH^N$ 衡量),其中披露的复用 2015 版通用分类标准信息元素总数为

72 884.00 个,占信息元素披露总数的 39.55%,平均每个样本复用通用分类标准为 274 个(以 $FIEH\_G^N$ 衡量),自定义分类标准信息元素 111 397.00 个,扩展分类标准信息元素占信息披露总数的 60.45%,平均扩展分类标准信息元素为 418.78 个(对应 $FIEH\_EX^N$)。

而对于分类标准信息元素结构元素,其平均由 4.88 个结构元素构成,即 1 个主体描述性元素、1 个状态描述性元素,以及 2.88 个事实描述性元素共同构成。结合图 5-3 结构元素分布直方图可知,结构元素主要集中在 4~5 个,表示对于分类标准信息元素,平均需要 4~5 个结构元素,可以实现从多个维度对财务信息进行定义。

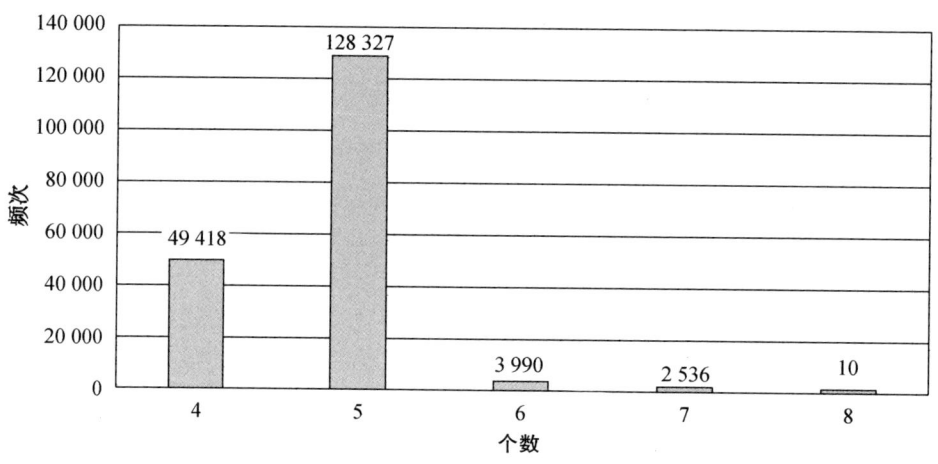

图 5-3　全样本下狭义财务信息元素的结构元素分布

在分类标准信息元素组成结构方面,通用分类标准信息元素与扩展分类标准信息元素的组成结构还存在一定的差异(图 5-4、图 5-5)。

对于通用分类标准部分(表 5-23 以及图 5-4),结构元素最大值为 6.00,最小值为 4.00,均值为 4.14,表示企业复用的通用分类标准信息元素,平均有 4.14 个结构元素。结合财务信息元素结构可知,4.14 个结构元素,由 1 个主体描述性元素、1 个状态描述性元素以及 2.14 个事实描述性元素构成。即通过 4.14 个结构元素,可以传递一个具有完整语义的财务信息。

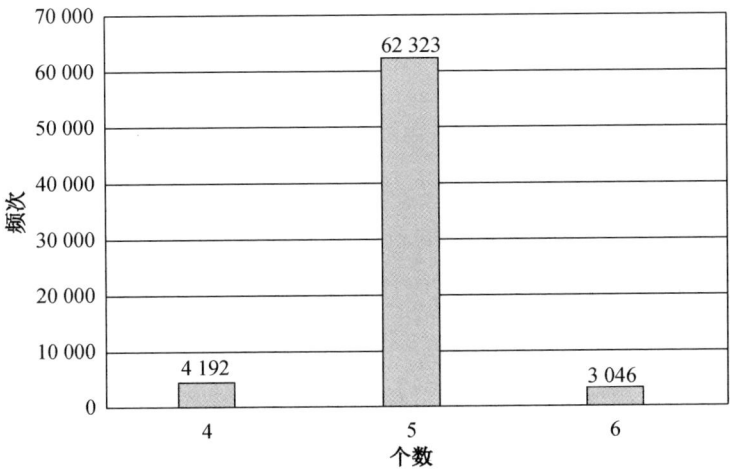

图 5-4　通用分类标准部分狭义财务信息元素的结构元素分布

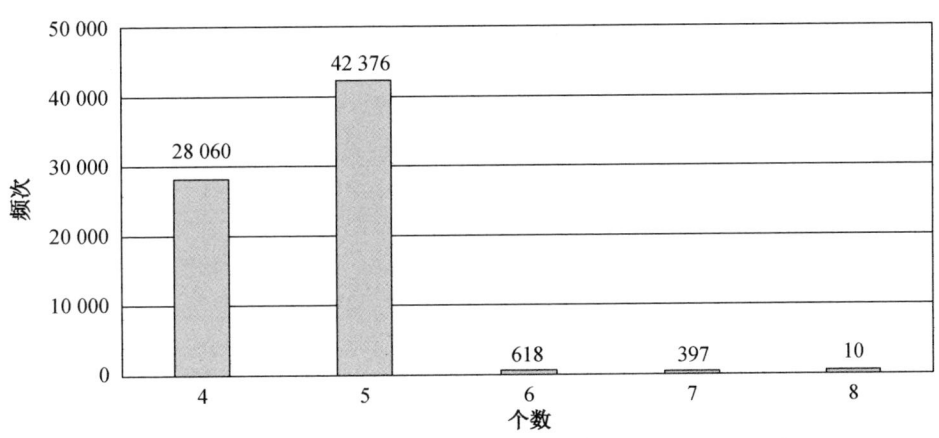

图 5-5　扩展分类标准部分狭义财务信息元素的结构元素分布

　　而结合表 5-23 扩展分类标准部分描述性统计可知,企业扩展分类标准信息元素不仅表现在对财务信息元素整体的扩展(以 $FIEH\_EX^N$ 表示),企业会在 XBRL 技术规范等基础上,通过对信息元素组成结构进行扩展与再定义(主要表现为对事实描述性元素的定义与扩展),传递更多的公司层面的特质信息,实现其自愿性信息披露意愿。

　　对于扩展分类标准部分,结构元素最大值为 8.00,最小值为 4.00,均值为 5.62,大于通用分类标准部分结构元素的均值,表示企业自愿性信息披露动机,不仅可以通过对其扩展的分类标准信息元素整体(以 $FIEH\_EX^N$ 表示)表示,还可以基于其对结构元素的扩展与定义角度,更深刻地描述企业信息披露行为。具体信息如表 5-23 所示。

表 5-24 展示了结构元素的行业分布统计。由此可知,信息技术业以及批发和零售业所披露的结构元素的行业均值最大,分别为 4.83 和 4.80,大于行业均值 4.78,最小的行业则为房地产业,结构元素的行业均值为 4.75,表示从财务信息元素组成结构来看,房地产行业企业信息披露的质量较低。

表 5-24   狭义财务信息元素的结构元素描述性统计——根据行业分布

代码	行业名称	Mean	Std. Dev	Min	25%	Median	75%	Max	Sum
A	农林牧渔业	4.78	0.54	4.00	4.00	5.00	5.00	7.00	6 321.00
B	采掘业	4.78	0.54	4.00	4.00	5.00	5.00	7.00	7 924.00
C	制造业	4.78	0.55	4.00	4.00	5.00	5.00	8.00	97 504.00
D	电力煤气	4.77	0.54	4.00	4.00	5.00	5.00	7.00	6 444.00
E	建筑业	4.76	0.54	4.00	4.00	5.00	5.00	7.00	8 036.00
F	交通运输业	4.78	0.55	4.00	4.00	5.00	6.00	8.00	7 320.00
G	信息技术业	4.83	0.53	4.00	5.00	5.00	6.00	7.00	11 635.00
H	批发和零售业	4.80	0.54	4.00	4.00	5.00	5.00	7.00	9 926.00
J	房地产业	4.75	0.55	4.00	4.00	5.00	5.00	7.00	8 910.00
K	社会服务业	4.76	0.54	4.00	4.00	5.00	5.00	7.00	6 575.00
L	传播与文化产业	4.78	0.56	4.00	4.00	5.00	5.00	7.00	6 242.00
M	综合类	4.76	0.55	4.00	4.00	5.00	5.00	7.00	7 444.00

根据财务信息元素提取规则可知,本书所提取的财务信息元素及其结构元素时仅选择与三大报表相关的附注信息进行统计。

因此,可以将结构元素的分布概况根据财务信息元素所归属的三大报表类型(资产负债表、利润表和现金流量表)进行分类,具体分布描述性统计如表 5-25 所示。

表 5-25　狭义财务信息元素的结构元素描述性统计——根据报表类型划分

报表类型	Mean	Std. Dev	Min	25%	Median	75%	Max	Sum
资产负债表	4.77	0.57	4.00	4.00	5.00	5.00	8.00	145 947.00
资产类	4.76	0.64	4.00	4.00	5.00	5.00	8.00	104 329.00
负债类	4.77	0.42	4.00	5.00	5.00	5.00	6.00	35 267.00
权益类	4.78	0.41	4.00	5.00	5.00	5.00	6.00	6 351.00
利润表	4.84	0.37	4.00	5.00	5.00	5.00	6.00	32 904.00
现金流量表	5.00	0.22	5.00	5.00	5.00	5.00	6.00	5 430.00

附注信息是对三大主表的信息的解释。根据报表类型可知，与资产负债表相关的财务信息元素披露的数量最多，$FIEH^Q$ 合计为 145 947.00，其次为与利润表相关的信息，$FIEH^Q$ 合计为 32 904.00，而披露的狭义财务信息元素最少的是与现金流量表相关的信息元素，$FIEH^Q$ 仅为 5 430.00。

从财务信息元素的结构元素考虑，现金流量表中，平均需要 5.00 个结构元素，才能实现对于现金流量表相关的财务信息的准确描述；与利润表相关的结构元素的均值为 4.84，与资产负债表相关的结构元素的披露均值最小，为 4.77，具体信息见表 5-25。

鉴于篇幅有限，关于通用分类标准和扩展分类标准结构元素的分布情况，在本书附录中进行展示。

5.6.2　结构关系

根据财务信息元素定义可知，财务信息元素是由主体描述性元素、状态描述性元素和事实描述性元素共同构成的信息集合。其中，狭义财务信息元素由唯一主体描述性元素、唯一状态描述性元素和若干事实描述性元素组成；而若干归属于同一主体描述性元素，但具有不同状态描述性元素和事实描述性元素的狭义财务信息元素构成通常意义上的财务信息元素，即广义财务信息元素。

这是理论上的两者之间的关系。那么，从企业信息披露的实务角度而言，任意广义财务信息元素平均会包含多少个狭义财务信息元素？广义财务信息元素的结构元素分布情况如何？这些是接下来关注的内容。

考察广义财务信息元素与狭义财务信息元素的结构关系是有意义的。一方面,两者之间的结构关系是财务信息元素微观结构的主要组成部分,从信息元素披露实务角度,对其结构关系进行解释,有助于对财务信息元素及其微观结构进行理解;另一方面,由于狭义财务信息元素与分类标准信息元素存在对应关系,梳理广义财务信息元素与狭义财务信息元素的结构关系,有助于XBRL分类标准的推行与实施。

本书根据上市公司信息元素披露实例,对广义与狭义财务信息元素的关系进行分析,即一个典型的广义财务信息元素,可以由几个狭义财务信息元素构成,具体描述性统计如表5-26所示。

表5-26　财务信息元素结构关系描述性统计

项目		Mean	Std. Dev	Min	25%	Median	75%	Max	Sum
全样本		1.94	1.44	1.00	1.00	1.00	3.00	20.00	95 034.00
根据报表类型区分	资产负债表	2.01	1.42	1.00	1.00	1.00	3.00	20.00	65 208.00
	资产类	2.44	1.73	1.00	1.00	2.00	3.00	20.00	42 766.00
	负债类	1.88	1.32	1.00	1.00	1.00	3.00	10.00	18 736.00
	权益类	1.71	0.97	1.00	1.00	1.00	2.00	6.00	3 706.00
	利润表	1.35	0.65	1.00	1.00	1.00	2.00	5.00	24 400.00
	现金流量表	1.00	0.03	1.00	1.00	1.00	1.00	2.00	5 426.00
根据行业区分	A 农林牧渔业	1.85	1.34	1.00	1.00	1.00	2.00	20.00	3 425.00
	B 采掘业	1.98	1.52	1.00	1.00	1.00	2.00	12.00	3 998.00
	C 制造业	1.93	1.42	1.00	1.00	1.00	2.00	20.00	50 476.00
	D 电力煤气	1.90	1.44	1.00	1.00	1.00	2.00	20.00	3 389.00
	E 建筑业	2.05	1.51	1.00	1.00	1.00	3.00	14.00	3 922.00
	F 交通运输业	2.05	1.60	1.00	1.00	1.00	3.00	17.00	3 567.00
	G 信息技术业	1.94	1.36	1.00	1.00	1.00	2.00	18.00	6 003.00
	H 批发和零售业	1.94	1.44	1.00	1.00	1.00	2.00	16.00	5 125.00
	J 房地产业	1.93	1.55	1.00	1.00	1.00	2.00	20.00	4 626.00
	K 社会服务业	1.93	1.43	1.00	1.00	1.00	2.00	13.00	3 398.00
	L 传播与文化产业	1.87	1.28	1.00	1.00	1.00	2.00	13.00	3 344.00
	M 综合类	1.98	1.69	1.00	1.00	1.00	2.00	19.00	3 761.00

表 5-26 展示了根据企业信息披露实例所得到的广义财务信息元素与狭义财务信息元素之间的结构关系,其最大值为 20.00,最小值为 1.00,均值为 1.94,表示每一个广义财务信息元素平均由 1.94 个狭义财务信息元素构成。结合图 5-6 所展示的直方图可知,该分布呈现明显的左偏倾向。

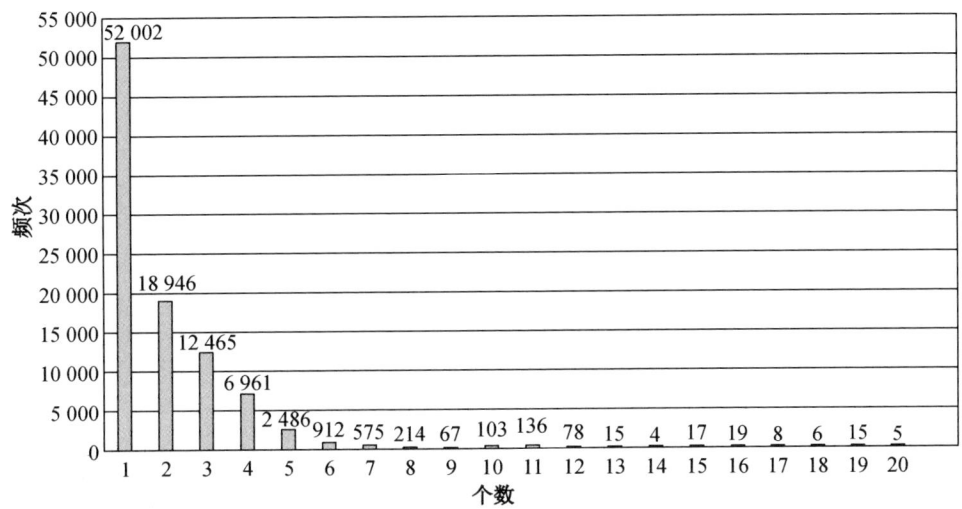

图 5-6 财务信息元素结构关系分布

根据报表类型,对广义与狭义财务信息元素结构关系进行区分,资产负债表中广义财务信息元素的结构最复杂,平均由 2.01 个狭义财务信息元素构成。具体细分来看,资产类财务信息元素(2.44),远大于负债类财务信息元素(1.88)和权益类财务信息元素(1.71)。

从企业的行业分析进行区分可知,广义财务信息元素结构关系在建筑业和交通运输业表现最为明显,均值同为 2.05,而农林牧渔业和传播文化产业最低,分别为 1.85 和 1.87。

表 5-27 展示了基于广义财务信息元素的结构元素描述性统计汇总情况。

广义财务信息元素的结构元素,是若干归属于同一主体描述性元素的狭义财务信息元素的结构元素的集合。

表 5-27　广义财务信息元素的结构元素描述性统计

项目		Mean	Std. Dev	Min	25%	Median	75%	Max	Sum
全样本		9.27	6.56	4.00	5.00	5.00	13.00	91.00	95 034.00
根据报表主体分类	资产负债表	9.59	6.58	4.00	5.00	7.00	12.00	91.00	65 208.00
	资产类	11.60	7.86	4.00	5.00	9.00	16.00	91.00	42 766.00
	负债类	8.98	5.92	4.00	5.00	5.00	13.00	46.00	18 736.00
	权益类	8.19	4.33	4.00	5.00	5.00	10.00	24.00	3 706.00
	利润表	6.52	2.86	4.00	5.00	5.00	9.00	23.00	24 400.00
	现金流量表	5.00	0.14	5.00	5.00	5.00	5.00	10.00	5 426.00
根据行业区分	A 农林牧渔业	8.82	6.02	4.00	5.00	5.00	10.00	91.00	3 425.00
	B 采掘业	9.47	6.97	4.00	5.00	6.00	13.00	58.00	3 998.00
	C 制造业	9.24	6.45	4.00	5.00	5.00	13.00	91.00	50 476.00
	D 电力煤气	9.07	6.50	4.00	5.00	5.00	10.00	90.00	3 389.00
	E 建筑业	9.76	6.78	4.00	5.00	5.00	13.00	62.00	3 922.00
	F 交通运输业	9.82	7.32	4.00	5.00	5.00	13.00	76.00	3 567.00
	G 信息技术业	9.36	6.33	4.00	5.00	5.00	13.00	82.00	6 003.00
	H 批发和零售业	9.29	6.58	4.00	5.00	5.00	13.00	73.00	5 125.00
	J 房地产业	9.14	6.88	4.00	5.00	5.00	10.00	90.00	4 626.00
	K 社会服务业	9.21	6.45	4.00	5.00	5.00	12.00	61.00	3 398.00
	L 传播与文化产业	8.93	5.80	4.00	5.00	5.00	10.00	61.00	3 344.00
	M 综合类	9.43	7.63	4.00	5.00	5.00	12.00	86.00	3 761.00

结合表 5-27 和图 5-7 广义财务信息元素的结构元素分布直方图可知,分布整体呈现左偏态势。结合表 5-27,结构元素的均值为 9.27,最大值为 91.00,标准差为 6.56,表示广义财务信息元素的结构元素的差异性较大。

根据报表类型区分,资产类的结构元素均值最大,达到 11.60,其次是利润表,均值为 6.52,结构元素披露最小的是现金流量表,均值为 5.00。具体内容如表 5-27 所示。

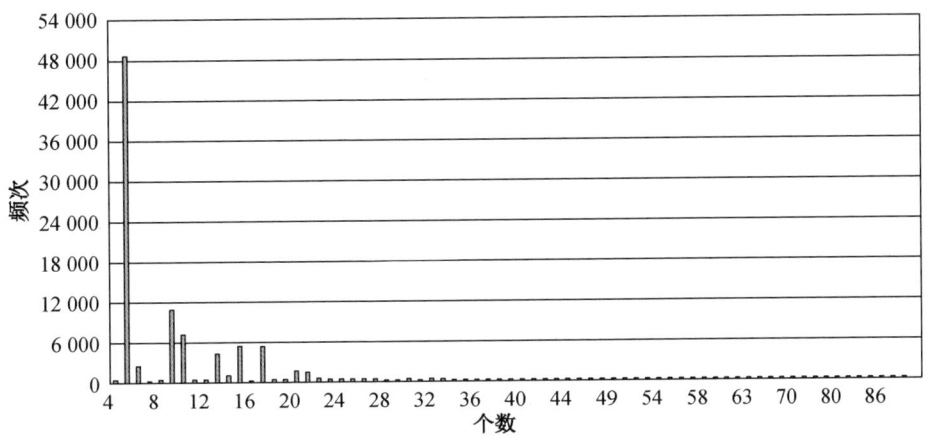

图 5-7　广义财务信息元素结构关系分布

5.7　本　章　小　结

本章基于财务信息元素微观结构标准化视角,以中国上市公司财务信息披露实例作为研究对象,对财务信息元素的微观结构从实务披露视角进行研究。同时,结合通用分类标准中定义的信息元素类型,对上市公司披露的信息元素进行归纳,以此研究通用分类标准信息元素与扩展分类标准信息元素披露的规律与行业差异性问题。通过对上市公司信息披露的财务信息元素进行归纳,有如下几方面发现:

第一,可以基于信息元素微观结构,对上市公司信息披露进行"量化"处理。根据财务信息元素理论可知,财务信息元素由完整定义的三个组成结构(主体描述性元素、状态描述性元素和事实描述性元素)根据既定规则构成,因此,从信息元素披露整体、微观结构以及信息披露粒度等角度入手,从多个维度构成信息披露的"量化"指标,有助于从信息披露的可比性角度对其信息披露行为进行评价。

第二,企业信息披露存在行业差异,扩展并完善目前的行业分类标准是发挥 XBRL 报告优势的前提。根据财务信息元素理论可知,狭义财务信息元素与分类标准信息元素之间存在对应关系,因此本书基于 2015 版通用分类标准对财务信息元素进行区分,以考察分类标准行业扩展的必要性。LSD 检验结果表明,企业信息披露行为存在较大的行业差异性,并且这种差异性在以扩展分类标准为对象的行业差异性检验中表现得更为明显。监管部门仅通过推行通用分类标准无法满足企业自愿性信息披露的需求,因此需要在国家级通用分类标准的基础上,采用行业扩展的方法进行分类标准的扩展,以发挥 XBRL 技术在信息披露方面的优势。

本书结合上市公司信息披露实例,从财务信息元素及其微观结构角度进行研究,发现不同行业以及不同公司之间的信息披露质量存在较大的差异。考虑到可以从财务信息元素以及微观结构视角对上市公司信息披露行为进行"量化",因此,上市公司的信息披露行为的动机、上市公司信息披露的差异性与资本市场对其差异化信息的反应等问题,是本书接下来要研究和关注的重点。

第 6 章

财务信息元素微观结构与
分类标准评价研究

财务信息元素理论是指导 XBRL 分类标准应用的基础理论。本书在结合财务信息元素理论的基础上,通过信息元素微观结构角度,对财务信息元素理论进行解析与阐释,并结合微观结构角度构建信息元素披露质量的度量模型,对企业信息披露质量、信息披露的公司差异性与行业差异性等问题进行研究与探索,实现对企业信息披露质量的度量与评价。

财务信息元素理论是指导 XBRL 分类标准制定与推广应用的基础理论, XBRL 分类标准的创建与扩展质量直接影响 XBRL 分类标准在上市公司中的推广进度与效果,并进一步影响 XBRL 技术的应用实施效果。结合对 XBRL 分类标准应用评价的研究可知,相关研究主要从财务信息元素整体角度出发, 从通用分类标准创建质量(Bovee 等,2002;高锦萍和张天西,2006;Zhu 和 Wu,2011;赵聪,2011;黄长胤和张天西,2011;李争争等,2013;吴忠生, 2015)和信息元素扩展质量(张天西等,2011;黄长胤和吴忠生,2011;李争争,2013;李争争等,2014)等角度,对 XBRL 分类标准的应用进行度量评价。 但是上述研究全部基于财务信息元素整体视角进行评价,而缺乏对信息元素微观结构视角的考虑,无法实现对其分类标准信息元素创建与扩展质量的更深层次的描述与评价,因而无法实现对企业信息披露行为与动机的精确描述。

XBRL 分类标准质量是 XBRL 技术优势的核心部分,也是推进 XBRL 技术实施的关键环节。鉴于分类标准评价研究对于推动 XBRL 技术应用的重要作用,而之前的相关研究并没有实现从微观结构角度对分类标准创建与扩展质量的全面评价,本书在借鉴分类标准评价研究的基础上,从微观结构视角出发,构建从更深层次对分类标准创建与扩展质量的评价模型,并结合研究样本实际应用状况,实现对中国 XBRL 分类标准的评价。

具体而言,在本书的第二部分研究中,我们在结合研究样本财务信息元素及其微观结构披露现状的基础上,以抽样选取的上市公司作为研究样本,将其信息元素披露根据通用分类标准定义进行区分,在此基础上,从微观结构角度分别对其通用分类标准复用质量以及扩展分类标准质量进行描述与度量,并结合分类标准评价的相关研究,对通用分类标准与扩展分类标准,分别从创建质量与扩展质量角度,构建分类标准评价模型并分别进行度量与评价。

6.1　分类标准评价方法

6.1.1　通用分类标准评价方法

对于如何对监管部门制定的通用分类标准进行有效评价,相关研究者主要从完整性与效率性两个角度展开。而通用分类标准创建完整性评价指标,则是评价通用分类标准创建质量的关键。

所谓通用分类标准创建完整性,一般是指作为信息元素的集合,通用分类标准中定义的信息元素应该涵盖企业实施披露的全部信息元素集。上述信息元素既包括财务信息元素,也包括信息元素的结构元素。

监管部门制定的通用分类标准能是否满足企业实际信息元素披露需求,即分类标准完整性,是衡量通用分类标准创建质量的关键因素。因此,企业实际披露的信息元素在分类标准中定义元素的比例越高,即企业披露的信息元素对于通用分类标准元素的复用频率越高,反映通用分类标准创建完整性越好;反之,表示通用分类标准创建完整性越差,即通用分类标准创建质量越低。

对于如何度量通用分类标准创建完整性,Bove 等(2002)首次将信息元素匹配法引入分类标准创建质量的评价研究,即将研究样本信息元素披露的实例数据,与监管部门所制定的通用分类标准信息元素进行一对一的匹配,用以比较通用分类标准中定义的信息元素与企业实际信息元素披露需求之间的差异性。Bovee 等(2002)提出的信息元素匹配法也被后来的一些研究者,如高锦萍和张天西(2006)、Zhu 和 Wu(2011)、赵聪(2011)等所借鉴与采纳。

高锦萍和张天西(2006)结合 Bovee 等(2002)的信息元素匹配法,评价上交所制定的信息披露分类标准的完整性问题,发现分类标准中定义的元素与企业实际披露的信息元素之间存在一定差异性,即通用分类标准中定义的信息元素与企业实际信息披露需求之间存在较大的差异性,分类标准完整性亟待改善;类似地,黄长胤和张天西(2011)以通用分类标准中定义的信息元素被上市公司实际披露中复用的频率作为度量指标,以此评价分类标准创建效率,研究结论与高锦萍和张天西(2006)的结论较为一致。

效率性则是评价通用分类标准创建质量的另一个角度。所谓通用分类标准创建效率性,是指分类标准中定义的信息元素在企业实际披露中被使用的频率。信息元素被企业实际复用的频率越高,表示定义的信息元素符合企业实际信息披露需求,即信息元素创建效率越高;信息元素的定义的冗余度越低,即反映分类标准创建质量越好。反之,表示分类标准创建质量越低。

关于如何区分与度量分类标准创建效率性,赵聪(2011)构造了通用分类标准元素复用率指标,即对于任意通用分类标准中定义的信息元素,以复用该信息元素的研究样本总数与全部研究样本数之比,作为评价信息元素创建效率性的评价指标,并从信息元素定义的冗余与不足两个角度进行描述与评价。

6.1.2 扩展分类标准评价方法

分类标准扩展是指对基准的通用分类标准中未定义的信息元素和元素关系进行扩展与再定义,其本质上是制定分类标准的过程(黄长胤和张天西,2011;黄长胤,2012)。

分类标准的扩展主要包括以下几个部分,即直接引用通用分类标准中定义的信息元素、间接引用通用分类标准中定义的其他信息元素以及扩展重新定义具体行业特色信息元素等(李争争等,2014)。

目前关于分类标准扩展质量的相关研究较少,张天西等(2011)、黄长胤和吴忠生(2011)以及黄长胤(2012)通过构造"企业扩展分类标准元素总数",即用企业扩展的信息元素总数,来反映与表示上市公司信息披露实务中对通用分类标准信息元素进行元素再定义与扩展的元素数量;李争争(2013)则引入频数统计方法构造扩展质量测度,从创建效率、语义信息完整性和整体创建质量角度对行业扩展模式与直接扩展模式进行分析,发现分类标准的行业扩展模式优于直接扩展模式。

6.2　基于微观结构的分类标准评价研究设计

6.2.1　研究思路

根据第 6.1 节对分类标准评价研究的梳理可知,目前关于分类标准评价的研究,都采纳 Bovee 等(2002)所提出的信息元素匹配法,将研究样本所披露的信息元素与通用分类标准中定义的信息元素进行匹配,以区分出通用分类标准信息元素与企业扩展的信息元素。

根据对通用分类标准评价研究的梳理可知,上述研究文献,如 Bovee 等(2002)、高锦萍和张天西(2006)、Zhu 和 Wu(2011)、赵聪(2011)、李争争(2013)、李争争等(2014)等研究者,都是基于财务信息元素整体角度,即将企业披露的信息元素与通用分类标准信息元素进行匹配,并通过构建分类标准的评价指标,衡量分类标准的创建质量与扩展质量,而并没有从信息元素微观结构角度对其进行更细致的度量与评价。即对于企业复用的通用分类标准信息元素,这些研究并没有考虑企业对于分类标准信息元素的结构元素(主体描述性元素、状态描述性元素、事实描述性元素)的复用频数等问题,而对于企业自行扩展的信息元素,相关研究仅从企业扩展元素的整体角度进行评价,并没有考虑其在分类标准的扩展中,对于信息元素的结构元素

（主体描述性元素、状态描述性元素、事实描述性元素）的扩展与再定义质量状况。

考虑到从微观结构角度，可以实现对分类标准的更深层次的度量与评价，本部分在借鉴分类标准评价研究的基础上，从信息元素微观结构角度，构造分类标准评价与测度的度量模型，并以此作为对分类标准创建质量与扩展质量的评价标准，对目前实施的通用分类标准创建质量进行深层次的描述与评价，并对企业自行扩展的分类标准信息元素状况与其扩展质量等进行描述与评价。从微观结构角度，本部分对目前推行的通用分类标准创建质量进行有效的评价，并对分类标准的行业扩展的进度与扩展步骤等，从企业实际信息披露角度提出改进建议，以推进 XBRL 分类标准应用的改进，并为分类标准评价研究提供新的研究思路与方法。

6.2.2　样本选择与研究方法

结合本章的研究设计，本章继续以第 5 章中抽样选择的部分上市公司作为研究样本，在结合分类标准评价研究的基础上，从微观结构角度构造度量指标，并对分类标准创建质量和扩展质量进行描述与评价。基本描述性统计结果见本书第 5.2 节。

根据分类标准评价研究的总结，本书继续根据 Bovee 等（2002）提出的信息元素匹配法，对企业披露实际信息元素与通用分类标准信息元素进行匹配。与之前分类标准评价的相关研究，如 Bovee 等（2002）、高锦萍和张天西（2006）、Zhu 和 Wu（2011）、赵聪（2011）、黄长胤和张天西（2011）、吴忠生（2015）等不同的是，不仅将企业披露的信息元素与通用分类标准定义的信息元素进行一一匹配，还会根据财务信息元素微观结构定义，对企业披露的信息元素，以及通用分类标准中定义的信息元素，根据其微观结构定义，进一步区分为主体描述性元素、状态描述性元素以及事实描述性元素，以期更精确地描述企业信息披露行为，从而实现从更深层次对分类标准创建质量与扩展质量进行细致的描述与评价。

在此基础上，本章分别对通用分类标准与扩展分类标准的质量进行描述与评价。

6.3 财务信息元素微观结构与通用分类标准创建质量评价

6.3.1 通用分类标准复用现状评价

根据财务信息元素结构关系的定义可知,通用分类标准信息元素对应于狭义财务信息元素,从其组成结构上而言,一个通用分类标准中定义的信息元素由唯一主体描述性元素、唯一状态描述性元素以及修饰二者的若干事实描述性元素共同构成。

根据本书定义,$FIEH_{i,t}^{N}$表示i公司在第t期的狭义财务信息元素数量,$FIEH_{i,t}^{Q}$则表示i公司在第t期的狭义财务信息元素中包含的所有结构元素(主体描述性元素、状态描述性元素以及事实描述性元素)的集合;上市公司披露的任意狭义财务信息元素,结合通用分类标准中已定义的信息元素进行区分,可以划分为通用分类标准信息元素以及企业扩展的分类标准信息元素。$FIEH\_G_{i,t}^{N}$以及$FIEH\_G_{i,t}^{Q}$分别表示i公司在第t期所复用的通用分类标准信息元素数量和复用通用分类标准信息元素的所有结构元素的集合。

表6-1展示研究样本所复用的通用分类标准信息元素的描述性统计结果分布。由表6-1可知,在所有的抽样样本中,其披露的财务信息元素的均值$FIEH^{N}$为692.79,表示平均每个研究样本披露的财务信息元素个数为692.79个,其最大值为1 485.00,最小值为152.00,标准差为180.48,即以信息元素度量的企业信息披露行为存在较大的差异性;在企业披露的所有信息元素中,属于复用的通用分类标准中定义的信息元素$FIEH\_G^{N}$均值为268.61,占其信息元素披露总数的38.77%,表示通用分类标准中定义的信息元素无法满足企业特定的信息披露需求,$FIEH\_G^{N}$的最大值为519.00,而最小值为91.00,标准差为66.30,反映不同的企业之间对于通用分类标准信息元素的复用情况存在较大的差异性。

表6-1展示从微观结构角度的通用分类标准信息元素披露指标,即对于任意财务信息元素,其内部结构元素的合计值。$FIEH^{Q}$表示研究样本披露的

所有信息元素的含量指标,其均值为 3 309.08,结合反映信息元素数量指标 $FIEH_{i,t}^{N}$ 的均值 692.79,表示对于企业披露的任意财务信息元素,其由 4.78 个结构元素共同构成,$FIEH\_G^{Q}$ 则表示通用分类标准信息元素含量指标,其均值为 1 353.00,占企业披露的财务信息元素结构元素的比例为 40.89%(1 353.00/3 309.00),对应于企业复用的通用分类标准信息元素数量占信息披露总数的比例为 38.77%,即从信息元素的微观结构角度出发,可以更精确地反映企业信息披露行为。

表 6-1　通用分类标准复用状况描述性统计

变量标识		Mean	Std. Dev	Min	25%	Median	75%	Max	N
通用分类标准元素披露数量指标	$FIEH^{N}$	692.79	180.48	152.00	570.50	663.50	797.75	1 485.00	266
	$FIEH\_G^{N}$	268.61	66.30	91.00	222.00	260.00	302.75	519.00	266
通用分类标准元素披露含量指标	$FIEH^{Q}$	3 309.08	853.86	741.00	2 736.50	3 174.00	3 810.75	6 973.00	266
	$FIEH\_G^{Q}$	1 353.00	325.62	453.00	1 126.00	1 303.00	1 517.25	2 551.00	266

由于本书仅涉及财务报告附注信息中与三大报表相关的信息元素,表 6-2 分别展示了企业复用的通用分类标准信息元素的报表类型分布。研究样本复用的通用分类标准中定义的信息元素 $FIEH\_G^{N}$ 均值为 268.61,根据报表类型进行区分,其中平均由 222.39 个复用的元素属于对资产负债表科目信息元素的定义,占企业复用信息元素均值的 82.79%,其次是属于利润表项目的信息元素,均值为 36.88,占企业复用信息元素均值的 13.73%,企业复用的通用分类标准信息元素中,属于利润表项目的信息元素被复用的最少,其均值为 9.35,占企业复用通用分类标准信息元素均值的 3.48%。

$FIEH\_G^{Q}$ 则是从信息元素微观结构角度对企业复用的信息元素状况进行描述,根据表 6-2 的第二部分结果可知,以企业对信息元素的结构元素作为度量指标,研究样本平均复用的信息元素结构元素数量均值为 1 353.00,其中属于资产负债表的部分均值为 1 121.97,占其复用结构元素总量的 82.92%,该比例与以财务信息元素整体作为度量指标的比例较为一致,表示研究样本在对通用分类标准信息元素进行复用时,无论是从信息元素整体还是结构元素角度进行分析,企业复用的 8 成以上的信息元素均属于资产负债表相关的信息,属于与利润表相关的结构元素均值为234.11,占研究样本复用的结构元素总量均值的17.30%,而对与现金流量表相关的结构元素复用的次数最少,其均值为35.35,占企业复用的通用分类标准的结构元素的2.61%,具体结果如表6-2所示。

表6-2　通用分类标准复用元素的报表类型分布

报表类型	Mean	Std. Dev	Min	25%	Median	75%	Max	N
$FIEH\_G^N$	268.61	66.30	91.00	222.00	260.00	302.75	519.00	266
资产负债表	222.39	62.69	61.00	181.00	215.00	255.00	463.00	266
资产类	150.79	51.26	9.00	114.00	142.00	177.00	355.00	266
负债类	58.46	15.18	27.00	50.00	57.00	65.00	137.00	266
权益类	13.14	4.20	5.00	10.00	13.00	17.00	26.00	266
利润表	36.88	4.89	19.00	34.00	37.00	40.00	51.00	266
现金流量表	9.35	1.98	4.00	8.00	9.00	10.00	25.00	266
$FIEH\_G^Q$	1 353.00	325.62	453.00	1 126.00	1 303.00	1 517.25	2 551.00	266
资产负债表	1 121.97	307.41	303.00	916.00	1 081.00	1 279.25	2 271.00	266
资产类	927.92	357.95	18.00	840 75.00	1 054.00	1 340	2 549.00	266
负债类	242.49	186.71	10.00	205 75.00	307.00	433.25	1 174.00	266
权益类	49.45	33.83	15.00	30.00	40.00	58.00	333.00	266
利润表	234.11	96.39	140.00	358.00	411.00	475.00	696.00	266
现金流量表	35.35	22.98	5.00	40.00	55.00	65.00	135.00	266

根据信息元素微观结构的定义,可以对企业复用的通用分类标准信息元素,从其微观结构进行度量与评价,以此实现对企业复用的通用分类标准信息元素进行深层次与精确的度量与评价。在此基础上,根据信息元素结构定义,将企业复用的通用分类标准信息元素区分为主体描述性元素、状态描述性元素以及事实描述性元素,并分别对其复用结果等进行统计分析,结果列示在表6-3中。

在表6-3中,我们对研究样本复用的通用分类标准信息元素根据微观结构定义进行拆分与统计,SE_G^Q、CE_G^Q以及PE_G^Q分别表示研究样本复用的信息元素中,主体描述性元素、状态描述性元素以及事实描述性元素的披露数量。结合$FIEH\_G^Q$定义可知,$FIEH\_G^Q$定表示通用分类标准信息元素中结构元素含量的合计。因此，存在以下对应关系，对于任意 i 公司在第 t 年，有：$FIEH\_G^Q = SE\_G^Q + CE\_G^Q + PE\_G^Q$。

对于通用分类标准中定义的第 j 个信息元素，若某一个研究样本对其进行复用，则 $FIEH\_G_j^N = 1$，否则为 0，$FIEH\_G_j^Q$ 则表示第 j 个信息元素的结构元素的数量合计。由于通用分类标准信息元素直接对应于狭义财务信息元素，即研究样本在复用任意一个通用分类标准中已定义的信息元素时，若 $FIEH\_G_j^N = 1$，那么在该信息元素下，主体描述性元素 $SE\_G_j^N = 1$，$CE\_G_j^N = 1$，而 $PC\_G_j^N > 1$。

因此，结合表 6-1 和表 6-2 的结果可知，反映公司复用通用分类标准中数量的指标 $FIEH\_G^N$、度量主体描述性元素披露数量的指标 SE_G^N 与度量状态描述性元素披露数量的指标 CE_G^N，三者的描述性统计指标均一致，即对于任意上市公司，$FIEH\_G^N = SE\_G_j^N = CE\_G_j^N$。接下来，我们从信息元素微观结构角度，分别对三者进行统计分析。

首先，考虑研究样本对于主体描述性元素 SE_G^Q 的复用状况。结合表 6-3 可知，对于本书所考察的 266 个研究样本，通用分类标准的主体描述性元素复用最大值为 519.00，占已定义的通用分类标准信息元素总数的 42.43%；而对于每一个研究样本而言，平均复用通用分类标准中定义的主体描述性元素为 268.61 个，占其披露的全部主体描述性元素（包括研究样本复用与扩展部分）的比例为 38.77%，SE^Q 的标准差为 66.30，显示不同的研究样本对于通用分类标准定义的主体描述性元素的复用较为分散。

结合表 6-2，从主体描述性元素的报表类型进行分析，研究样本复用的主体描述性元素，其中属于资产负债表项目的元素均值为 222.39，占复用的全部主体描述性元素的 82.79%，属于利润表项目的主体描述性元素均值为 36.88，占复用的全部主体描述性元素的 13.73%，而属于现金流量表项目的主体描述性元素相对最少，均值为 9.35。

上述结果表示，研究样本在对通过通用分类标准信息元素进行复用时，其复用最多的是资产负债表项目相关的主体描述性元素，即与资产负债表相关的信息是企业在进行信息元素复用时，需要进行解释与披露的最主要报表项目，其次是利润表项目，而研究样本通过复用主体描述性元素实现对现金流量表信息进行解释与披露的动机相对最弱。

其次,从状态描述性元素 CE_G^Q 的复用质量进行评价,状态描述性元素同样是企业在信息元素扩展过程中需要考虑的元素类型。根据表 6-3 可知,研究样本平均复用的状态描述性元素为 268.61 次。

根据状态描述性元素的定义可知,其表达形式主要有以下 5 种形式:货币型状态描述性元素(Currency)、日期型状态描述性元素(Date)、数值型状态描述性元素(Numeric)、文本型状态描述性元素(Text)以及股本型状态描述性元素(Share)。我们对具体每类状态描述性元素被研究样本实际复用情况进行了拆分统计,发现对于 5 类状态描述性元素,研究样本复用最多的是货币型状态描述性元素(Currency),占状态描述性元素复用总量的 93.67%(251.61/268.61),其被复用的最大值 443.00,最小值为 91.00,表示企业在财务报告附注信息中,其披露信息中最多的是与货币信息相关的内容,而企业在根据通用分类标准定义的信息元素进行复用时,其复用最多的也是与货币型相关的信息元素;其次是数值型状态描述性元素(Numeric),其均值为 10.97,占企业平均复用的状态描述性元素比例为 4.08%(10.97/268.61),其最大值为 42.00 个,最小值为 0.00,数值型状态描述性元素(Numeric)主要用于描述与经营成长性指标相关的信息内容;而对于其他三类状态描述性元素,如文本型状态描述性元素(Text)、股本型状态描述性元素(Share)以及日期型状态描述性元素(Date)的复用频数较小,分别占其复用的状态描述性元素的比例为 3.26%(8.75/268.61)、0.87%(2.35/268.61)以及 0.315(0.84/268.61)。从研究样本对于状态描述性元素的复用状况可以推测,企业在通过对通用分类标准中定义的信息元素进行有效复用,以实现其信息披露意愿时,企业更关注而且披露更多的是与货币型描述性元素以及数值型描述性元素有关的信息,以传递企业经营发展的业绩水平。

最后,从企业在信息披露中对于事实描述性元素 PE_G^Q 的复用状况进行评价。事实描述性元素主要从时间、空间以及计量基础等维度对信息元素进行描述与定义,以传递具有完整语义的财务信息。结合表 6-3 的统计结果可知,研究样本平均复用的事实描述性元素为 815.78 次,即企业在对信息元素进行复用时,对于每一个通用分类标准定义的信息元素,平均复用3.03个事实描述性元素,以实现对信息元素的描述与定义。由于事实描述性元素的类型较为广泛,我们根据研究样本实际对事实描述性元素的扩展进行总结与划分,计算出研究样本在对事实描述性元素进行扩展时,其扩展最多的 5 个事实描述性元素,分别是"本期期末余额""本期借方增加""本期贷方增加额""本期贷方发生额"以及"账面余额"。联系到状态描述性元素的类型可知,上述 5 种事实描述性元素均与货币型信息元素相关,即企业在进行分类标准扩展时,其意图披露最多的还是与货币型有关的财务信息。具体结构元素的复用分布统计指标如表 6-3 所示。

表 6-3　微观结构视角下通用分类标准复用状况分析

变量	Mean	Std. Dev	Min	25%	Median	75%	Max	N
SE_G^Q	268.61	66.30	91.00	222.00	260.00	302.75	519.00	266
CE_G^Q	268.61	66.30	91.00	222.00	260.00	302.75	519.00	266
Currency	251.61	56.91	88.00	213.00	246.00	283.75	443.00	266
Date	0.84	1.92	0.00	0.00	0.00	1.00	19.00	266
Numeric	10.97	7.90	0.00	6.00	8.00	13.00	42.00	266
Text	8.75	7.65	0.00	4.00	7.00	11.00	60.00	266
Share	2.35	0.78	0.00	2.00	3.00	3.00	3.00	266
PE_G^Q	815.78	193.18	271.00	682.50	787.50	915.50	1 513.00	266

接下来,在结合通用分类标准评价相关研究的基础上,本书基于财务信息元素微观结构视角构建分类标准创建质量评价标准,从企业财务报告中披露元素对通用分类标准中元素的复用程度以及通用分类标准中的元素对企业财务报告中披露元素的覆盖程度两个方面,即从通用分类标准的创建完整性与效率性两个角度,对通用分类标准创建质量进行评价。

6.3.2　通用分类标准创建完整性评价

分类标准完整性一般是指作为信息元素的集合,通用分类标准中所定义的信息元素应该涵盖的企业实施披露的全部信息元素集。

对于完整性测度,本书借鉴 Bovee 等(2002)所提出的信息元素匹配法进行评价。但是与之前关于分类标准完整性研究不同的是,本书中不仅将上市公司实际披露的信息元素与通用分类标准中定义的信息元素进行匹配,在此基础上,本书还结合财务信息元素微观结构定义,将信息元素(包括上市公司实际披露信息元素及通用分类标准中定义的信息元素)按照结构元素定义进行区分,即主体描述性元素、状态描述性元素以及事实描述性元素三类,以及研究上市公司在对通用分类标准信息元素进行复用时,是否将通用分类标准信息元素的结构元素进行复用,其复用的完整性质量如何。

具体而言,本节内容从通用分类标准信息元素的覆盖率角度,对通用分类标准创建质量完整性进行评价。通用分类标准信息元素覆盖率是指通用分类标准中定义的信息元素对于上市公司实际信息元素披露过程中的覆盖程度,即上市公司实际披露的信息元素(包括信息元素整体以及其结构元素)中,有多少源自通用分类标准中已定义的信息元素。由于从信息元素微观结构角度可以更精确地对企业的通用分类标准复用行为进行度量,在本部分中,我们分别对主体描述性元素、状态描述性元素以及事实描述性元素构建信息元素创建完整性测度指标,以此实现从微观结构角度对通用分类标准创建完整性的有效度量。

$IR_{i,t}$(integrity rate)表示任意 i 上市公司在第 t 年对于通用分类标准中定义的结构元素复用完整性测度,对于主体描述性元素的复用完整性测度,有:

$$IR_{i,t} = \frac{SE\_G_{i,t}^Q}{SE\_GT^Q} \times 100\% \tag{6.1}$$

$$IR_{i,t} \in [0, 100\%]$$

其中,$SE\_G_{i,t}^Q$ 表示 i 公司在第 t 年信息披露中对于通用分类标准中定义的主体描述性元素的复用总和;SE_GT^Q 表示通用分类标准中已定义的全部主体描述性元素的总和。

类似地,对于状态描述性元素,其复用完整性测度模型为:

$$IR_{i,t} = \frac{CE\_G_{i,t}^Q}{CE\_GT^Q} \times 100\% \tag{6.2}$$

$$IR_{i,t} \in [0, 100\%]$$

其中，$CE\_G^Q_{i,t}$ 表示 i 公司在第 t 年信息披露中对于通用分类标准中定义的状态描述性元素的复用总和；CE_GT^Q 表示通用分类标准中已定义的每一个信息元素的状态描述性元素的总和。

而对于事实描述性元素，其复用完整性测度模型为：

$$IR_{i,t} = \frac{PE\_G^Q_{i,t}}{PE\_GT^Q} \times 100\%$$ （6.3）

$$IR_{i,t} \in [0, 100\%]$$

其中，$PE\_G^Q_{i,t}$ 表示 i 公司在第 t 年信息披露中对于通用分类标准中定义的事实描述性元素的复用总和；PE_GT^Q 表示通用分类标准中已定义的每一个信息元素的事实描述性元素的总和。

$$IR_{i,t} \in [0, 100\%]$$

$IR_{i,t}$ 越接近 100%，表示通用分类标准定义的信息元素的完整性程度越高，即通用分类标准信息元素可以涵盖的企业实际信息披露的需求越高，反之，则表示通用分类标准信息元素的完整性越低。

而根据狭义财务信息元素的组成结构可知，对于任意上市公司，其复用信息元素的度量指标，$FIEH\_G^N = SE\_G^N_j = CE\_G^N_j$，因此，对于主体描述性元素与状态描述性元素的复用完整性测度指标，我们仅以主体描述性元素的度量结果进行展示，状态描述性元素的复用完整性与其完全一致。

在结合式（6.1）到式（6.3）的基础上，本书不仅可以对任意通用分类标准中定义的信息元素进行评价，还可以分别对通用分类标准信息元素的结构元素复用质量进行评价，以此更精确地表示研究样本信息元素的复用状况，并实现从更深层次对通用分类标准创建完整性指标进行度量，并为分类标准创建评价的相关研究，从微观结构角度提供新的度量思路与方法。

通用分类标准中定义的主体描述性元素完整性指标 $IR_{i,t}$ 的统计结果如表 6-4 所示。我们发现，在通用分类标准定义的所有主体描述性元素中，研究样本复用的主体描述性元素占通用分类标准中已定义的主体描述性元素总数的均值为 12.71%，完整性测度 $IR_{i,t}$ 的最大值为 26.83%，标准差为 3.15，表示通用分类标准中定义的所有主体描述性元素中，平均有 12.71% 的元素被企业在实际信息披露中直接复用,即通用分类标准中创建的主体描述性元素的质量有待提高。

表 6-4　通用分类标准主体描述性元素的完整性测度统计

行业		Mean	Std. Dev	Min	25%	50%	75%	Max	N
全样本		12.71%	3.15	5.95%	8.50%	12.43%	16.82%	26.83%	266
根据行业区分	A 农林牧渔业	11.05%	3.12	6.03%	9.57%	12.48%	16.77%	23.97%	10
	B 采掘业	13.72%	3.54	5.32%	7.95%	11.31%	15.95%	24.01%	10
	C 制造业	12.74%	2.88	6.22%	8.48%	12.60%	15.64%	25.41%	140
	D 电力煤气	12.23%	2.41	6.48%	8.40%	11.34%	18.95%	26.15%	10
	E 建筑业	13.80%	3.48	6.81%	9.30%	12.38%	16.01%	25.83%	10
	F 交通运输业	13.03%	2.82	7.88%	9.81%	11.13%	17.85%	25.68%	10
	G 信息技术业	12.59%	3.27	6.95%	8.74%	12.30%	17.17%	24.01%	18
	H 批发和零售业	12.91%	2.82	7.77%	9.83%	12.82%	18.05%	26.46%	14
	J 房地产业	10.98%	2.44	6.93%	8.62%	11.17%	17.88%	24.01%	14
	K 社会服务业	11.35%	2.40	7.48%	8.37%	11.72%	18.59%	25.56%	10
	L 传播与文化产业	10.39%	2.55	6.12%	8.98%	12.72%	17.99%	26.41%	10
	M 综合类	13.66%	3.26	6.86%	8.41%	12.01%	16.60%	25.89%	10

分行业的完整性测度 $IR_{i,t}$ 的结果显示,在本书所考察的 12 个行业中,主体描述性元素完整性测度 $IR_{i,t}$ 最高的三个行业分别是建筑业($IR_{i,t}$ 均值为 13.80%)、采掘业($IR_{i,t}$ 均值为 13.72%)以及综合类($IR_{i,t}$ 均值为 13.66%),而通用分类标准定义的主体描述性元素 $IR_{i,t}$ 均值最低的三个行业则分别是房地产业($IR_{i,t}$ 均值为 10.98%)、传播与文化产业($IR_{i,t}$ 均值为 10.39%)和农林牧渔业($IR_{i,t}$ 均值为 11.05%)。此外,根据表 6-4 的统计结果可知,由于行业之间上市公司业务特点等方面的差异,各行业研究样本在通用分类标准定义的主体描述性信息元素覆盖率方面存在差异。具体完整性测度指标的分布情况如表 6-4 所示。

根据信息元素微观结构可知,每一个狭义信息元素由至少一个以上的事实描述性元素所组成,以实现对信息元素的完整与准确定义,因此,研究样本在复用通用分类标准定义的信息元素时,其对定义的事实描述性元素的复用质量,更能反映出通用分类标准创建质量效果。

在表 6-5 中,我们对通用分类标准定义的事实描述性元素的完整性测度指标 $IR_{i,t}$ 进行统计与分析。表 6-5 的结果显示,企业在对通用分类标准信息元素进行复用时,不仅会对信息元素整体进行复用,在此基础上,企业会根据自身信息披露的需求,对通用分类标准中定义的事实描述性元素集合选择性地全部或部分地进行复用,以满足其自身信息披露的需求。事实描述性元素的完整性测度指标 $IR_{i,t}$ 的均值为 13.82%,大于对主体描述性元素以及状态描述性元素的完整性测度(表 6-4)。上述结果表示,通用分类标准中定义的结构元素,尤其是事实描述性元素,可以实现对财务信息从各个维度的全面定义与描述,以反映出一个语义完整的财务信息。基于此,企业在对通用分类标准信息元素进行复用时,倾向于更多地复用通用分类标准中已定义的事实描述性元素集,从而减少其对于事实描述性元素的扩展数量,并传递出语义完整的财务信息。

而分行业的事实描述性元素的完整性测度指标 $IR_{i,t}$ 则显示,对于事实描述性元素的完整性测度指标,$IR_{i,t}$ 均值最高的三个行业分别是建筑业($IR_{i,t}$ 均值为 14.82%)、采掘业($IR_{i,t}$ 均值为 14.78%)以及综合类($IR_{i,t}$ 均值为 14.62%),而事实描述性元素的完整性测度指标 $IR_{i,t}$ 的均值最低的三个行业则分别是传播与文化产业($IR_{i,t}$ 均值为 12.56%)、房地产业($IR_{i,t}$ 均值为 12.99%)和农林牧渔业($IR_{i,t}$ 均值为 13.11%)。具体通用分类标准完整性测度指标的分布情况如表 6-5 所示。

表 6-5　通用分类标准事实描述性元素完整性测度统计

	行业		Mean	Std. Dev	Min	25%	50%	75%	Max	Sum
全样本			13.82%	4.29	5.93%	7.38%	13.51%	17.90%	30.36%	266
根据行业区分	A	农林牧渔业	13.11%	4.07	9.17%	9.71%	12.40%	18.95%	30.18%	10
	B	采掘业	14.78%	4.50	8.44%	9.05%	15.32%	18.86%	30.96%	10
	C	制造业	13.88%	3.82	8.36%	10.66%	13.76%	19.82%	32.28%	140
	D	电力煤气	13.30%	5.34	8.58%	10.56%	13.36%	19.09%	33.54%	10
	E	建筑业	14.82%	4.32	8.92%	10.31%	13.63%	20.03%	34.36%	10
	F	交通运输业	14.16%	3.75	9.94%	11.00%	13.31%	21.88%	31.81%	10
	G	信息技术业	13.73%	5.32	7.93%	9.85%	13.37%	20.53%	35.08%	18

（续表）

	行业	Mean	Std. Dev	Min	25%	50%	75%	Max	Sum
根据行业区分	H 批发和零售业	14.06%	4.80	8.91%	10.05%	13.93%	20.20%	32.39%	14
	J 房地产业	12.99%	5.27	8.88%	10.76%	12.29%	19.72%	34.23%	14
	K 社会服务业	13.42%	5.32	8.51%	11.50%	12.73%	18.82%	33.36%	10
	L 传播与文化产业	12.56%	4.60	7.20%	10.14%	12.86%	18.20%	29.56%	10
	M 综合类	14.62%	5.13	7.96%	10.44%	15.09%	20.56%	35.57%	10

本部分研究从通用分类标准创建完整性角度构建度量指标，并结合研究样本对于通用分类标准及其结构元素的复用情况，对通用分类标准创建质量进行度量与评价。我们发现，目前实施的通用分类标准创建质量有待提高，无论是从信息元素还是结构元素构造的完整性测度指标，均显示目前企业对于通用分类标准信息元素的复用率较低，企业需要通过自行扩展的方式，满足其信息披露的需求。

通用分类标准创建完整性测度 IR_i，不仅体现为企业对于通用分类标准信息元素的复用，结合信息元素微观结构特点可知，企业对通用分类标准信息元素的复用，还可以通过对其结构元素的复用测度进行更精确的描述与度量。因此，基于微观结构构造的通用分类标准创建完整性测度，可以实现对企业通用分类标准复用行为的精确度量，其对于后续关于通用分类标准质量评价的相关研究，无论是从研究思路还是研究方法上，均可以提供借鉴和参考。

6.3.3 通用分类标准创建效率性评价

所谓通用分类标准创建效率性，是指通用分类标准中定义的信息元素在企业实际信息披露中被复用的频率。信息元素被企业实际复用的频率越高，表示信息元素的创建越符合企业实际信息披露需求，信息元素的定义的冗余度越低，分类标准创建质量越好；反之，表示通用分类标准中创建的信息元素越不符合企业实际信息披露需求，冗余度越高。

对于如何度量分类标准的复用率，黄长胤和张天西（2011）、黄长胤（2012）等均以通用分类标准中定义的信息元素被上市公司实际披露中复用的频率作为度量标准，构造"分类标准复用率"指标，以此作为评价通用分类标准创建效率的度量方法。赵聪(2011)则构造通用分类标准元素复用率指标,即对于任意通用分类标准中定义的元素,以复用该元素的研究样本数与全部研究样本数之比作为元素复用率指标,从企业实际复用的效果的角度,作为目前实施通用分类标准信息元素创建质量度量标准,从元素定义的冗余与不足两个角度对其创建质量进行评价。

根据黄长胤(2012)的观点,通用分类标准复用率是指通用分类标准中的元素被上市公司在实际信息元素披露需求中所复用的比例,即企业复用的通用分类标准信息元素占其实际信息披露需求的比例。本节中,我们借鉴黄长胤和张天西(2011)、赵聪(2011)以及黄长胤(2012)定义的信息元素复用率指标,并结合李争争(2014)提出的信息元素复用频数概念,从分类标准复用率角度,对通用分类标准创建效率性进行评价。

在借鉴上述研究的基础上,本书结合财务信息元素微观结构视角,构造信息元素复用率(reuse rate)指数,以实现从微观结构角度,对通用分类标准的创建效率性进行有效的评价与度量。类似地,本书分别对主体描述性元素、状态描述性元素以及事实描述性元素构建信息元素创建效率性指标,以此实现从信息元素微观结构角度对通用分类标准创建效率性的有效度量。

$RR_{i, t}$ 表示任意 i 上市公司在第 t 年对于通用分类标准中定义的结构元素复用效率性,对于主体描述性元素的复用效率性指标,有:

$$RR_{i, t} = \frac{SE\_G_{i, t}^{Q}}{SE_{i, t}^{Q}} \times 100\% \tag{6.4}$$

$$RR_{i, t} \in [0, 100\%]$$

其中,$SE\_G_{i, t}^{Q}$ 表示 i 公司在第 t 年信息披露中对于通用分类标准中定义的主体描述性元素的复用总和;$SE_{i, t}^{Q}$ 表示 i 公司在第 t 年信息披露中披露的所有主体描述性元素的总和。

对于状态描述性元素,其复用效率性指标的度量模型表示如下:

$$RR_{i, t} = \frac{CE\_G_{i, t}^{Q}}{CE_{i, t}^{Q}} \times 100\% \tag{6.5}$$

$$RR_{i, t} \in [0, 100\%]$$

其中，$CE\_G_{i,t}^{Q}$ 表示 i 公司在第 t 年信息披露中对于通用分类标准中定义的状态描述性元素的复用总和；$CE_{i,t}^{Q}$ 表示 i 公司在第 t 年信息披露中披露的所有状态描述性元素的总和。

对于事实描述性元素，其效率性指标的度量模型表示如下：

$$RR_{i,t} = \frac{PE\_G_{i,t}^{Q}}{PE_{i,t}^{Q}} \times 100\%$$

$$RR_{i,t} \in [0, 100\%]$$

(6.6)

其中，$PE\_G_{i,t}^{Q}$ 表示 i 公司在第 t 年信息披露中对于通用分类标准中定义的事实描述性元素的复用总和；$PE_{i,t}^{Q}$ 表示 i 公司在第 t 年信息披露中披露的所有事实描述性元素的总和。

通用分类标准复用效率性指标 $RR_{i,t}$ 越接近 100%，表示通用分类标准定义的信息元素的创建效率性程度越高。$RR_{i,t} = 100\%$，表示企业实际披露的信息元素全部来源于其对通用分类标准信息元素的复用，而无须进行任何的信息元素扩展，此时通用分类标准定义的信息元素几乎不存在冗杂，其创建质量最高；反之，则表示企业在实际信息披露需求中，更多的是通过对信息元素进行自行定义与扩展的方式进行，表示通用分类标准信息元素定义存在较大的冗杂，分类标准创建的效率较低。

表 6-6 展示了根据式(6.4)计算的通用分类标准定义的主体描述性元素复用率指标 $RR_{i,t}$ 的结果，并根据报表类型以及研究样本所处行业的不同分别进行分组展示。总体而言，本书研究样本中，通用分类标准定义的主体描述性元素的复用率 $RR_{i,t}$ 均值为 39.19%，标准差为 4.02，表示研究样本在实际信息披露中有近 4 成的元素来自对通用分类标准定义元素的复用，$RR_{i,t}$ 的最小值为 27.90%，表示对于个别研究样本而言，其仅有接近 28% 的主体描述性元素源自对通用分类标准中已定义元素的复用，$RR_{i,t}$ 的最大值为 59.87%，表示对某些研究样本而言，有半数以上披露的信息元素是直接对通用分类标准中定义的信息元素的直接复用，即通用分类标准中定义的元素在企业实际信息披露需求中占有较高的比重，通用分类标准主体描述性元素的定义效果较好，与企业实际的信息披露需求较为吻合。

分报表类型的结果显示,企业在披露与资产负债表相关的信息元素时,平均有41.10%的主体描述性元素源自直接对通用分类标准中已定义元素的直接复用,其复用率高于整体均值水平,而对利润表相关的主体描述性元素进行披露时,仅有30.56%的元素源自对通用分类标准定义元素的复用,比例低于整体的平均水平,而现金流量表的$RR_{i,t}$均值为47.59%,虽然企业对于现金流量表相关的主体描述性元素披露数量的绝对数较小,但是在其所披露的信息元素中,平均有近半数的主体描述性元素来自直接复用的通用分类标准信息元素。

分行业的主体描述性元素复用率$RR_{i,t}$结果显示,在12个大行业中,通用分类标准中定义的主体描述性元素复用率最高的三个行业分别是信息技术业($RR_{i,t}$均值为42.26%)、综合类($RR_{i,t}$均值为40.46%)以及农林牧渔业($RR_{i,t}$均值为39.99%),而主体描述性元素复用率最低的三个行业则是交通运输业($RR_{i,t}$均值为38.58%)、建筑业($RR_{i,t}$均值为38.43%)以及文化传播业($RR_{i,t}$均值为37.01%)。在本书所研究的12个行业中,有6个行业的主体描述性元素复用率低于复用率均值水平,分别为采掘业(38.615)、制造业(38.92%)、建筑业(38.43%)、交通运输业(38.58%)、房地产业(38.91%)以及文化传播业(37.01%),具体信息如表6-6所示。

表6-6　通用分类标准主体描述性元素复用率描述性统计

项目		Mean	Std. Dev	Min	25%	50%	75%	Max	N
全样本		39.19%	4.02	27.90%	36.88%	39.12%	41.42%	59.87%	266
根据报表类型区分	资产负债表	41.10%	5.11	27.58%	38.41%	41.00%	43.42%	81.33%	266
	资产类	38.55%	5.23	25.58%	35.44%	38.30%	41.56%	69.23%	266
	负债类	47.37%	10.98	24.17%	39.38%	45.99%	54.53%	95.65%	266
	权益类	57.70%	11.40	21.00%	51.39%	58.82%	65.38%	82.35%	266
	利润表	30.56%	4.85	21.18%	27.27%	30.00%	32.84%	50.77%	266
	现金流量表	47.59%	9.58	26.67%	40.91%	47.06%	53.85%	80.00%	266
根据行业区分	A 农林牧渔业	39.99%	4.48	30.28%	38.27%	40.67%	42.42%	45.74%	10
	B 采掘业	38.61%	4.46	32.77%	36.00%	38.33%	40.30%	47.67%	10
	C 制造业	38.92%	3.53	28.34%	36.71%	38.78%	41.03%	48.13%	140
	D 电力煤气	39.69%	3.48	34.48%	37.20%	39.82%	41.83%	44.83%	10

（续表）

	项目	Mean	Std. Dev	Min	25%	50%	75%	Max	N
E	建筑业	38.43%	4.45	27.90%	37.63%	39.34%	41.26%	43.47%	10
F	交通运输业	38.58%	5.56	32.03%	33.82%	38.67%	41.22%	49.69%	10
G	信息技术业	42.26%	5.80	31.88%	39.16%	41.59%	44.57%	59.87%	18
H	批发和零售业	39.19%	4.42	30.70%	36.41%	39.19%	40.51%	47.37%	14
J	房地产业	38.91%	4.92	30.11%	36.70%	38.19%	41.15%	50.48%	14
K	社会服务业	39.27%	3.09	32.69%	37.82%	39.34%	40.64%	43.32%	10
L	传播与文化产业	37.01%	2.87	32.97%	34.67%	37.18%	38.74%	42.02%	10
M	综合类	40.46%	2.63	36.49%	38.40%	40.32%	41.96%	45.23%	10

（左侧竖排：根据行业区分）

结合通用分类标准信息元素结构可知，任意通用分类标准信息元素由一个主体描述性元素、一个状态描述性元素和若干事实描述性元素构成，因此，主体描述性元素和状态描述性元素的复用率结果与信息元素整体的复用率结果一致，具体参考可以表 6-7 的结果。因此，在表 6-7 中，我们结合式（6.6）对事实描述性元素的复用率结果进行展示。

表 6-7 展示了基于微观构造的结构元素中事实描述性元素的复用率结果。整体而言，本书研究样本对事实描述性元素的复用率 $RR_{i,t}$ 的均值为 41.29%，标准差为 4.23，表示研究样本在实际信息披露中有 41.29% 的事实描述性元素来自对通用分类标准已经定义的事实描述性元素的复用，复用率 $RR_{i,t}$ 大于基于信息元素整体构造的 $RR_{i,t}$（均值为 39.19%），表示从结构元素入手，可以更精确地度量企业复用信息元素的行为，复用率指标 $RR_{i,t}$ 最小值为 30.07%，表示对于个别样本，其所披露的所有事实描述性元素集合中，仅有接近 3 成元素是源自对通用分类标准中已定义的事实描述性元素的复用；复用率指标 $RR_{i,t}$ 最大值为 61.13%，表示对某些研究样本而言，在其所披露的所有事实描述性元素集合中，有 6 成以上披露的结构元素是直接对通用分类标准中定义的结构元素进行复用，上述复用率指标的结果与从信息元素整体角度的复用率指标一致，即从企业实际复用的信息元素角度进行权衡，通用分类标准中已定义的信息元素可以在一定程度上满足企业的实际信息披露需求。

表 6-7　通用分类标准事实描述性元素复用率描述性统计

项目		Mean	Std. Dev	Min	25%	50%	75%	Max	N
全样本		41.29%	4.23	30.07%	39.03%	41.30%	43.47%	61.13%	266
根据报表类型区分	资产负债表	43.58%	5.11	30.07%	40.75%	43.51%	46.09%	82.56%	266
	资产类	41.34%	5.23	28.10%	38.37%	41.11%	44.39%	70.97%	266
	负债类	48.87%	10.60	25.48%	41.16%	47.58%	56.25%	95.65%	266
	权益类	58.75%	10.78	23.80%	52.30%	59.92%	66.19%	82.14%	266
	利润表	31.54%	4.81	21.86%	28.20%	30.95%	33.73%	51.24%	266
	现金流量表	47.60%	9.58	26.67%	40.91%	47.06%	53.85%	80.00%	266
根据行业区分	A 农林牧渔业	42.00%	4.46	32.22%	40.43%	42.52%	44.22%	48.22%	10
	B 采掘业	40.57%	4.63	34.75%	37.56%	40.21%	42.55%	49.85%	10
	C 制造业	41.09%	3.54	30.34%	38.89%	41.11%	43.27%	50.85%	140
	D 电力煤气	41.82%	3.46	36.17%	39.39%	42.28%	44.17%	46.52%	10
	E 建筑业	40.40%	4.48	30.07%	39.69%	41.09%	43.34%	45.59%	10
	F 交通运输业	40.63%	5.52	33.99%	35.80%	40.43%	43.58%	51.21%	10
	G 信息技术业	44.14%	5.78	33.48%	40.98%	43.53%	46.29%	61.13%	18
	H 批发和零售业	41.28%	4.37	32.38%	38.89%	41.37%	42.55%	49.46%	14
	J 房地产业	41.03%	4.76	32.05%	39.52%	40.50%	43.22%	52.24%	14
	K 社会服务业	41.51%	3.11	34.71%	40.09%	41.87%	43.08%	45.39%	10
	L 传播与文化产业	39.19%	2.89	35.10%	36.94%	39.28%	40.91%	44.40%	10
	M 综合类	42.41%	2.63	38.01%	40.57%	42.51%	43.94%	47.14%	10

事实描述性元素可以从不同的维度,实现对主体描述性元素的定义与解释,其复用率的分报表类型的结果显示,企业在披露与资产负债表相关的信息元素时,平均有 43.58% 的事实描述性元素源自直接对通用分类标准中已定义的结构元素的复用,该复用率指标高于从信息元素整体角度构造的复用率指标;同样,研究样本对利润表相关的信息元素进行披露时,仅有 31.54% 的结构元素属于直接复用通用分类标准中已定义的结构元素,该指标也高于基于信息元素整体的复用率指标(30.56%);对于现金流量表的结构元素复用率,$RR_{i,t}$ 均值为 47.60%,略高于基于信息元素整体构造的复用率指标($RR_{i,t}$ 均

值为 47.59%）。

分行业的通用分类标准中事实描述性元素复用率 $RR_{i,f}$ 结果显示，在本书选取的 12 个行业中，事实描述性元素的复用率最高的 3 个行业分别是信息技术业（$RR_{i,f}$ 均值为 44.14%）、综合类（$RR_{i,f}$ 均值为 42.41%）以及农林牧渔业（$RR_{i,f}$ 均值为 42.00%），而结构元素复用率最低的 3 个行业则分别是文化传播业（$RR_{i,f}$ 均值为 39.19%）、建筑业（$RR_{i,f}$ 均值为 40.40%）以及采掘业（$RR_{i,f}$ 均值为 40.57%）。事实描述性元素复用率的分行业结果与基于信息元素整体构造的复用率指数基本一致。

另外，在上文研究的基础上，本书借鉴赵聪（2011）提出的复用率方法，并结合李争争（2013）提出的频数概念，重新定义分类标准复用率指标。赵聪（2011）认为，通用分类标准元素复用率，对于任意通用分类标准中定义的信息元素（信息元素整体与结构元素），以复用该信息元素的研究样本数与全部研究样本数之比作为元素复用率指标。即通用分类标准复用率将研究样本对通用分类标准中定义的信息元素实际复用效果，作为评价通用分类标准信息创建效率的标准。在本部分评价研究中，我们分别对通用分类标准信息元素及其结构元素进行考虑。

首先对分类标准信息元素的复用频数（reuse frequency）概念进行定义，用 RF_i 表示第 i 个通用分类标准中定义的结构元素，即主体描述性元素、状态描述性元素以及事实描述性元素，被研究样本所复用的次数的总和。RF_i 值越大，表示对于第 i 个通用分类标准中定义的结构元素，其满足企业实际的信息披露需求的效果更好，信息元素定义的冗杂度更低，即通用分类标准信息元素创建效率性更高；反之，较低的 RF_i 值则表示通用分类标准定义的信息元素与企业实际需要不相符，即信息元素定义存在较大的冗杂性，分类标准信息元素的创建效率性较低。

图 6-1 展示了研究样本对于通用分类标准信息元素的主体描述性元素复用频数 RF_i 分布情况。图 6-1 的横坐标表示对于任意通用分类标准定义的主体描述性元素的复用频数 RF_i。由于本书研究样本为 266 个上市公司，因此，对于任意通用分类标准定义的信息元素，其复用频数 $RF_i \in [0, 266]$，纵坐标则表示在某一具体的复用频数下分类标准元素数量的合计值。

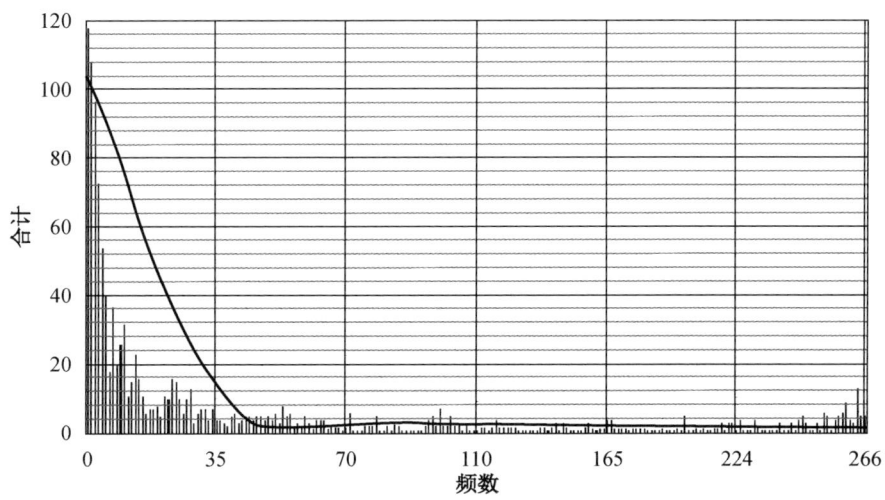

图6-1　通用分类标准定义的主体描述性元素复用频数分布

结合图6-1可知,通用分类标准定义的主体描述性元素的复用频数呈现出明显的左偏倾向,表示大部分通用分类标准中定义的主体描述性元素,被企业在实际信息披露需求中复用的频数较低。具体而言,复用频数RF_i在[0,35]之间的样本占据了图6-1样本总数的4/5,表示对于通用分类标准中定义的主体描述性元素,大部分的信息元素被研究样本所实际的复用频数相对较低,分类标准创建效率性相对较差,而在图6-1的最右侧显示,极少数的主体描述性元素被绝大部分的研究样本复用,通用分类标准中定义的部分信息元素是适用于各个行业、各个企业的基本信息披露要求的信息元素。

接下来,我们借鉴赵聪(2011)提出的通用分类标准元素复用率指标,即以通用分类标准定义的主体描述性元素复用频数RF_i与研究样本总数的比值,作为某一结构元素复用率的度量指标。该复用率指标以百分比的方式,展示通用分类标准创建的效率性,其结果与图6-1的结果类似。

即通用分类标准元素复用率范围从0%到100%,其跨度较为广泛,整体呈现出左高右低的分布情况(赵聪,2011),复用率指标以比率的形式展示通用分类标准中定义的主体描述性元素被企业实际复用的情况,我们发现,主体描述性元素的复用率在0%到13.16%区间内占据了绝大多数,即大部分定义的主体描述性元素的复用率较低,主体描述性元素定义存在冗余现象;复用率在13.16％到84.21％的区间内较为稳定,即通用分类标准中定义的部分主体描述性元素可以满足企业基本的信息披露需求;同时,图6-2表示,少部分定义的主体描述性元素存在着非常高的复用率,说明通用分类标准中定义的部分主体描述性元素可以满足企业的基本信息披露需求,同时存在着大量的元素定义冗余与定义不足现象。

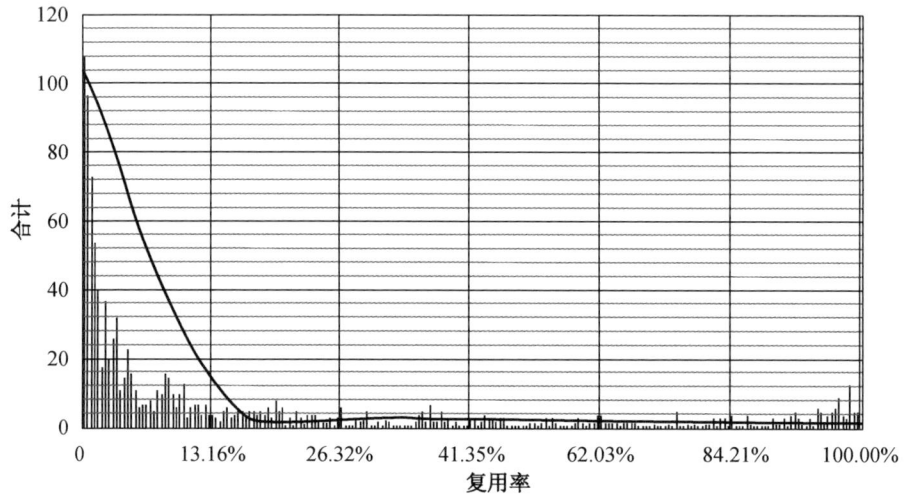

图6-2　通用分类标准主体描述性元素复用率分布

6.4　财务信息元素微观结构与分类标准扩展质量评价

6.4.1　分类标准扩展现状评价

根据对通用分类标准创建质量评价的结果可知,通用分类标准中定义的信息元素可以满足研究样本对于基础部分信息披露的需求。但是,企业在信息披露中,不仅需要对强制性要求披露的信息元素进行披露,还存在着一定的自愿性信息披露意愿与动机。对于监管部门强制披露的信息元素,上市公司可以根据通用分类标准中定义的信息元素直接进行复用,而对于通用分类标准中尚未定义的部分信息元素,以及企业的自愿性信息披露部分,则需要在结合 XBRL 分类标准定义与语法规范的基础上,根据其实际信息披露需求进行适当的信息元素扩展。在本部分研究中,我们根据研究样本的分类标准扩展的信息元素,并结合信息元素微观结构定义,对其分类标准的扩展行为与质量等进行度量与评价。

通过对分类标准扩展质量评价研究的梳理可知,张天西等(2011)、黄长胤和吴忠生(2011)以及黄长胤(2012)通过构造"企业扩展分类标准元素总数",来反映企业分类标准扩展质量。本书中,我们在结合财务信息元素微观结构定义的基础上,首先从企业对分类标准信息元素的扩展($FIEH\_EX^N$)以及对其结构元素扩展($FIEH\_EX^Q$)的两个方面,对研究样本的分类标准扩展行为进行统计分析,研究样本分类标准扩展行为的描述统计结果如表 6-8 所示。

由表 6-8 的统计结果可知,在所有的抽样样本中,其披露的财务信息元素的均值 $FIEH^N$ 为 692.79,其中研究样本企业自行扩展的分类标准信息元素 $FIEH\_EX^N$ 的均值为 424.17,占研究样本信息元素披露总数的 61.23%,远大于通用分类标准信息元素的占比 38.77%,上述结果表示通用分类标准中定义的信息元素仅能满足企业部分信息披露需求,由于行业特点与业务特点的特殊性,企业需要通过扩展分类标准信息元素的方式满足其信息披露的需求;$FIEH\_EX^N$ 均值为 424.17,其标准差为 122.65,最大值为 969.00,最小值为 61.00,表示不同的研究样本在信息元素扩展行为之间存在较大的差异性。

表 6-8　分类标准扩展现状描述性统计

变量标识		Mean	Std. Dev	Min	25%	Median	75%	Max	N
扩展分类标准元素披露数量指标	$FIEH^N$	692.79	180.48	152.00	570.50	663.50	797.75	1 485.00	266
	$FIEH\_EX^N$	424.17	122.65	61.00	339.00	401.00	497.75	969.00	266
扩展分类标准元素披露含量指标	$FIEH^Q$	3 309.08	853.86	741.00	2 736.50	3 174.00	3 810.75	6 973.00	266
	$FIEH\_EX^Q$	1 959.32	567.67	288.00	1 575.50	1 858.00	2 281.00	4 434.00	266

由于研究样本对于分类标准的扩展同样存在着不同的报表类型分布,表 6-9 从报表类型角度展示了企业自行扩展分类标准信息元素与结构元素的

报表分布情况。$FIEH\_EX^N$ 用于表示企业扩展的分类标准信息元素数量,研究样本 $FIEH\_EX^N$ 的均值为 424.17,其中平均有 326.29 个元素属于对与资产负债表科目信息元素的扩展,可见与资产负债表相关的信息是企业自愿性信息披露的重点,属于利润表项目的信息元素的扩展均值为 86.82,占研究样本扩展总量的 20.47%,相对而言,企业在扩展信息元素时,对于利润表相关的信息元素的扩展相对最少,其均值为 11.07,仅占研究样本扩展总量的 2.61%。

$FIEH\_EX^Q$ 则是从信息元素微观结构角度对研究样本分类标准扩展行为与质量进行描述,根据表 6-9 的结果可知,以企业对信息元素的结构元素的扩展量作为度量指标,研究样本平均扩展的信息元素结构元素数量均值为 1 959.32,其中属于资产负债表部分相关的结构元素扩展量均值为 1 489.86,占其自行扩展的结构元素总量的 77.10%,该比例与以财务信息元素整体作为度量指标的比例较为一致,表示研究样本在对通用分类标准信息元素进行扩展时,无论从信息元素整体还是结构元素角度进行分析,企业扩展的近 8 成的结构元素均属于资产负债表相关的信息元素,企业扩展的属于与利润表相关的结构元素均值为 414.11,占研究样本扩展的结构元素总量均值的 21.42%,而相对而言,对与现金流量表相关的结构元素扩展的次数最少,均值为 55.35,占企业扩展的分类标准的结构元素的 2.86%,具体结果如表 6-9 所示。

表 6-9 分类标准扩展信息元素的报表分布

报表类型	Mean	Std. Dev	Min	25%	Median	75%	Max	N
$FIEH\_EX^N$	424.17	122.65	61.00	339.00	401.00	497.75	969.00	266
资产负债表	326.29	109.02	14.00	254.00	303.00	391.00	850.00	266
资产类	241.43	77.23	4.00	184.25	231.00	295.75	566.00	266
负债类	74.12	41.50	2.00	43.25	65.50	94.00	253.00	266
权益类	10.74	7.95	3.00	6.00	9.00	13.00	79.00	266
利润表	86.82	20.41	30.00	75.00	87.00	99.00	148.00	266
现金流量表	11.07	4.60	1.00	8.00	11.00	13.00	27.00	266

（续表）

报表类型	Mean	Std. Dev	Min	25%	Median	75%	Max	N
$FIEH\_EX^Q$	1 959.32	549.20	294.00	1 562.50	1 832.50	2 247.25	4 268.00	266
资产负债表	1 489.86	502.31	64.00	1 155.00	1 379.00	1 789.25	3 871.00	266
资产类	1 097.92	357.95	18.00	840.75	1 054.00	1 340.00	2 549.00	266
负债类	342.49	186.71	10.00	205.75	307.00	433.25	1 174.00	266
权益类	46.45	33.83	15.00	30.00	40.00	58.00	333.00	266
利润表	414.11	96.39	140.00	358.00	411.00	475.00	696.00	266
现金流量表	55.35	22.98	5.00	40.00	55.00	65.00	135.00	266

研究样本分类标准扩展行为与质量的差异性不仅体现在对信息元素整体的扩展,企业在对分类标准信息元素进行扩展时,需要从信息元素微观结构角度,分别对三个结构元素进行扩展,以满足其信息披露需求,因此,基于微观结构构造的分类标准扩展含量指标 $FIEH\_EX^Q$ 可以更细致地描述企业分类标准扩展行为。$FIEH^Q$ 表示研究样本披露的所有信息元素的含量指标,其均值为 3 309.08,而 $FIEH\_EX^Q$ 则表示扩展分类标准信息元素含量指标,其均值为 1 959.32,占企业披露的财务信息元素结构元素的比例为 59.11%,即从信息元素的微观结构角度出发,可以更精确地描述企业信息元素的自愿性扩展行为。

接下来,我们从企业扩展的信息元素的结构元素角度,对企业分类标准扩展行为进行描述与分析。在表 6-10 中,我们对研究样本扩展的信息元素根据微观结构定义进行拆分与统计。SE_EX^Q、CE_EX^Q 以及 PE_EX^Q 分别表示研究样本扩展信息元素中,主体描述性元素、状态描述性元素以及事实描述性元素所披露的数量总和。因此,对于扩展分类标准信息元素,同样存在以下对应关系,即对于任意 i 公司在第 t 年,有:$FIEH\_EX^Q = SE\_EX^Q + CE\_EX^Q + PE\_EX^Q$。

我们根据信息元素微观结构定义,并结合研究样本分类标准扩展的度量,分别对主体描述性元素、状态描述性元素以及事实描述性元素的扩展状况与扩展质量进行评价。

首先,对研究样本对于主体描述性元素的扩展状况 SE_EX^Q 进行评价。

全部研究样本所扩展的主体描述性元素的最大值是 969.00,对于每一个研究样本而言,其平均扩展了 424.17 个主体描述性元素,占其披露的所有信息元素的比重为 61.23%,扩展主体描述性元素 SE_EX^Q 的最大值为 969.00,最小值为 61.00,表示不同的研究样本在主体描述性元素的扩展方面存在较大的自主性与差异性,SE_EX^Q 的标准差为 122.65,远大于对于主体描述性元素复用指标 SE_G^Q 的波段性(SE_G^Q 的标准差为 66.30),这也从侧面反映出分类标准信息元素的扩展更多地反映单个上市公司的信息披露需求。

从主体描述性元素扩展行为的报表类型分布可知,属于与资产负债表项目相关的主体描述性元素扩散均值为 326.29,占其全部扩展元素数量的 76.92%,属于利润表项目相关的主体描述性元素扩展均值为 86.82,而属于现金流量表项目相关的主体描述性元素扩展均值为 11.07。上述结果表示,研究样本在通过对信息元素进行扩展,以实现其信息披露意愿时,与资产负债表相关的信息是企业进行信息元素扩展时需要进行解释与披露的最主要的报表项目,其次是利润表项目,而研究样本通过扩展信息元素对现金流量表进行解释与披露的动机相对最弱。

其次,从状态描述性元素的扩展状况进行评价。状态描述性元素同样是企业在信息元素扩展过程中需要考虑的元素类型。根据表 6-10 的统计结果可知,研究样本平均扩展的状态描述性元素次数均值 CE_EX^Q 为 424.17。

由于状态描述性元素有 5 种类型,接下来本书对企业扩展的状态描述性元素根据不同的类型进行拆分统计。我们发现,在这 5 种类型的状态描述性元素中,企业在实际扩展时,其扩展最多的状态描述性元素是货币型描述性元素($Currency$),其平均扩展量为 254.17 次,占其扩展的状态描述性元素总量的 59.92%(254.17/424.17),货币型描述性元素的最大扩展量为 545.00 次,表示企业通过信息元素扩展实现其信息元素披露需求时,其披露最多的还是与货币型相关的信息元素;其次是文本型状态元素($Text$),文本型描述性元素的平均扩展数为 82.23 个,占其扩展的状态描述性元素总量的 19.39%(82.23/424.17),其最大扩展数为 207.00 次,文本型描述性元素主要用于对企业经营发展状况等方面的解释信息,用于企业自愿性地提供补充类的信息,以彰显管理层良好的公司治理与盈利水平等;相对而言,研究样本对于日期型描述性元素($Date$)、数值型描述性元素(*Numeric*)以及股本型描述性元素(*Share*)的扩展次数占其扩展总数的比重相对较少,从研究样本对于状态描述性元素的扩展状况可知,企业通过对信息元素的扩展,以实现其信息披露需求时,企业关注与披露的焦点还是聚焦于与货币型描述性元素以及文本型描述性元素有关的类型。

最后,从企业扩展信息元素中对于事实描述性元素的扩展对其扩展现状进行评价,事实描述性元素主要从时间、空间以及计量基础等维度对信息元素进行描述与定义,以传递具有完整语义的财务信息。结合表 6-10 可知,研究样本平均扩展的事实描述性元素为 1 110.98 次,即企业在对信息元素进行扩展时,对于每一个扩展信息元素,其平均包含 2.63 个事实描述性元素,以实现对信息元素的描述与定义;事实描述性元素扩展次数的最大值为 2 496.00,最小值为 166.00,其标准差为 322.81,即事实描述性元素的扩展次数更能反映企业的信息元素扩展质量。

由于事实描述性元素的类型较为广泛,我们根据研究样本实际对于事实描述性元素的扩展进行总结与划分,计算出研究样本在对事实描述性元素进行扩展时,其扩展最多的 5 个事实描述性元素,分别是"本期期末余额""账面余额""本期借方发生额""本期贷方发生额"以及"本期贷方增加额",联系到状态描述性元素的类型可知,上述 5 种事实描述性元素均与货币型信息元素相关,即企业在进行分类标准扩展时,其意图披露最多的还是与货币型有关的财务信息,具体结果如表 6-10 所示。

表 6-10　微观结构视角下分类标准信息元素扩展分析

变量	Mean	Std. Dev	Min	25%	Median	75%	Max	N
SE_EX^Q	424.17	122.65	61.00	339.00	401.00	497.75	969.00	266
CE_EX^Q	424.17	122.65	61.00	339.00	401.00	497.75	969.00	266
Currency	254.17	76.93	44.00	200.25	246.50	295.00	545.00	266
Date	32.50	14.86	1.00	22.00	30.00	41.00	107.00	266
Numeric	64.09	19.33	9.00	50.00	62.00	75.00	143.00	266
Text	82.23	32.44	6.00	59.00	77.00	101.75	207.00	266
Share	2.98	5.40	0.00	0.00	1.00	4.00	53.00	266
PE_EX^Q	1 110.98	322.81	166.00	891.50	1 048.00	1 291.50	2 496.00	266

6.4.2　分类标准扩展质量评价

本部分研究结合财务信息元素微观结构视角,分别从分类标准扩展数量、分类标准扩展信息含量、结构元素以及根据分类标准扩展的报表类型等角度,对研究样本的分类标准的自愿性扩展行为进行统计与分析。

根据通用分类标准定义可知,通用分类标准信息元素由监管机构依据强制信息披露要求制定并实施,是一国或地区范围内最基本的通用的分类标准,适用于各个行业、各个企业的基本信息披露要求。因此,企业在信息元素的披露中,首先将其实际需要披露的信息元素与通用分类标准中定义的信息元素进行匹配并复用,而对于通用分类标准中未定义的信息元素,则对其进行扩展与再定义。在本节对分类标准扩展质量进行评价之前,我们先对研究样本进行分类标准扩展的动机进行检验,即企业在信息披露过程中,是否存在强烈的分类标准扩展动机。

在表 6-11 中,我们结合对分类标准信息元素所构造的度量指标,从不同维度,结合研究样本的信息元素披露实例,对分类标准扩展组与企业复用通用分类标准信息元素两组之间的差异性,采用独立样本 T 检验的方法进行检验,表 6-11 的最后一列显示了扩展分类标准组与通用分类标准组信息元素统计之间的 T 检验值。

表 6-11　扩展分类标准信息元素与通用分类标准信息元素的差异性

变量	扩展分类标准组				通用分类标准组				T-test
	Mean	Std. Dev	Min	Max	Mean	Std. Dev	Min	Max	
$FIEH^N$	424.17	122.65	61.00	969.00	268.61	66.30	91.00	519.00	31.99***
$FIEH^Q$	1 959.32	567.67	288.00	4 434.00	1 353.00	325.62	453.00	2551.00	35.56***
SE^Q	424.17	122.65	61.00	969.00	268.61	66.30	91.00	519.00	31.99***
CE^Q	424.17	122.65	61.00	969.00	268.61	66.30	91.00	519.00	31.99***
Currency	254.17	76.93	44.00	545.00	251.61	56.91	88.00	443.00	0.98
Date	32.50	14.86	1.00	107.00	0.84	1.92	0.00	19.00	36.84***
Numeric	64.09	19.33	9.00	143.00	10.97	7.90	0.00	13.00	49.33***
Text	82.23	32.44	6.00	207.00	8.75	7.65	0.00	60.00	38.72***
Share	2.98	5.40	0.00	53.00	2.35	0.78	0.00	3.00	1.46
PE^Q	1 110.98	322.81	166.00	2 496.00	815.78	193.18	271.00	1 513.00	24.41***

注:***、**、*分别表示在 1%,5%和 10%的水平上显著。

结合表 6-11 的检验结果可知,在本书所考虑的大部分指标之中,扩展分类标准组所度量的信息元素披露状况要显著大于通用分类标准组的度量结果,而仅有少数几个单项指标的结果没有通过统计检验,或检验结果与预期相反。度量样本 T 检验结果显示,研究样本存在较为明显的分类标准信息元素扩展动机,该动机不仅体现在对分类标准信息元素整体的扩展中,企业在对信息元素进行扩展时,还会通过扩展更多的结构元素的方式,满足与实现其自愿性信息披露的动机与需求。

具体而言,从财务信息元素整体以及结构信息元素角度来看,扩展分类标准组的代理指标 $FIEH^N$ 和 $FIEH^Q$ 均值分别为 424.17 和 1 959.32,全部大于通用分类标准组对应的平均值,且上述差异性结果均值 1% 统计水平下显著为正,表示企业对于分类标准的扩展数量以及结构元素数量均显著大于通用分类标准组对应数据,即研究样本存在明显的扩展动机。

接下来,我们从信息元素微观结构角度对信息元素进行拆分并分别进行分组样本 T 检验,我们发现,企业扩展的主体描述性元素、状态描述性元素以及实施描述性元素的均值均显著大于通用分类标准组的对应均值数据;特别地,企业在扩展分类标准信息元素时,其扩展的事实描述性元素的均值与通用分类标准中复用的事实描述性元素均值的差异性更大,表示企业在对信息元素进行扩展时,更多的是通过扩展事实描述性元素的方式,实现其自愿性信息披露意愿。

进一步地,本书对状态描述性元素根据 5 种类型分别进行检验,我们发现,企业在进行信息元素扩展时,其扩展更多的是与日期型状态描述性元素、数值型状态描述性元素以及文本型状态描述性元素相关的信息元素,上述三者的均值 T 检验结果全部通过 1% 的统计检验,而货币型状态描述性元素以及股本型状态描述性元素的结果却没有通过统计检验。上述证据表明,企业在对信息元素进行扩展,以传递更多公司特质信息时,其传递更多的是与货币型信息不相关的其他信息元素。

因此,在下一节中,我们对研究样本分类标准扩展质量等,从信息元素微观结构角度进行进一步的统计与评价,以对目前分类标准使用的效果以及分类标准扩展的必要性等问题提供支持的证据。

对于如何对分类标准扩展质量进行评价，相关研究较少，一些研究，如黄长胤和吴忠生(2011)以及黄长胤(2012)等通过构造"扩展元素总数"来度量企业披露实务中对通用分类标准扩展进行元素扩展的数量。

但是仅通过"扩展元素总数"，无法对企业的分类标准扩展行为进行有效的度量。因此，本书在结合信息元素微观结构的前提下，尝试重新构造分类标准扩展质量的评价方法。

首先，我们借鉴在通用分类标准创建效率性中所使用的方法，构建分类标准扩展率(extension rate)，以实现从微观结构角度，分别对主体描述性元素、状态描述性元素以及事实描述性元素的扩展率进行有效度量，从而实现从微观结构视角对分类标准扩展质量进行有效评价。

根据定义，$FIEH\_EX_{i,t}^{N}$ 表示 i 公司第 t 年披露的全部信息元素中，实际自行扩展的分类标准信息元素数量的合计数；而 $FIEH_{i,t}^{N}$ 则表示 i 公司第 t 年财务报告中披露的信息元素的总和。

$ER_{i,t}$ 表示 i 公司在第 t 年的信息元素披露中主体描述性元素占其披露全部主体描述性元素总数的比例，因此有：

$$ER_{i,t} = \frac{SE\_EX_{i,t}^{Q}}{SE_{i,t}^{Q}} \times 100\% \tag{6.7}$$

$$ER_{i,t} \in [0, 100\%]$$

其中，$SE\_EX_{i,t}^{Q}$ 表示 i 公司在第 t 年信息披露中实际自行扩展的主体描述性元素的总和；$SE_{i,t}^{Q}$ 表示 i 公司在第 t 年信息披露中披露的所有主体描述性元素的总和。

根据以上定义可知，分类标准扩展率 $ER_{i,t}$ 反映企业基于自愿性信息披露的需求，对于通用分类标准扩展的需求。$ER_{i,t}$ 比例越高，反映企业存在的信息元素扩展需求越强，这也从侧面反映出通用分类标准创建质量存在一定亟待改善的问题；而 $ER_{i,t}$ 的比例越低，反映企业进行分类标准扩展的动机越弱，说明企业在实际信息披露时，大部分信息元素可以直接通过复用通用分类标准中已定义的信息元素方式实现，这可以降低其信息生成与传递成本，也说明通用分类标准信息元素创建质量较高。

同样地,对于状态描述性元素,其信息元素扩展率指标的度量模型表示如下:

$$ER_{i,t} = \frac{CE\_EX_{i,t}^{Q}}{CE_{i,t}^{Q}} \times 100\%$$ (6.8)

$$ER_{i,t} \in [0, 100\%]$$

其中,$CE\_EX_{i,t}^{Q}$表示i公司在第t年信息披露中实际自行扩展的状态描述性元素的总和;$CE_{i,t}^{Q}$表示i公司在第t年信息披露中披露的所有状态描述性元素的总和。

对于事实描述性元素,其扩展率指标的度量模型表示如下:

$$ER_{i,t} = \frac{PE\_EX_{i,t}^{Q}}{PE_{i,t}^{Q}} \times 100\%$$ (6.9)

$$ER_{i,t} \in [0, 100\%]$$

其中,$PE\_EX_{i,t}^{Q}$表示i公司在第t年信息披露中实际自行扩展的事实描述性元素的总和;$PE_{i,t}^{Q}$表示i公司在第t年信息披露中披露的所有事实描述性元素的总和。

本书结合研究样本对于分类标准扩展的行为展示分类标准扩展率$ER_{i,t}$的度量结果,具体描述性统计结果如表6-12所示。

表6-12 主体描述性元素扩展率描述性统计

项目		Mean	Std. Dev	Min	25%	50%	75%	Max	N
全样本		60.89%	4.08	40.13%	58.58%	60.94%	63.18%	72.43%	266
根据报表类型区分	资产负债表	58.92%	5.15	18.67%	56.58%	59.03%	61.63%	72.56%	266
	资产类	61.43%	5.26	30.77%	58.44%	61.70%	64.56%	74.42%	266
	负债类	52.79%	11.02	4.35%	45.61%	54.01%	61.04%	75.83%	266
	权益类	42.30%	11.40	17.65%	34.62%	41.18%	48.61%	79.00%	266
	利润表	69.75%	4.96	49.23%	67.28%	70.48%	73.01%	81.18%	266
	现金流量表	52.37%	9.58	20.00%	46.15%	52.94%	59.09%	73.33%	266

（续表）

	项目	Mean	Std. Dev	Min	25%	50%	75%	Max	N
A	农林牧渔业	60.11%	4.40	54.26%	57.58%	59.33%	61.77%	69.72%	10
B	采掘业	61.49%	4.45	52.33%	59.70%	61.71%	64.00%	67.23%	10
C	制造业	61.14%	3.62	50.75%	58.92%	60.99%	63.29%	72.13%	140
D	电力煤气	60.44%	3.45	55.48%	58.17%	60.18%	62.87%	65.52%	10
E	建筑业	61.67%	4.53	56.53%	58.84%	60.61%	62.42%	72.43%	10
F	交通运输业	61.42%	5.60	50.31%	58.78%	61.33%	66.18%	67.97%	10
G	信息技术业	60.87%	3.13	56.79%	59.36%	60.83%	62.43%	67.45%	18
H	批发和零售业	60.94%	4.60	52.48%	59.38%	60.81%	63.93%	69.89%	14
J	房地产业	61.20%	4.98	49.52%	58.85%	62.04%	63.30%	70.01%	14
K	社会服务业	57.74%	5.82	40.13%	55.39%	58.50%	60.97%	68.02%	10
L	传播与文化产业	63.04%	2.78	58.45%	61.26%	62.82%	65.33%	67.03%	10
M	综合类	59.64%	2.62	54.77%	58.04%	60.01%	61.63%	63.51%	10

（根据行业区分）

表 6-13 事实描述性元素扩展率描述性统计

	项目	Mean	Std. Dev	Min	25%	50%	75%	Max	N
全样本		58.80%	4.03	38.87%	56.53%	58.70%	61.08%	70.21%	266
	资产负债表	56.46%	5.13	17.44%	53.99%	56.51%	59.31%	70.05%	266
	资产类	58.67%	5.23	29.03%	55.61%	58.89%	61.63%	71.90%	266
	负债类	51.27%	10.64	4.35%	44.11%	52.42%	59.03%	74.52%	266
	权益类	41.25%	10.78	17.86%	33.81%	40.08%	47.70%	76.20%	266
	利润表	68.82%	4.90	48.76%	66.56%	69.55%	71.98%	79.90%	266
	现金流量表	52.40%	9.58	20.00%	46.15%	52.94%	59.09%	73.33%	266
A	农林牧渔业	58.09%	4.39	51.78%	55.78%	57.48%	59.61%	67.78%	10
B	采掘业	59.54%	4.63	50.15%	57.45%	59.90%	62.44%	65.25%	10
C	制造业	59.01%	3.57	49.15%	56.73%	58.92%	61.25%	70.06%	140
D	电力煤气	58.30%	3.43	53.74%	55.83%	57.72%	60.66%	63.83%	10
E	建筑业	59.71%	4.55	54.41%	56.81%	58.96%	60.43%	70.21%	10
F	交通运输业	59.38%	5.54	48.79%	56.42%	59.57%	64.20%	66.01%	10
G	信息技术业	55.94%	5.80	38.87%	53.71%	56.49%	59.28%	66.52%	18
H	批发和零售业	58.85%	4.51	50.54%	57.45%	58.63%	61.43%	68.20%	14
J	房地产业	59.07%	4.81	47.76%	56.78%	59.70%	60.48%	68.06%	14
K	社会服务业	41.51%	3.11	34.71%	40.09%	41.87%	43.08%	45.39%	10
L	传播与文化产业	39.19%	2.89	35.10%	36.94%	39.28%	40.91%	44.40%	10
M	综合类	42.41%	2.63	38.01%	40.57%	42.51%	43.94%	47.14%	10

分类标准扩展率指标 $ER_{i,t}$ 以企业实际扩展的分类标准信息元素数量占其全部披露的信息元素的比例,作为度量企业进行自愿性信息元素扩展的指标。

结合表 6-12 的全样本结果可知,$ER_{i,t}$ 的均值为 60.89%,表示研究样本所披露的主体描述性元素集合中,有 6 成的主体描述性元素来自企业自行扩展,只有不到 4 成的主体描述性元素根据通用分类标准进行直接复用,这也在一定程度上反映出通用分类标准的创建质量存在一定的缺陷,即企业实际信息披露需求与通用分类标准定义的信息元素匹配性较差。$ER_{i,t}$ 的最大值为 72.43%,最小值为 40.13%,标准差为 4.08,反映出不同的企业由于信息披露需求的差异,导致其在分类标准扩展中也存在一定的差异性,并且该差异性在不同行业之间表现得较为明显。

分行业的主体描述性元素扩展率 $ER_{i,t}$ 显示,主体描述性元素的扩展行为存在行业差异性,主体描述性元素扩展率 $ER_{i,t}$ 最高的行业分别是传播与文化产业($ER_{i,t}$ 均值为 63.04%)、建筑业($ER_{i,t}$ 均值为 61.67%)以及采掘业($ER_{i,t}$ 均值为 61.49%),即通用分类标准信息元素是适用于各个行业、各个企业的通用、基本信息披露要求的信息元素,因而无法结合行业特点进行相应的定义。由于上述三个行业研究样本业务特点存在较大的差异性,研究样本在信息披露需求时存在较高的分类标准扩展需求,导致其分类标准扩展率指标高于其他若干行业;而社会服务业($ER_{i,t}$ 均值 57.74%)以及综合类($ER_{i,t}$ 均值 59.64%)则相对较低,即上述两个行业中的研究样本在信息披露需求中,对于分类标准扩展的动机相对较弱。从分类标准扩展率的行业差异性可知,扩展率 $ER_{i,t}$ 行业均值差值最高为 5.30%,表示不同行业的上市公司在分类标准扩展方面具有一定的差异。

上述结果显示,仅通过实施通用分类标准无法满足特定行业与企业信息披露的需求,由于企业自行扩展分类标准信息元素会增加其信息生成传递成本,而制定分类标准行业扩展可以实现满足特定行业内上市公司信息披露的需求,尽快推进分类标准行业扩展的进度对于 XBRL 技术推进至关重要。

在此基础上,我们继续借鉴频数概念,引入扩展频数(EF)概念,以此对企

业分类标准扩展行为进行研究与评价。

EF_i 表示对于某一扩展信息元素 i，其被其他研究样本所同样进行扩展的次数的合计。

由于分类标准信息元素扩展行为属于单个研究样本的信息披露需求，因此，扩展分类标准信息元素的扩展频数 EF_i 相对较低。特别地，若 $EF_i=1$，表示对于某一扩展信息元素，在所有考察的研究样本中，仅存在唯一的一个上市公司为了满足其自身信息披露需求，而对某一信息元素进行扩展与再定义，而其他上市公司则不存在相同的扩展需求。扩展频数 $EF_i=1$，表示在所有的研究样本中，该扩展信息元素有且仅出现一次，即某一研究样本在对信息元素进行扩展后，并没有其他的研究样本对其进行再复用，这一方面反映出研究样本公司对分类标准信息元素扩展的创新性，但同时也反映该扩展行为进行出于单个公司信息披露的需求，即扩展分类标准信息元素的冗余度较高；而若 $EF_i>1$，表示对于某一扩展的信息元素，其他研究样本同样存在类似的信息披露与信息元素扩展需求，EF_i 越大，表示某类信息元素可能存在某些特定的规律性披露需求，对于此类扩展信息元素，则需要在通用分类标准或行业扩展分类标准中进行考虑，以降低单个公司在分类标准扩展的成本，推动 XBRL 技术在公司层面的应用。

图 6-3 展示了研究样本扩展频数分布图。图 6-3 横坐标表示对于每一个扩展的分类标准信息元素的扩展频数 EF_i，纵坐标则表示在某一具体的频数下扩展的信息元素的数量。$EF_i=1$，表示在本书选取的研究样本中，该信息元素仅被扩展过一次，即该类信息元素反映的是单个研究样本的信息披露需求，而若 $EF_i>1$，表示对于某一类扩展的信息元素，一些上市公司可能存在着同样的信息元素扩展需求，因此，可以考虑在制定相应行业扩展分类标准时，进行必要的定义；由于本书研究样本为 266 个上市公司，因此，分类标准信息元素的扩展频数 $EF_i \in [0, 266]$。

结合图 6-3 可知，扩展分类标准信息元素扩展频数 EF_i 呈现出明显的左偏倾向，并且左偏的趋势远大于通用分类标准复用频数 RF_i（图 6-1）的结果。结合扩展分类标准定义与特点可知，分类标准的扩展大部分属于单个研究样本的行为，因此其扩展频数 EF_i 主要集中于 $[1, 5]$ 的区间，仅有扩展信息元

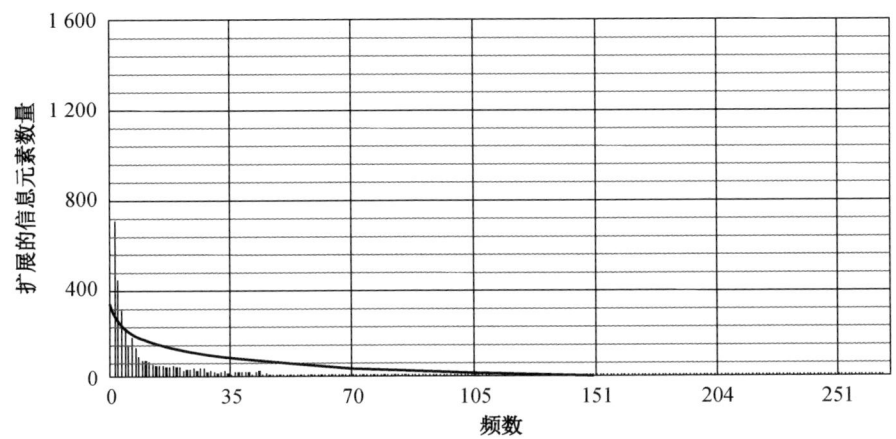

图 6-3 分类标准信息元素扩展频数分布

被其他研究样本所复用的次数相对比较少。图 6-3 显示,当扩展频数 $EF_i >$ 50 时,每一扩展频数下对应的扩展信息元素的数量非常少。对此,可以考虑在制定相应行业扩展分类标准时,进行必要的定义与补充,以此实现与通用分类标准中定义的信息元素的互补效果。

接下来,我们根据图 6-3 展示的研究样本扩展分类标准信息元素的扩展频数 EF_i 值的大小,对其进行分组展示与比较,以更精确地对研究样本的信息元素扩展行为进行研究,具体扩展频数分组结果与权重等如表 6-14 所示。

表 6-14 扩展分类标准信息元素频数分组

频数区间	分段点	扩展信息元素数量	占比(%)
$EF_i \leqslant 1$	1	1 647	30.61
$1 < EF_i \leqslant 5$	5	1 584	29.84
$5 < EF_i \leqslant 10$	10	604	11.23
$10 < EF_i \leqslant 20$	20	511	9.50
$20 < EF_i \leqslant 40$	40	485	9.01
$40 < EF_i \leqslant 60$	60	207	3.85
$60 < EF_i \leqslant 80$	80	117	2.17
$80 < EF_i \leqslant 100$	100	70	1.30

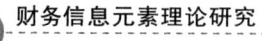

（续表）

频数区间	分段点	扩展信息元素数量	占比（%）
$100 < EF_i \leqslant 150$	150	62	1.15
$150 < EF_i \leqslant 200$	200	51	0.95
$EF_i > 200$		42	0.78
合　计		5 380	100

表 6-14 可以更清晰地对研究样本分类标准扩展信息进行统计与评价,第一列和第二列表示扩展分类标准信息元素的分组依据,对应于图 6-3 的横轴,而第三列显示对应于某一频数或某一组频数下扩展分类标准信息元素的数量总和,第四列显示第三列数据在全部扩展分类标准信息元素中的占比。结合表 6-14 可知,在本书所考察的所有研究样本的分类标准扩展中,所有研究样本共扩展信息元素 5 380 个。其中有 1 647 个扩展信息元素的扩展频数 $EF_i = 1$,占扩展信息元素总数的比重为 30.61%,结合本书研究的 266 个上市公司样本可知,平均每个研究样本公司扩展 6.19 个信息元素,并且该信息元素有且仅被某一个研究样本所扩展并使用一次,而没有被其他研究样本在实际信息披露中所采用;同样,扩展频数 EF_i 属于 $[2,5]$ 区间内的扩展信息元素总量为 1 584 个,占扩展信息元素总数的比重为 29.84%;而扩展信息元素的数量与占比随着扩展频数的增加出现明显的递减趋势。

综合上述结果可知,扩展频数在 $[1,5]$ 区间内的信息元素总量最多,信息元素合计值为 3 231 个,占扩展信息元素总数的 6 成以上（60.45%）,表示信息元素的扩展主要属于单个上市公司的信息披露行为。上市公司在实际信息披露中,会首先对通用分类标准中已定义的信息元素进行复用,而对于通用分类标准中未定义的信息元素,则会根据自身信息披露需求,对信息元素进行扩展与再定义,并且此类元素扩展的主观性较强,而被其他研究样本进行复用的概率相对较低。

6.5　本 章 小 结

在本书的研究内容中,我们从微观结构视角对财务信息元素理论进行解析与扩展,探索财务信息元素的微观结构问题,明确可以从结构元素和结构关系两个视角对财务信息元素微观结构进行解释,并构造基于微观结构的信息披露质量度量指标,以此对中国上市公司信息披露质量、差异性、分类标准应用状况等进行研究与探索。

财务信息元素理论是指导 XBRL 分类标准应用的基础理论。XBRL 分类标准的创建与扩展质量之间关系到 XBRL 技术推广应用的效果,而关于 XBRL 分类标准应用质量评价的相关研究全部从财务信息元素角度出发,而缺乏从分类标准复用与分类标准扩展的微观结构角度,实现对其创建与扩展质量的更深层次的描述与评价,因而无法实现对企业信息披露行为与动机的精确描述。

考虑到从微观结构角度可以实现对分类标准的更深层次地度量与评价,我们在借鉴分类标准评价研究的基础上,从信息元素微观结构角度、从信息元素整体以及结构元素角度构造分类标准评价与测度的度量模型,并以此作为对分类标准创建质量与扩展质量的评价标准。

因此,在结合第一部分研究内容的基础上,我们将信息元素微观结构应用于分类标准评价的研究设计中,具体而言,对于企业复用的通用分类标准信息元素,我们不仅从通用分类标准信息元素角度进行度量,同时对通用分类标准信息元素的结构元素(主体描述性元素、状态描述性元素、事实描述性元素)构造评价指标进行评价,对于企业自行扩展的信息元素,同样从扩展元素的整体角度以及扩展分类标准信息元素的结构元素,对其扩展质量进行度量与评价,以此实现从微观结构角度更精确地对企业复用与扩展分类标准行为质量进行全面度量与评价。

对于通用分类标准创建质量,我们分别从通用分类标准创建完整性与效率性角度构建评价模型,并从结构元素角度,实现更细致地对研究样本复用通用分类标准信息元素质量进行评价,研究结果发现,从微观结构角度构造的完整性测度发现,对于研究样本复用的主体描述性元素、状态描述性元素以及事实描述性元素,其分类标准信息元素创建完整性仅为 12.71%、12.71% 以及 13.82%,即企业在实际信息披露需求中,其复用的结构信息元素占通用分类标准中定义的全部结构信息元素比重的均值不到 15%,通用分类标准定义结构元素的完整性质量较差,而创建效率性指标则发现,三种结构元素所对应的效率性评价指标分别为 39.19%、39.19% 和 41.29%,即在企业实际披露的信息元素中,通用分类标准中已定义的结构元素占其披露的全部结构元素的 4 成左右,而其实际披露的结构元素中,仅有 6 成元素源自企业对于分类标准信息元素的自行扩展。上述结果显示,对于从信息元素微观结构角度构造的通用分类标准复用质量评价结果可知,通用分类标准中定义的结构元素存在大量的冗余现象,企业实际复用的结构元素占其定义的结构元素的 15% 左右,通用分类标准定义的元素与企业实际信息披露需求之间存在较大的差异性,亟待对通用分类标准定义的信息元素进行适当调整与修改,以真正满足企业实际信息披露需求。

对于分类标准扩展质量,我们同样从企业信息元素扩展的结构元素角度,即从其对主体描述性元素、状态描述性元素、事实描述性元素的扩展质量角度构造评价指标。我们发现,研究样本确实存在明显的信息元素扩展需求,企业的扩展行为主要体现在对事实描述性元素的扩展,以及对日期型状态描述性元素、数值型状态描述性元素以及文本型状态描述性元素的扩展上,以传递更多公司特质信息,满足其自愿性信息披露意愿。

对于研究样本的信息元素扩展质量方面,我们引入扩展频数概念,以此对企业分类标准扩展行为进行度量,扩展频数用于反映对某一个结构元素的扩展,是否在研究样本企业中存在同样的扩展需求。研究结果发现,信息元素扩展频数呈现出明显的左偏倾向,扩展频数主要集中于 [1,5] 的区间内,仅有少数扩展的结构元素被其他研究样本所复用。上述结果显示,分类标准结构元素的扩展,大部分属于单个研究样本的行为。另外,信息元素扩展质量方面存在参差不齐的现象,因此需要对企业自行扩展分类标准信息元素行为进行必要的规范与疏导,对于存在同样类似需求的信息元素,应该考虑在制定相应行业扩展分类标准时,进行必要的定义与补充,以此实现与通用分类标准中定义的信息元素的互补效果。

综合以上研究结果可知,目前推行的通用分类标准定义的信息元素无法满足特定行业的信息披露需求,因此,需要在通用分类标准的基础之上,加快分类标准的扩展工作。对于分类标准扩展模式,目前主要有 2 种,即直接扩展模式与行业扩展模式(黄长胤,2012)。而一些研究,如李争争等(2013)发现,行业扩展模式在信息披露的完整性、效率性和可比性等方面都优于直接扩展模式,因此,为了推进 XBRL 技术的推广应用步伐,监管部门,如财政部、证监会与交易所等,需要在通用分类标准的基础上,尽快制定与推出分类标准的行业扩展,以适应与满足不同行业与企业之间信息披露的特定需求。

第 7 章

结 论 与 展 望

7.1 主 要 结 论

本书综合采用理论分析和实证研究相结合、演绎法与归纳法并举的方式，综合运用经济学理论、管理学理论、财务会计理论、信息科学理论和数据库理论，以财务信息元素理论作为研究主线，以信息元素微观结构作为切入点，层层展开，对本书提出的两个研究问题展开研究。

首先，本书根据 XBRL 技术规范对相关研究成果进行梳理与评述，对目前关于 XBRL 的研究与应用的现状进行梳理与总结。XBRL 分类标准的基础理论，即财务信息元素理论是本书研究的核心内容，本部分在结合相关研究的基础上，对其理论概念框架进行梳理与总结。其次，本书采用理论研究与实证分析相结合的方法，从微观结构视角对财务信息元素理论进行解析与扩展，探索财务信息元素的微观结构标准化问题，并明确可以从结构元素和结构关系两个视角对财务信息元素微观结构问题进行解析，构造基于信息元素微观结构的信息披露质量度量指标，以此对中国上市公司信息披露行为与信息披露质量、信息披露质量差异性等问题进行评价与分析。由于信息元素微观结构可以更加细致地对企业信息披露行为与质量进行描述与刻画，而目前关于 XBRL 分类标准应用质量评价的研究全部是从财务信息元素角度出发，而缺少以分类标准复用与分类标准扩展为中心的微观结构角度。在此基础上，本书结合财务信息元素微观结构视角，从信息元素的结构元素，即主体描述性元素、状态描述性元素以及事实描述性元素三个方面，构造通用分类标准创建质

176

量与扩展质量的评级模型,从微观结构视角更加细致地实现对分类标准质量的度量与评价,弥补了之前关于分类标准评价研究的不足,并对目前实施的通用分类标准创建质量问题,以及企业自愿性分类标准信息元素扩展行为问题进行总结分析,对通用分类标准行业扩展的必要性与可行性问题进行探讨,对分类标准行业扩展模式等问题提出改进建议,以此推动 XBRL 技术研究与应用的发展。

经过对以上两个问题的探索与研究,最终得到相应的研究结论,具体表示如下。

(1)在结合财务信息元素理论研究基础上,从微观结构视角对财务信息元素理论进行解析与扩展,进一步扩展 XBRL 的基础理论。

根据财务信息元素理论定义,财务信息元素由主体描述性元素、状态描述性元素和事实描述性元素共同构造。但是,对于财务信息元素的组成结构与逻辑结构等微观结构问题,学界则没有进行系统的阐述。李争争(2012)最早基于微观结构视角对分类标准进行研究,发现元组模式下财务信息元素是构建分类标准的最基本单元,而维度模式下结构信息元素是构建分类标准的最基本单元。但是,对于信息元素的微观结构问题,鲜有研究对其展开更深入的研究。

本章采取归纳与演绎法相结合,在财务信息元素理论基础上,结合信息元素空间理论与粒度理论,从理论角度结合对财务信息元素的逻辑结构与空间结构进行定义与拓展;然后将 XBRL 分类标准应用与信息披露粒度理论相结合,借鉴数学公式表达方法,从信息元素微观结构视角,对企业信息披露质量进行合理量化度量。

具体而言,对于"财务信息元素的微观结构标准化"问题,本章主要从两个视角,即从结构元素以及结构关系视角,对财务信息元素微观结构进行理论分析以及度量。结构元素统称为财务信息元素的组成结构,即主体描述性元素、状态描述性元素和事实描述性元素的结构关系与逻辑关系。本书对三种结构元素、各自的表现形式,及在构建财务信息元素中三者的逻辑关系与空间结构关系等分别进行阐述,并结合结构元素在信息披露中的角色,构建了基于结构元素的财务信息披露量化指标 。而广义与狭义财务信息元素的关系,则是对财务信息元素理论(广义财务信息元素)与其应用(狭义财务信息元素,即分类标准信息元素)的相互关系的梳理,弥补了相关研究的不足之处。

（2）从财务信息元素微观结构角度构造分类标准评价模型,实现从微观结构角度对于分类标准创建与扩展质量的度量与评价,并对分类标准行业扩展的必要性与可行性等问题进行探讨。

财务信息元素理论是指导 XBRL 分类标准应用的基础理论。XBRL 分类标准的创建与扩展质量之间关系到 XBRL 技术推广应用的效果,而关于 XBRL 分类标准应用质量评价的相关研究全部从财务信息元素角度出发,而缺乏从分类标准复用与分类标准扩展的微观结构角度的评价研究。

考虑到从微观结构角度可以实现对分类标准的更深层次地度量与评价,本书在借鉴分类标准评价研究的基础上,从信息元素整体以及结构元素(主体描述性元素、状态描述性元素以及事实描述性元素)角度构造分类标准评价与测度的度量模型,并以此作为对分类标准创建质量与扩展质量的评价标准。具体而言,对于企业复用的通用分类标准信息元素,本书不仅从通用分类标准信息元素角度进行度量,同时对通用分类标准信息元素的结构元素构造评价指标进行评价,对于企业自行扩展的信息元素,同样从扩展元素的整体角度以及扩展分类标准信息元素的结构元素,对其扩展质量进行度量与评价,以此实现从微观结构角度更精确地对企业复用与扩展分类标准行为质量的全面度量与评价。

研究结果发现,通用分类标准中定义的信息元素与其结构元素等均存在大量的冗余现象,企业实际复用的结构元素占通用分类标准定义的全部结构元素的 15% 左右,通用分类标准定义的元素与企业实际信息披露需求之间存在较大的差异性,亟待对通用分类标准定义的信息元素进行适当调整与修改,以真正满足企业实际信息披露需求;企业存在着明显的分类标准信息元素扩展动机与需求,但是信息元素的扩展主要是为了满足单个公司的信息披露需求,其扩展元素被其他公司复用的概率较低,且其扩展质量程度相对不规范,因此需要对企业自行扩展分类标准信息元素行为进行必要的规范。

本书研究结果发现不同的企业之间信息元素披露质量、信息披露意愿等存在较大的个体差异性与行业差异性,研究样本对于通用分类标准信息元素的复用率较低,即通用分类标准的完整性较低(李争争,2013),监管部门仅通过推行通用分类标准信息元素无法满足目前企业对于特定信息披露的需求与意愿。考虑到行业扩展模式在完整性和效率性方面的优势(李争争等,2014),因此,需要在国家级通用分类标准的基础上,采用行业扩展模式对 XBRL 分类标准进行行业扩展,以充分发挥 XBRL 技术在信息披露方面的优势。另外,企业自愿性扩展分类标准信息元素的质量存在较大差异,这也从侧面反映出企业层面的分类标准扩展质量无法有效保证,因此亟待通过监管层面出台行业分类标准规则,以规范企业财务信息元素的自愿性扩展行为。但是 XBRL 分类标准行业扩展的步伐似乎出现了放缓的趋势。监管部门在2010年发布2010 版通用分类标准,并在 2015 年对该分类标准进行更新,其间在 2011 年和2012 年分别发布石油天然气行业分类标准和银行业分类标准,其他行业层面的分类标准的扩展似乎较为缓慢。XBRL 分类标准的行业扩展,对于继续推进 XBRL 技术实施与应用、提高企业信息披露质量、改善资本市场信息披露环境等至关重要。本书研究也呼吁需要重视对 XBRL 分类标准的行业扩展工作,以真正推进 XBRL 技术在企业层面的应用。

7.2　主要创新点

以往关于 XBRL 的研究主要侧重于从 XBRL 应用层面进行考察,而忽略了对 XBRL 基础理论的研究。这与目前 XBRL 应用的缓慢状态具有一定的关系。本书试图以财务信息元素理论作为研究主线,在结合张天西(2006)研究的基础上,从微观结构标准化与分类标准评价两个角度,对财务信息元素理论进行扩展与解析,并为 XBRL 分类标准的应用提供建议。本书的创新性主要体现在以下几点。

(1)基于微观结构视角对财务信息元素理论进行解析,扩展与解析了财务信息元素理论。

财务信息元素理论是指导 XBRL 分类标准的基础理论。自从张天西提出财务信息元素理论后,后续研究都是基于该理论进行研究,而缺乏对该理论的扩展与解析,使得构建的基础理论无法指引 XBRL 分类标准的应用与研究,并导致了目前 XBRL 应用的"瓶颈"。

本书从微观结构角度,对财务信息元素理论进行扩展与延伸,可以增强对于财务信息元素理论的理解;在 XBRL 分类标准的扩展与应用方面,通过对财务信息元素微观结构的定义与扩展,可以规范分类标准信息元素的定义与遴选,对于分类标准信息元素的标准化与规范化,以及行业分类标准的合理制定与实施具有借鉴与指导意义。

(2)基于 XBRL 视角,提供了度量信息披露质量的新的思路与方法。

如何实现对企业信息披露质量的度量,是信息披露相关研究的关键。传统的关于信息披露质量的研究主要是采用内容分析法、权威指数法和 KV 度量法对信息披露质量进行描述,但是三种方法没有下探到财务报告中信息元素的底层信息,并且对于信息元素粒度的影响没有进行系统的考虑。

本文一方面结合 XBRL 的技术特点,通过对财务信息元素及其结构进行量化度量,在此基础上,基于财务元素层级结构的不同对于信息提供方与需求方的不同效用的角度,综合构建信息披露质量指标,以此解决对传统研究中无法精确度量财务信息披露质量的问题。

由于上交所和深交所已经全面推行 XBRL 格式的年报披露方式,本书所提出的信息披露度量方法,可以作为信息披露领域研究中解决信息披露质量的一种可以参考的新方法。

(3)从微观结构视角,为 XBRL 分类标准的行业扩展提供新的证据。

通过对 XBRL 分类标准扩展的研究进行梳理发现,主要从分类标准复用率、创建质量、可比性等角度,对分类标准行业扩展的可行性以及扩展方式等问题进行研究。

本书则基于微观结构视角,结合企业财务信息元素披露质量,对企业自行扩展的分类标准信息元素状况以及行业差异性进行检验,发现目前仅通过通用分类标准无法满足企业信息披露需求,而企业自行扩展的分类标准信息元素质量则存在较大的差异,因此需要通过尽快制定行业扩展分类标准,以满足企业信息披露意愿并对其自愿性信息披露行为进行规范,为分类标准的行业扩展提供了新的支持证据。

7.3 研究局限性与未来研究方向

本书基于信息披露视角下,对 XBRL 分类标准的基础理论作了一些探索性的研究,然而当前的研究尚有诸多不足之处,这些都需要在未来的研究中继续加以改进与完善,同时也是未来的研究方向。

1. XBRL 基础理论研究亟待完善

XBRL 分类标准的基础理论研究,是一项非常重要且亟待完善的 XBRL 理论研究体系。笔者由于自身研究能力所限,仅试图从微观结构角度,对财务信息元素理论进行了初步的研究,所采取的研究方法与思路十分有限。

XBRL 基础理论研究,对于 XBRL 技术应用普及具有重要的指导意义。考虑到目前 XBRL 的理论研究,是其整个研究体系中相对薄弱的环节,因此,还需要后续研究者从各个视角对 XBRL 基础理论进行扩展与延伸。

2. 财务信息元素的结构元素需要进一步规范

本书结合采用归纳法与演绎法,对财务信息元素的三种结构元素的定义以及其信息披露实例进行总结与分析。考虑到财务信息元素披露情况与企业个体的业务特点、所处行业特征、宏观经济特点以及会计准则变革等存在一定的关联性,因此,本书通过抽样方法所提取并总结的结构元素类型等并不能完全涵盖其所有的类型,即本书中所研究的财务信息元素的结构元素集合,并不能涵盖财务信息元素集合的理论最大值范围;另外,结构元素的术语规范化问题也需要进行深入的研究。

附　录

附录 1　抽样公司列表

公司代码	所属行业	公司简称	公司代码	所属行业	公司简称
600275	A	武昌鱼	600372	C	中航电子
600506	A	香梨股份	601369	C	陕鼓动力
002679	A	福建金森	600481	C	双良节能
002086	A	东方海洋	000599	C	青岛双星
600257	A	大湖股份	600388	C	龙净环保
600097	A	开创国际	600966	C	博汇纸业
600962	A	国投中鲁	600596	C	新安股份
600189	A	吉林森工	000410	C	沈阳机床
000998	A	隆平高科	601717	C	郑煤机
600108	A	亚盛集团	600111	C	包钢稀土
600381	B	*ST 贤成	000587	C	金叶珠宝
600311	B	荣华实业	600308	C	华泰股份
000762	B	西藏矿业	000568	C	泸州老窖
000426	B	兴业矿业	000830	C	鲁西化工
000968	B	煤气化	601877	C	正泰电器
002683	B	宏大爆破	000729	C	燕京啤酒
600123	B	兰花科创	002304	C	洋河股份
601101	B	昊华能源	600597	C	光明乳业
000758	B	中色股份	000717	C	韶钢松山
000983	B	西山煤电	000060	C	中金岭南
600234	C	山水文化	600691	C	阳煤化工
600793	C	ST 宜纸	000703	C	恒逸石化

（续表）

公司代码	所属行业	公司简称	公司代码	所属行业	公司简称
600883	C	博闻科技	000625	C	长安汽车
600146	C	大元股份	002594	C	比亚迪
600365	C	通葡股份	000876	C	新希望
600419	C	天润乳业	600307	C	酒钢宏兴
000766	C	通化金马	600104	C	上汽集团
002693	C	双成药业	600758	D	红阳能源
000622	C	恒立实业	000722	D	湖南发展
002622	C	永大集团	600212	D	江泉实业
600191	C	华资实业	000958	D	东方热电
002504	C	东光微电	600101	D	明星电力
000820	C	金城股份	000791	D	甘肃电投
002380	C	科远股份	000720	D	新能泰山
002555	C	顺荣股份	600396	D	金山股份
002214	C	大立科技	600726	D	华电能源
600671	C	天目药业	600886	D	国投电力
002618	C	丹邦科技	600145	E	*ST国创
002323	C	中联电气	002542	E	中化岩土
002370	C	亚太药业	600284	E	浦东建设
002591	C	恒大高新	002663	E	普邦园林
002227	C	奥特迅	600545	E	新疆城建
002611	C	东方精工	000090	E	天健集团
002270	C	法因数控	002062	E	宏润建设
600629	C	棱光实业	002482	E	广田股份
002530	C	丰东股份	600820	E	隧道股份
002432	C	九安医疗	601668	E	中国建筑
000409	C	山东地矿	000996	F	中国中期
002036	C	宜科科技	002492	F	恒基达鑫
000757	C	浩物股份	600242	F	中昌海运
002499	C	科林环保	002023	F	海特高新
600206	C	有研新材	600896	F	中海海盛
000662	C	索芙特	600119	F	长江投资

（续表）

公司代码	所属行业	公司简称	公司代码	所属行业	公司简称
600107	C	美尔雅	000089	F	深圳机场
002219	C	恒康医疗	600387	F	海越股份
002412	C	汉森制药	601107	F	四川成渝
002660	C	茂硕电源	600575	F	皖江物流
000760	C	斯太尔	000892	G	星美联合
002569	C	步森股份	600076	G	青鸟华光
002337	C	赛象科技	600455	G	博通股份
002387	C	黑牛食品	002362	G	汉王科技
600228	C	＊ST昌九	002577	G	雷柏科技
600844	C	丹化科技	002195	G	海隆软件
002698	C	博实股份	002474	G	榕基软件
002197	C	证通电子	002635	G	安洁科技
002272	C	川润股份	002331	G	皖通科技
002177	C	御银股份	600764	G	中电广通
002072	C	德棉股份	002063	G	远光软件
002411	C	九九久	002194	G	武汉凡谷
600562	C	国睿科技	600392	G	盛和资源
002112	C	三变科技	002544	G	杰赛科技
600985	C	雷鸣科化	000948	G	南天信息
000627	C	天茂集团	600288	G	大恒科技
603333	C	明星电缆	600804	G	鹏博士
000566	C	海南海药	000021	G	长城开发
002090	C	金智科技	600382	H	广东明珠
600848	C	自仪股份	600247	H	＊ST成城
000833	C	贵糖股份	000593	H	大通燃气
002453	C	天马精化	000882	H	华联股份
002638	C	勤上光电	000560	H	昆百大A
002510	C	天汽模	600828	H	成商集团
600870	C	厦华电子	600682	H	南京新百
601100	C	恒立油缸	000419	H	通程控股
600330	C	天通股份	600287	H	江苏舜天

（续表）

公司代码	所属行业	公司简称	公司代码	所属行业	公司简称
002590	C	万安科技	002269	H	美邦服饰
002303	C	美盈森	600120	H	浙江东方
600666	C	西南药业	002419	H	天虹商场
002513	C	蓝丰生化	000829	H	天音控股
002600	C	江粉磁材	600827	H	百联股份
002516	C	江苏旷达	600753	J	东方银星
002343	C	禾欣股份	600890	J	中房股份
002123	C	荣信股份	000803	J	金宇车城
002292	C	奥飞动漫	600053	J	中江地产
600363	C	联创光电	600638	J	新黄浦
601799	C	星宇股份	600173	J	卧龙地产
002545	C	东方铁塔	000011	J	深物业A
002132	C	恒星科技	600533	J	栖霞建设
000988	C	华工科技	600665	J	天地源
002404	C	嘉欣丝绸	000667	J	美好集团
600161	C	天坛生物	600743	J	华远地产
002102	C	冠福股份	600626	J	申达股份
002610	C	爱康科技	002244	J	滨江集团
002548	C	金新农	000002	J	万科A
002045	C	国光电器	000613	K	大东海A
002564	C	张化机	600555	K	九龙山
002314	C	雅致股份	000524	K	东方宾馆
600186	C	莲花味精	002159	K	三特索道
600448	C	华纺股份	000721	K	西安饮食
002490	C	山东墨龙	002469	K	三维工程
002294	C	信立泰	002306	K	中科云网
002379	C	鲁丰环保	002398	K	建研集团
600078	C	澄星股份	600611	K	大众交通
000541	C	佛山照明	000069	K	华侨城A
000818	C	方大化工	000504	L	*ST传媒
002617	C	露笑科技	600681	L	万鸿集团

（续表）

公司代码	所属行业	公司简称	公司代码	所属行业	公司简称
000659	C	*ST中富	600613	L	神奇制药
600572	C	康恩贝	002238	L	天威视讯
000973	C	佛塑科技	002181	L	粤传媒
600298	C	安琪酵母	000156	L	华数传媒
600760	C	中航黑豹	601929	L	吉视传媒
600517	C	置信电气	600757	L	长江传媒
002250	C	联化科技	600551	L	时代出版
600586	C	金晶科技	000693	L	华泽钴镍
600422	C	昆明制药	000526	M	银润投资
000707	C	双环科技	600603	M	大洲兴业
002233	C	塔牌集团	000503	M	海虹控股
002018	C	华星化工	000532	M	力合股份
600894	C	广日股份	600624	M	复旦复华
000751	C	锌业股份	000301	M	东方市场
000869	C	张裕A	600805	M	悦达投资
002471	C	中超电缆	000839	M	中信国安
601311	C	骆驼股份	601678	M	滨化股份
002541	C	鸿路钢构	600881	M	亚泰集团

附录2　财务信息元素主体描述性元素归纳

项目编号	主体描述性元素名称	项目编号	主体描述性元素名称
01	货币资金	08	其他应收款
02	交易性金融资产	09	存货
03	应收票据	10	一年内到期非流动资产
04	应收账款	11	其他流动资产
05	预付账款	12	可供出售金融资产
06	应收利息	13	持有至到期投资
07	应收股利	14	长期应收款

项目编号	主体描述性元素名称	项目编号	主体描述性元素名称
15	长期股权投资	46	预计负债
16	投资性房地产	47	递延所得税负债
17	固定资产	48	其他非流动负债
18	在建工程	49	股本
19	工程物资	50	资本公积
20	固定资产清理	51	库存股
21	无形资产	52	盈余公积
22	开发支出	53	未分配利润
23	商誉	54	专项储备
24	长期待摊费用	55	少数股东权益
25	递延所得税资产	56	营业收入
26	其他非流动资产	57	营业成本
27	资产减值准备	58	营业税金及附加
28	生产性生物资产	59	销售费用
29	油气资产	60	管理费用
30	短期借款	61	财务费用
31	交易性金融负债	62	资产减值损失
32	应付票据	63	公允价值变动损益
33	应付账款	64	投资收益
34	预收账款	65	营业外收入
35	应付职工薪酬	66	营业外支出
36	应交税费	67	利润总额
37	应付利息	68	所得税费用
38	应付股利	69	净利润
39	其他应付款	70	每股收益
40	一年内到期非流动负债	71	其他综合收益
41	其他流动负债	72	经营活动产生现金流量
42	长期借款	73	投资活动产生现金流量
43	应付债券	74	筹资活动产生现金流量
44	长期应付款	75	现金及现金等价物
45	专项应付款		

附录 3　基于 SAS9.4 数据处理过程主要代码

```
/*导入数据*/；
PROC IMPORT OUT=xbrl. cd2013
DATAFILE="E:\XBRL\cd. xlsx"
DBMS= EXCEL REPLACE；
sheet="Sheet1 $ "；
GETNAMES=yes；
SCANTEXT=Yes；
Run；


proc sort data=xbrl. cd2013；
    by num；
run；


/*/*编写导入数据的宏文本*/；*/；
data cd；
set xbrl. cd2013；
a1='%datain('；
a2=','；
a3=')；'；
file "E:\XBRL\macro_datain2013. txt"；
put a1 $ cd_l $ a2 $ path $ a3 $ ；
run；
data cd；
set xbrl. cd2013；
a1='%data('；
a2=')；'；
```

```
a3=',';

retain i;

i+1;

file "E:\XBRL\macro_data2013.txt";

put a1 $ cd_l $ a3 i a2 $;

run;


%macro datain(cd,path);

PROC IMPORT OUT=wei1.data_&cd

DATAFILE=&path.

DBMS= EXCEL REPLACE;

sheet="&cd. $ ";

GETNAMES=yes;

SCANTEXT=Yes;

Run;

%mend;

/*/*/*/*/*/*/**/*/*/*/*/*/*/

%include "E:\XBRL\macro_datain2013.txt";


%datain( 000410 , "E:\XBRL\data2013\000410.xlsx" );


%macro data(cd,i);


data wei1.data_&cd. ;
  set wei1.data_&cd. ;
          drop F21—F255;
          rename f1=se;
/*第一列主题词*/
          rename _COL3=note;
/*附注*/;
```

```
          rename _COL4＝money;

          /＊货币型＊/;

          share＝input(_COL5,12.);

/＊股本型＊/;

          date＝input(_COL6,12.);

          /＊日期型＊/;

          numeric＝input(_COL7,12.);

          /＊数值型＊/;

          text＝input(_COL8,12.);

          /＊文本型＊/;

          nrv＝input(_COL9,12.);

/＊可变现净值＊/

          his_cost＝input(_COL10,12.);

          /＊历史成本＊/;

          npv＝input(_COL11,12.);

          /＊净现值＊/;

          replace_cost＝input(_COL12,12.);

          /＊重置成本＊/;

          fair_value＝input(_COL13,12.);

          /＊公允价值＊/;

     book_balance＝input(_COL14,12.);

/＊账面余额＊/;

          book_net_value＝input(_COL15,12.);

          /＊账面净值＊/;

          book_value＝input(_COL16,12.);

          /＊账面价值＊/;

          wa＝input(_COL17,12.);

          /＊加权平均数＊/;

          rename _COL18＝cs;

          /＊合并报表＊/;
```

```
        rename _COL19＝ps；
        /＊母公司报表＊/；
        attrib _all_ label＝";
run；
data wei. data_&.cd. ；
  set wei. data_&.cd. ；
        drop _PCOL5－_COL17；
run；
/＊/＊/＊/＊/＊/＊/＊/＊/＊/＊/＊/＊/＊/＊/＊/＊/＊  ＊/＊/＊/
＊/＊/＊/＊/＊/＊/＊/＊/＊/＊/＊/＊/＊/＊/＊/；
data xbrl. cs_&.cd. ；
  set xbrl. cs_&.cd. ；
        if code2 ne1 then fie_quant1＝sum(of money share date numeric text
nrv his_cost npv replace_cost fair_value book_balance book_net_value book_value
wa cs)；
        if fie_quant1＞1 then do；
  fie_quant2＝fie_quant1＋1；
  fie_hier＝1；
        end；
run；


/＊计算加权 fie＊/；
data xbrl. cs_&.cd. ；
  set xbrl. cs_&.cd. ；
        order＋1；
        drop fie_quant1；
        sum_ceq5＝sum(of money share date numeric text)；
  if sum_ceq5＞1 then fie_quantity＝fie_quant2-1；
        else fie_quantity＝fie_quant2；
run；
```

```
data xbrl. cs_&.cd. ;
   set xbrl. cs_&.cd. ;
            drop fie_quant2;
            if code2 ne1 and fie_quantity>1 then fie_quantity_xy=fie_quantity+1;
run;


proc sort data=xbrl. cs_&.cd. ;
   by code1 descending code2;
run;


data xbrl. cs_&.cd. ;
   set xbrl. cs_&.cd. ;
   by code1 descending code2;
            retain fie_quantity_gy;
            retain fie_hierarchical;
            if first. code1 then do;
   fie_quantity_gy=0;
            fie_hierarchical=0;
            end;
            fie_quantity_gy+fie_quantity;
   fie_hierarchical+fie_hier;
            cd=&.cd. ;
            type="合并报表";
run;


proc sort data=xbrl. cs_&.cd. ;
   by order;
run;
data xbrl. cs_&.cd. ;
   set xbrl. cs_&.cd. ;
```

```
        if code2＝1 then fie_quantity_gy＝fie_quantity_gy＋1;
        count＝count(code1,'.');
        if fie_hierarchical＞0 and code2＝1 then fie＝1;
        if count＝0 and code2＝1 then do;
    rank＝1;
        weight＝1;
        end;
        if count＝1 and code2＝1 then do;
    rank＝2;
        weight＝0.5;
        end;
        if count＝2 and code2＝1 then do;
    rank＝3;
        weight＝0.25;
        end;
        if count＝3 and code2＝1 then do;
    rank＝4;
        weight＝0.125;
        end;
        if code2＝1 then do;
        fie_quality1＝fie_quantity_gy * weight;
    fie_quality2＝fie * weight;
        end;
run;
proc sort data＝xbrl. cs_&cd. ;
    by order code1 code2;
run;
data xbrl. cs_&cd. ;
    set xbrl. cs_&cd. ;
```

```
by order code1 code2;

drop count weight;

code_1=input(substr(code1,1,2),2.);

if code_1>="73" then table="cashflow";

if code_1<"30" then table="asset";

if code_1>="30" and code_1<"49" then table="debt";

if code_1>="49" and code_1<"56" then table="equity";

if code_1>="56" and code_1<"73" then table="profit";

if se="       本期期末余额" and fie_hierarchical > 0 then
    attribute1=1;

if se="       本期借方增加额" and fie_hierarchical > 0 then
    attribute2=1;

if se="       本期贷方增加额" and fie_hierarchical > 0 then
    attribute3=1;

if se="       本期借方减少额" and fie_hierarchical > 0 then
    attribute4=1;

if se="       本期贷方减少额" and fie_hierarchical > 0 then
    attribute5=1;

if se="       本期增减变动额" and fie_hierarchical > 0 then
    attribute6=1;

if se="       比例" and fie_hierarchical>0 then attribute7=1;

if se="       年增长率" and fie_hierarchical > 0 then attribute8
    =1;

if se="       本期借方发生额" and fie_hierarchical > 0 then
    attribute9=1;

if se="       本期贷方发生额" and fie_hierarchical > 0 then
    attribute10=1;

if se="       本期变动额" and fie_hierarchical>0 then attribute11=1;

if se="       本期发生额" and fie_hierarchical>0 then attribute12=1;

run;
```

```
data code2_1;
    set xbrl. cs_&.cd. ;
                if code2=1;
run;

proc means data=code2_1;
        var fie fie_quantity_gy fie_hierarchical fie_quality1 fie_quality2;
        output out=sum1 sum=fie fie_quantity_gy fie_hierarchical   fie_quality1
        fie_quality2;
run;
proc sort data=code2_1;
    by table;
run;
proc means data=code2_1;
        var fie fie_quantity_gy fie_hierarchical fie_quality1 fie_quality2;
                        by table;
        output out=sum2 sum=fie fie_quantity_gy fie_hierarchical fie_quality1
        fie_quality2;
run;

data code2;
    set xbrl. cs_&.cd. ;
                if code2 ne 1;
run;
proc means data=code2;
        var fie_quantity_xy attribute1-attribute12 money share date numeric text
nrv his_cost npv replace_cost fair_value book_balance book_net_value book_value
wa cs fie_hier;
        output out=sum3 sum=fie_quantity_xy attribute1-attribute12 money
share date numeric text nrv his_cost npv replace_cost fair_value book_balance book
```

```
_net_value book_value wa cs fie_hier;
run;
proc sort data＝code2;
    by table;
run;
proc means data＝code2;
        var fie_quantity_xy attribute1-attribute12 money share date numeric text
nrv his_cost npv replace_cost fair_value book_balance book_net_value book_value
wa cs;
            by table;
        output out＝sum4 sum＝fie_quantity_xy attribute1-attribute12 money
share date numeric text nrv his_cost npv replace_cost fair_value book_balance book
_net_value book_value wa cs;
run;


proc sort data＝sum1;
    by cd;
run;
proc sort data＝sum2_1;
    by cd;
run;


proc sort data＝sum2_2;
    by cd;
run;


proc sort data＝sum2_3;
    by cd;
run;
```

```
proc sort data＝sum2_4；
    by cd；
run；


proc sort data＝sum2_5；
    by cd；
run；
proc sort data＝sum3；
    by cd；
run；
proc sort data＝sum4_1；
    by cd；
run；


proc sort data＝sum4_2；
    by cd；
run；


proc sort data＝sum4_3；
    by cd；
run；


proc sort data＝sum4_4；
    by cd；
run；


proc sort data＝sum4_5；
    by cd；
run；
data xbrl. cs_&i. ；
```

```
      merge sum1 sum2_1－sum2_5 sum3 sum4_1-sum4_5；
            by cd；
            attrib _all_ label＝"；
run；


data cs_&.i. ；
   set xbrl. cs_&.cd. ；
            if code2＝1；
            keep code1 fie；
run；
data cs_&.i. ；
   set cs_&.i. ；
            rename fie＝fie_se_&.cd. ；
run；
proc sort data＝cs_&.i. ；
   by code1；
run；
/＊/＊/＊/＊/＊/＊/＊/＊/＊/＊/＊/＊/＊/＊/＊/＊/＊/＊/＊  ＊/
＊/＊/＊/＊/ ＊/＊/＊/＊/＊/＊/＊/＊/＊/＊/＊/＊/＊/＊/＊/；
data xbrl. ps_&.cd. ；
   set xbrl. ps_&.cd. ；
            if code2 ne 1 then fie_quant1＝sum(of money share date numeric text
nrv his_cost npv replace_cost fair_value book_balance book_net_value book_value
wa ps)；
            if fie_quant1＞1 then do；
   fie_quant2＝fie_quant1＋1；
   fie_hier＝1；
            end；
run；
```

```
/*计算加权 fie*/；
data xbrl. ps_&cd. ;
    set xbrl. ps_&cd. ;
            order+1；
            drop fie_quant1；
            sum_ceq5＝sum(of money share date numeric text)；
        if sum_ceq5＞1 then fie_quantity＝fie_quant2-1；
            else fie_quantity＝fie_quant2；
run；
data xbrl. ps_&cd. ;
    set xbrl. ps_&cd. ;
            drop fie_quant2；
            if code2 ne 1 and fie_quantity＞1 then fie_quantity_xy＝fie_quantity
+1；
run；


proc sort data＝xbrl. ps_&cd. ;
    by code1 descending code2；
run；


data xbrl. ps_&cd. ;
    set xbrl. ps_&cd. ;
    by code1 descending code2；
            retain fie_quantity_gy；
            retain fie_hierarchical；
            if first. code1 then do；
fie_quantity_gy＝0；
            fie_hierarchical＝0；
            end；
            fie_quantity_gy+fie_quantity；
```

```
        fie_hierarchical＋fie_hier;
                cd＝&cd. ;
run;


proc sort data＝xbrl. ps_&cd. ;
   by order;
run;
data xbrl. ps_&cd. ;
   set xbrl. ps_&cd. ;


                if code2＝1 then fie_quantity_gy＝fie_quantity_gy＋1;
                count＝count(code1,'. ');
                if fie_hierarchical＞0 and code2＝1 then fie＝1;
                if count＝0 and code2＝1 then do;
        rank＝1;
                weight＝1;
                end;
                if count＝1 and code2＝1 then do;
        rank＝2;
                weight＝0. 5;
                end;
                if count＝2 and code2＝1 then do;
        rank＝3;
                weight＝0. 25;
                end;
                if count＝3 and code2＝1 then do;
        rank＝4;
                weight＝0. 125;
                end;
                if code2＝1 then do;
```

```
            fie_quality1＝fie_quantity_gy * weight；
        fie_quality2＝fie * weight；
            end；
run；
proc sort data＝xbrl. ps_&.cd. ；
    by order code1 code2；
run；
data xbrl. ps_&.cd. ；
    set xbrl. ps_&.cd. ；
            by order code1 code2；
            drop count weight；
            code_1＝input(substr(code1,1,2),2.)；
            if code_1＞＝"73" then table＝"cashflow"；
            if code_1＜"30" then table＝"asset"；
            if code_1＞＝"30" and code_1＜"49" then table＝"debt"；
            if code_1＞＝"49" and code_1＜"56" then table＝"equity"；
            if code_1＞＝"56" and code_1＜"73" then table＝"profit"；
            if se＝"        本期期末余额"  and  fie _ hierarchical ＞ 0   then
                attribute1＝1；
            if se＝"        本期借方增加额"  and  fie _ hierarchical ＞ 0   then
                attribute2＝1；
            if se＝"        本期贷方增加额"  and  fie _ hierarchical ＞ 0   then
                attribute3＝1；
            if se＝"        本期借方减少额"  and  fie _ hierarchical ＞ 0   then
                attribute4＝1；
            if se＝"        本期贷方减少额"  and  fie _ hierarchical ＞ 0   then
                attribute5＝1；
            if se＝"        本期增减变动额"  and  fie _ hierarchical ＞ 0   then
                attribute6＝1；
            if se＝"        比例" and fie_hierarchical＞0 then attribute7＝1；
```

```
        if se="      年增长率"and fie_hierarchical>0 then attribute8=1；
        if se="      本期借方发生额" and fie_hierarchical > 0 then
            attribute9=1；
        if se="      本期贷方发生额" and fie_hierarchical > 0 then
            attribute10=1；
    if se="   本期变动额" and fie_hierarchical>0 then attribute11=1；
    if se="   本期发生额" and fie_hierarchical>0 then attribute12=1；
run；
data code2_1；
    set xbrl. ps_&.cd. ；
            if code2=1；
run；

proc means data=code2_1；
        var fie fie_quantity_gy fie_hierarchical fie_quality1 fie_quality2；
        output out=sum1 sum=fie fie_quantity_gy fie_hierarchical fie_quality1
fie_quality2；
run；
proc sort data=code2_1；
    by table；
run；
proc means data=code2_1；
        var fie fie_quantity_gy fie_hierarchical fie_quality1 fie_quality2；
                    by table；
        output out=sum2 sum=fie fie_quantity_gy fie_hierarchical fie_quality1
fie_quality2；
run；

data code2；
    set xbrl. ps_&.cd. ；
```

```
              if code2 ne1;
run;
proc means data＝code2;
          var fie_quantity_xy attribute1-attribute12 money share date numeric text
nrv his_cost npv replace_cost fair_value book_balance book_net_value book_value
wa ps fie_hier;
          output out＝sum3 sum＝fie_quantity_xy attribute1-attribute12 money
share date numeric text nrv his_cost npv replace_cost fair_value book_balance book
_net_value book_value wa ps fie_hier;
run;
proc sort data＝code2;
   by table;
run;
proc means data＝code2;
          var fie_quantity_xy attribute1-attribute12 money share date numeric text
nrv his_cost npv replace_cost fair_value book_balance book_net_value book_value
wa ps;
                    by table;
          output out＝sum4 sum＝fie_quantity_xy attribute1-attribute12 money
share date numeric text nrv his_cost npv replace_cost fair_value book_balance book
_net_value book_value wa ps;
run;

proc sort data＝sum1;
   by cd;
run;
proc sort data＝sum2_1;
   by cd;
run;
```

```
proc sort data＝sum2_2；
   by cd；
run；


proc sort data＝sum2_3；
   by cd；
run；


proc sort data＝sum2_4；
   by cd；
run；


proc sort data＝sum2_5；
   by cd；
run；
proc sort data＝sum3；
   by cd；
run；
proc sort data＝sum4_1；
   by cd；
run；


proc sort data＝sum4_2；
   by cd；
run；


proc sort data＝sum4_3；
   by cd；
run；
```

```
proc sort data＝sum4_4；
    by cd；
run；


proc sort data＝sum4_5；
    by cd；
run；
data xbrl.ps_&i.；
    merge sum1 sum2_1－sum2_5 sum3 sum4_1-sum4_5；
            by cd；
            attrib _all_ label＝'；
run；


data ps_&i.；
    set xbrl.ps_&cd.；
            if code2＝1；
            keep code1 fie；
run；
data ps_&i.；
    set ps_&i.；
            rename fie＝fie_se_&cd.；
run；
proc sort data＝ps_&i.；
    by code1；
run；


%mend；


proc printto log＝"E:\log_xbrl.txt"；
run；
```

```
％include "E：\XBRL\macro_data2013. txt"；

/＊日志输出默认＊/；
proc printto；
run；

data xbrl. all_cs_se；
   merge cs_1－cs_266；
           by code1；
run；
data xbrl. all_ps_se；
   merge ps_1－ps_266；
           by code1；
run；
data xbrl. all_cs；
   set xbrl. cs_1－xbrl. cs_266；
           by cd；
run；
data xbrl. all_ps；
   set xbrl. ps_1－xbrl. ps_266；
           by cd；
run；
proc sort data＝xbrl. all_cs；
   by cd；
run；
proc sort data＝xbrl. all_ps；
   by cd；
run；
proc sort data＝xbrl. cd2013；
```

```
        by cd；
    run；
    data xbrl. all_cs；
        merge xbrl. all_cs xbrl. cd2013；
                by cd；
    run；
    data xbrl. all_ps；
        merge xbrl. all_ps xbrl. cd2013；
                by cd；
    run；
    /＊proc sort data＝xbrl. cs_&.cd. ；＊/
    /＊      by code1 code2；＊/
    /＊run；＊/
    /＊data a；＊/
    /＊   set xbrl. cs_&.cd. ；＊/
    /＊           by code1 code2；＊/
    /＊           lcode2＝lag(code2)；＊/
    /＊           lcode1＝lag(code1)；＊/
    /＊           if code1＝lcode1 and lcode2＝code2 then output；＊/
    /＊run；＊/；


    PROC IMPORT OUT＝xbrl. TongYong
    DATAFILE＝ "E:\XBRL\通用分类标准对照表. xlsx"
    DBMS＝ EXCEL REPLACE；
    sheet＝"TY$ "；
    GETNAMES＝yes；
    SCANTEXT＝Yes；
    Run；


    proc sort data＝xbrl. TongYong；
```

```
    by code1 code2；
run；
%macro data(cd,i)；
/*/*/*/*/* */*/*/*/*/*/*/*/*/*/*/*/*/*/*/*/*/*/*/
*/*/*/*/*/*/*/*/*/;


Proc sort data= xbrl. cs_&cd. ；
    By code1 code2；
Run；
Data xbrl. cs_&cd. ；
    Merge xbrl. cs_&cd.  xbrl. TongYong；
    By code1 code2；
Run；


data code2ne1_ty1；
    set xbrl. cs_&cd. ；
            if code2 ne1 and tongyong=1；
run；


proc means data= code2ne1_ty1；
            var fie_quantity_xy fie_hier；
            output out=sum1 sum= fie_quantity_xy_ty1 fie_hier_ty1；
run；
data code2ne1_ty0；
    set xbrl. cs_&cd. ；
            if code2 ne1 and tongyong ne 1；
run；


proc means data= code2ne1_ty0；
            var fie_quantity_xy fie_hier；
```

```
        output out=sum2 sum= fie_quantity_xy_ty0 fie_hier_ty0;
run;


data sum1;
    set sum1;
            cd=&cd. ;
run;
data sum2;
    set sum2;
            cd=&cd. ;
run;


proc sort data=sum1;
    by cd;
run;
proc sort data=sum2;
    by cd;
run;
data cs_ty_&i. ;
    merge sum1 sum2;
            by cd;
            attrib _all_ label='';
run;


proc printto;
run;


data xbrl. all_cs_ty;
    set cs_ty_1—cs_ty_266;
    by cd;
```

```
run；

proc sort data= xbrl. all_cs_ty；
    by cd；
run；

data xbrl. all_ps_ty；
set ps_ty_1－ps_ty_266；
    by cd；
run；

proc sort data= xbrl. all_ps_ty；
    by cd；
run；
```

* / * /
* / * / * / * / * / * / * / * / * / * / * / * / * / * / * / * / * /；

```
/ * 导入回归数据 * /；

PROC IMPORT OUT= xbrl. all_FIE_SYN
    DATAFILE= "E：\XBRL\FIE_SYN2015－03－28. csv"
    DBMS=CSV REPLACE；
  GETNAMES= YES；
  DATAROW=2；

RUN；

/ * 导入回归代码 * /；

PROC IMPORT OUT=xbrl. all_model
DATAFILE= "E：\XBRL\回归模型代码 2015－3－28. xlsx"
DBMS= EXCEL REPLACE；
sheet="Sheet1 $ "；
GETNAMES=yes；
SCANTEXT=Yes；
Run；


/ * / * 编写导入数据的宏文本 * /；* /；
```

```
data cd；
set xbrl. all_model；
a1='%reg_all('；
a2=','；
a3=');'；
file "E：\XBRL\model_2013. txt"；
put a1 $ model a2 $ y_16 $ a2 $ x1_12 $ a2 $ x4_4 $ a2 $ Gqjzd_20 $ a2
$ x9_2 $ a3 $；
run；


%macro reg_all(model,y,x1,x4,gqjzd,x9)；
proc reg data=xbrl. all_FIE_SYN outest=beta_&model. tableout；
    model &y. =&x1. size lev &x4. soe jgtzzcgb age &gqjzd. &x9. induscomp_qb
indu1—indu11/selection=stepwise include=1 adjrsq white aic vif ；
run；
quit；
data beta_&model. ；
    set beta_&model. ；
            model=&model. ；
            if _TYPE_='PARMS' or _TYPE_='PVALUE'；
            drop _MODEL_；
            rename &y. =y；
            rename &x1. =x1；
            rename &x4. =x4；
            rename &gqjzd. =gqjzd；
            rename &x9. =x9；
run；
%mend；
%reg_all( 1 , RSQ2014_31 , lnfie_hier_kz_csps , roea , QBGD1 , btm1 )；
/ *日志输出到外部文件*/；
```

```
proc printto log="E:\log_xbrl. txt";
run;

%include "E:\XBRL\model_2013. txt";

data xbrl. all_beta1;
    set beta_1—beta_1000;
run;
data xbrl. all_beta2;
    set beta_1001—beta_2000;
run;
data xbrl. all_beta3;
    set beta_2001—beta_3000;
run;
data xbrl. all_beta4;
    set beta_3001—beta_4000;
run;
data xbrl. all_beta5;
    set beta_4001—beta_5000;
run;
data xbrl. all_beta6;
    set beta_5001—beta_6000;
run;
data xbrl. all_beta7;
    set beta_6001—beta_7000;
run;
data xbrl. all_beta8;
    set beta_7001—beta_8000;
run;
data xbrl. all_beta9;
```

```
    set beta_8001－beta_9000;
  run;
  data xbrl. all_beta10;
    set beta_9001－beta_10000;
  run;


  data xbrl. all_beta11;
    set beta_10001－beta_11000;
  run;
  data xbrl. all_beta12;
    set beta_11001－beta_12000;
  run;
  data xbrl. all_beta13;
    set beta_12001－beta_13000;
  run;
  data xbrl. all_beta14;
    set beta_13001－beta_14000;
  run;
  data xbrl. all_beta15;
    set beta_14001－beta_15000;
  run;
  data xbrl. all_beta16;
    set beta_15001－beta_16000;
  run;
  data xbrl. all_beta17;
    set beta_16001－beta_17000;
  run;
  data xbrl. all_beta18;
    set beta_17001－beta_18000;
  run;
```

```
data xbrl. all_beta19；
    set beta_18001－beta_19000；
run；

data xbrl. all_beta20；
    set beta_19001－beta_20000；
run；


data xbrl. all_beta21；
    set beta_20001－beta_21000；
run；

data xbrl. all_beta22；
    set beta_21001－beta_22000；
run；

data xbrl. all_beta23；
    set beta_22001－beta_23000；
run；

data xbrl. all_beta24；
    set beta_23001－beta_24000；
run；

data xbrl. all_beta25；
    set beta_24001－beta_25000；
run；

data xbrl. all_beta26；
    set beta_25001－beta_26000；
run；

data xbrl. all_beta27；
    set beta_26001－beta_27000；
run；

data xbrl. all_beta28；
    set beta_27001－beta_28000；
```

```
run；
data xbrl. all_beta29；
    set beta_28001－beta_29000；
run；
data xbrl. all_beta30；
    set beta_29001－beta_30000；
run；


data xbrl. all_beta31；
    set beta_30001－beta_30720；
run；
data xbrl. all_beta；
    set xbrl. all_beta1－xbrl. all_beta31；
run；


data a；
    set xbrl. all_model；
            keep model x1_12；
run；
proc sort data＝a；
    by model；
run；
proc sort data＝xbrl. all_beta；
    by model；
run；


data xbrl. all_beta；
    merge xbrl. all_beta a；
            by model；
run；
```

```
/ * 日志输出默认 * /;
proc printto;
run;

/ * / * / * / * / * / * / * / * / * / * / * / * / * / * / * / * / * / * / * /
* / * / * / * / * / * / * / * / * / * / * / * / * / * / * /;
PROC IMPORT OUT= xbrl. all_FIE_SYN_1
    DATAFILE= "E:\XBRL\FIE_SYN1. csv"
   DBMS=CSV REPLACE;
 GETNAMES= YES;
 DATAROW=2;
RUN;
PROC IMPORT OUT= xbrl. all_FIE_SYN_2
    DATAFILE= "E:\XBRL\FIE_SYN2. csv"
   DBMS=CSV REPLACE;
 GETNAMES= YES;
 DATAROW=2;
RUN;
PROC IMPORT OUT= xbrl. all_FIE_SYN_3
    DATAFILE= "E:\XBRL\FIE_SYN3. csv"
   DBMS=CSV REPLACE;
 GETNAMES= YES;
 DATAROW=2;
RUN;
PROC IMPORT OUT= xbrl. all_FIE_SYN_4
    DATAFILE= "E:\XBRL\FIE_SYN4. csv"
   DBMS=CSV REPLACE;
 GETNAMES= YES;
 DATAROW=2;
RUN;
```

```
/* 导入回归代码 */;
PROC IMPORT OUT＝xbrl. all_model
DATAFILE＝ "E:\XBRL\30000＋模型. xlsx"
DBMS＝ EXCEL REPLACE;
sheet＝"Sheet1 $ ";
GETNAMES＝yes;
SCANTEXT＝Yes;
Run;


data cd;
set xbrl. all_model;
a1＝'%reg_all(';
a2＝',';
a3＝');';
i＝1;
file "E:\XBRL\model_1_2013. txt";
put a1 $ i a2 $ model a2 $ y_16 $ a2 $ x1_12 $ a2 $ x4_4 $ a2 $ Gqjzd_
20 $ a2 $ x9_2 $ a2 $ x22_2 $ a3 $;

run;

data cd;
set xbrl. all_model;
a1＝'%reg_all(';
a2＝',';
a3＝');';
i＝2;
file "E:\XBRL\model_2_2013. txt";
put a1 $ i a2 $ model a2 $ y_16 $ a2 $ x1_12 $ a2 $ x4_4 $ a2 $ Gqjzd_
20 $ a2 $ x9_2 $ a2 $ x22_2 $ a3 $;

run;
```

```
data cd;
set xbrl. all_model;
a1='%reg_all(';
a2=',';
a3=');';
i=3;
file "E:\XBRL\model_3_2013. txt";
put a1 $ i a2 $ model a2 $ y_16 $ a2 $ x1_12 $ a2 $ x4_4 $ a2 $ Gqjzd_
20 $ a2 $ x9_2 $ a2 $ x22_2 $ a3 $;
run;
data cd;
set xbrl. all_model;
a1='%reg_all(';
a2=',';
a3=');';
i=4;
file "E:\XBRL\model_4_2013. txt";
put a1 $ i a2 $ model a2 $ y_16 $ a2 $ x1_12 $ a2 $ x4_4 $ a2 $ Gqjzd_
20 $ a2 $ x9_2 $ a2 $ x22_2 $ a3 $;
run;


%macro reg_all(i,model,y,x1,x4,gqjzd,x9,x22);
proc reg data=xbrl. all_FIE_SYN_&i. outest=beta_&model. tableout;
    model &y. = &x1. size lev &x4. jgtzzcgb &x22. soe age &gqjzd. &x9.
induscomp_qb indu1—indu11 tnrnover/selection=stepwise include=6 adjrsq white
aic vif ;
    run;
    quit;
data beta_&model. ;
    set beta_&model. ;
```

```
        model＝&.model. ；
        if _TYPE_＝'PARMS' or _TYPE_＝'PVALUE'；
        drop _MODEL_；
        rename &.y. ＝y；
        rename &.x1. ＝x1；
        rename &.x4. ＝x4；
        rename &.gqjzd. ＝gqjzd；
        rename &.x9. ＝x9；
run；
%mend；
%reg_all( 1 ， 1 ， RSQ2014_31 ， lnfie_hier_kz_csps ， roea ， QBGD1 ， btml ，
Ana_cover_2013 )；
/＊日志输出到外部文件＊/；
proc printto log＝"E：\log_xbrl. txt"；
run；
%include "E：\XBRL\model_1_2013. txt"；


data all_beta1；
    set beta_1－beta_1000；
run；
data all_beta2；
    set beta_1001－beta_2000；
run；
data all_beta3；
    set beta_2001－beta_3000；
run；
data all_beta4；
    set beta_3001－beta_4000；
run；
data all_beta5；
```

```
    set beta_4001—beta_5000;
run;
data all_beta6;
    set beta_5001—beta_6000;
run;
data all_beta7;
    set beta_6001—beta_7000;
run;
data all_beta8;
    set beta_7001—beta_8000;
run;
data all_beta9;
    set beta_8001—beta_9000;
run;
data all_beta10;
    set beta_9001—beta_10000;
run;


data all_beta11;
    set beta_10001—beta_11000;
run;
data all_beta12;
    set beta_11001—beta_12000;
run;
data all_beta13;
    set beta_12001—beta_13000;
run;
data all_beta14;
    set beta_13001—beta_14000;
run;
```

```
data all_beta15；
    set beta_14001－beta_15000；
run；
data all_beta16；
    set beta_15001－beta_16000；
run；
data all_beta17；
    set beta_16001－beta_17000；
run；
data all_beta18；
    set beta_17001－beta_18000；
run；
data all_beta19；
    set beta_18001－beta_19000；
run；
data all_beta20；
    set beta_19001－beta_20000；
run；


data all_beta21；
    set beta_20001－beta_21000；
run；
data all_beta22；
    set beta_21001－beta_22000；
run；
data all_beta23；
    set beta_22001－beta_23000；
run；
data all_beta24；
    set beta_23001－beta_24000；
```

```
run;
data all_beta25;
    set beta_24001—beta_25000;
run;
data all_beta26;
    set beta_25001—beta_26000;
run;
data all_beta27;
    set beta_26001—beta_27000;
run;
data all_beta28;
    set beta_27001—beta_28000;
run;
data all_beta29;
    set beta_28001—beta_29000;
run;
data all_beta30;
    set beta_29001—beta_30000;
run;
data all_beta31;
    set beta_30001—beta_31000;
run;
data all_beta32;
    set beta_31001—beta_32000;
run;
data all_beta33;
    set beta_32001—beta_33000;
run;
data all_beta34;
    set beta_33001—beta_34000;
```

```
run；
data all_beta35；
   set beta_34001－beta_35000；
run；
data all_beta36；
   set beta_35001－beta_36000；
run；
data all_beta37；
   set beta_36001－beta_37000；
run；
data all_beta38；
   set beta_37001－beta_38000；
run；
data all_beta39；
   set beta_38001－beta_39000；
run；
data all_beta40；
   set beta_39001－beta_40000；
run；
data all_beta41；
   set beta_40001－beta_41000；
run；
data all_beta42；
   set beta_41001－beta_42000；
run；
data all_beta43；
   set beta_42001－beta_43000；
run；
data all_beta44；
   set beta_43001－beta_44000；
```

```
run；
data all_beta45；
    set beta_44001—beta_45000；
run；
data all_beta46；
    set beta_45001—beta_46000；
run；
data all_beta47；
    set beta_46001—beta_47000；
run；
data all_beta48；
    set beta_47001—beta_48000；
run；
data all_beta49；
    set beta_48001—beta_49000；
run；
data all_beta50；
    set beta_49001—beta_50000；
run；
data all_beta51；
    set beta_50001—beta_51000；
run；
data all_beta52；
    set beta_51001—beta_52000；
run；
data all_beta53；
    set beta_52001—beta_53000；
run；
data all_beta54；
    set beta_53001—beta_54000；
```

```
run;
data all_beta55;
   set beta_54001－beta_55000;
run;
data all_beta56;
   set beta_55001－beta_56000;
run;
data all_beta57;
   set beta_56001－beta_57000;
run;
data all_beta58;
   set beta_57001－beta_58000;
run;
data all_beta59;
   set beta_58001－beta_59000;
run;
data all_beta60;
   set beta_59001－beta_60000;
run;
data all_beta61;
   set beta_60001－beta_61000;
run;
data all_beta62;
   set beta_61001－beta_61439;
run;


data xbrl.all_1_beta;
   set all_beta1－all_beta62;
run;
```

```
data a；
    set xbrl. all_model；
            keep model x1_12；
run；
proc sort data＝a；
    by model；
run；
proc sort data＝xbrl. all_1_beta；
    by model；
run；


data xbrl. all_1_beta；
    merge xbrl. all_1_beta a；
            by model；
run；


/ * 日志输出默认 * /；
proc printto；
run；


proc printto log＝"E:\log_xbrl. txt"；
run；


%include "E:\XBRL\model_2_2013. txt"；


data all_beta1；
    set beta_1－beta_1000；
run；
data all_beta2；
    set beta_1001－beta_2000；
```

```
run；
data all_beta3；
    set beta_2001－beta_3000；
run；
data all_beta4；
    set beta_3001－beta_4000；
run；
data all_beta5；
    set beta_4001－beta_5000；
run；
data all_beta6；
    set beta_5001－beta_6000；
run；
data all_beta7；
    set beta_6001－beta_7000；
run；
data all_beta8；
    set beta_7001－beta_8000；
run；
data all_beta9；
    set beta_8001－beta_9000；
run；
data all_beta10；
    set beta_9001－beta_10000；
run；

data all_beta11；
    set beta_10001－beta_11000；
run；
data all_beta12；
```

```
    set beta_11001—beta_12000；
run；
data all_beta13；
    set beta_12001—beta_13000；
run；
data all_beta14；
    set beta_13001—beta_14000；
run；
data all_beta15；
    set beta_14001—beta_15000；
run；
data all_beta16；
    set beta_15001—beta_16000；
run；
data all_beta17；
    set beta_16001—beta_17000；
run；
data all_beta18；
    set beta_17001—beta_18000；
run；
data all_beta19；
    set beta_18001—beta_19000；
run；
data all_beta20；
    set beta_19001—beta_20000；
run；

data all_beta21；
    set beta_20001—beta_21000；
run；
```

```
data all_beta22;
   set beta_21001－beta_22000;
run;
data all_beta23;
   set beta_22001－beta_23000;
run;
data all_beta24;
   set beta_23001－beta_24000;
run;
data all_beta25;
Dset beta_24001－beta_25000;
run;
data all_beta26;
   set beta_25001－beta_26000;
run;
data all_beta27;
   set beta_26001－beta_27000;
run;
data all_beta28;
   set beta_27001－beta_28000;
run;
data all_beta29;
   set beta_28001－beta_29000;
run;
data all_beta30;
   set beta_29001－beta_30000;
run;
data all_beta31;
   set beta_30001－beta_31000;
run;
```

```
data all_beta32；
   set beta_31001—beta_32000；
run；
data all_beta33；
   set beta_32001—beta_33000；
run；
data all_beta34；
   set beta_33001—beta_34000；
run；
data all_beta35；
   set beta_34001—beta_35000；
run；
data all_beta36；
   set beta_35001—beta_36000；
run；
data all_beta37；
   set beta_36001—beta_37000；
run；
data all_beta38；
   set beta_37001—beta_38000；
run；
data all_beta39；
   set beta_38001—beta_39000；
run；
data all_beta40；
   set beta_39001—beta_40000；
run；
data all_beta41；
   set beta_40001—beta_41000；
run；
```

```
data all_beta42；
   set beta_41001－beta_42000；
run；
data all_beta43；
   set beta_42001－beta_43000；
run；
data all_beta44；
   set beta_43001－beta_44000；
run；
data all_beta45；
   set beta_44001－beta_45000；
run；
data all_beta46；
   set beta_45001－beta_46000；
run；
data all_beta47；
   set beta_46001－beta_47000；
run；
data all_beta48；
   set beta_47001－beta_48000；
run；
data all_beta49；
   set beta_48001－beta_49000；
run；
data all_beta50；
   set beta_49001－beta_50000；
run；
data all_beta51；
   set beta_50001－beta_51000；
run；
```

```
data all_beta52；
    set beta_51001－beta_52000；
run；
data all_beta53；
    set beta_52001－beta_53000；
run；
data all_beta54；
    set beta_53001－beta_54000；
run；
data all_beta55；
    set beta_54001－beta_55000；
run；
data all_beta56；
    set beta_55001－beta_56000；
run；
data all_beta57；
    set beta_56001－beta_57000；
run；
data all_beta58；
    set beta_57001－beta_58000；
run；
data all_beta59；
    set beta_58001－beta_59000；
run；
data all_beta60；
    set beta_59001－beta_60000；
run；
data all_beta61；
    set beta_60001－beta_61000；
run；
```

```
data all_beta62;
    set beta_61001—beta_61439;
run;


data xbrl. all_2_beta;
    set all_beta1—all_beta62;
run;


data a;
    set xbrl. all_model;
            keep model x1_12;
run;
proc sort data=a;
    by model;
run;
proc sort data=xbrl. all_2_beta;
    by model;
run;


data xbrl. all_2_beta;
    merge xbrl. all_2_beta a;
            by model;
run;


* * * * * * * * * * * * * * * * * * * * * * * * * * * * * *
* * * * * * * * * * * * * * * * */
PROC IMPORT OUT=xbrl. max_len
DATAFILE= "E:\XBRL\max_len. xlsx"
DBMS= EXCEL REPLACE;
sheet="Sheet1 $ ";
```

```
GETNAMES=yes;
SCANTEXT=Yes;
Run;


proc sort data=xbrl. max_len;
                    by code1 code2;
                    run;


%macro additional_16(cd,I);
data data;
                    set xbrl. cs_&.cd. ;
                    run;
proc sort data=data;
                    by code1 code2;
                    run;
data data;

                    merge data xbrl. max_len;
                    by code1 code2;
                    run;


data data_ty;

                    set data;
                    if code2 ne 1 and tongyong=. then delete;
                    run;
proc sort data=data_ty;
    by code1 descending code2;
run;
data data_ty;
    set data_ty;
    by code1 descending code2;
```

```
        retain fie_quantity_gy_ty;
        retain fie_hierarchical;
        if first. code1 then do;
    fie quantity gy ty=0;
        fie_hierarchical=0;
        end;
        fie_quantity_gy_ty+fie_quantity;
    fie_hierarchical+fie_hier;
        cd=&cd. ;


run;
proc sort data=data_ty;
    by order;
run;
data data_ty;
    set data_ty;
        if code2=1 then fie_quantity_gy_ty=fie_quantity_gy_ty+1;
        if fie_hierarchical>0 and code2=1 then fie_ty=1;
        p1_fie_quantity_gy_ty=fie_quantity_gy_ty * p1;
        p2_fie_quantity_gy_ty=fie_quantity_gy_ty * p2;
    p1_fie_ty=fie_ty * p1;
        p2_fie_ty=fie_ty * p2;
run;
proc means data=data_ty;
        var fie_ty fie_quantity_gy_ty p1_fie_ty p1_fie_quantity_gy_ty p2_fie_ty
p2_fie_quantity_gy_ty;
        output out=sum_ty sum=fie_ty fie_quantity_gy_ty p1_fie_ty p1_fie_
        quantity_gy_ty p2_fie_ty p2_fie_quantity_gy_ty;
        run;
data sum_ty;
```

```
                         set sum_ty;
                         cd=&.cd. ;
run;


data data_kz;

                         set data;
                         if tongyong=1 then delete;
run;
proc sort data=data_kz;
   by code1 descending code2;
run;
data data_kz;
   set data_kz;
   by code1 descending code2;
             retain fie_quantity_gy_kz;
             retain fie_hierarchical;
             if first. code1 then do;
   fie quantity gy kz=0;
             fie_hierarchical=0;
             end;
             fie_quantity_gy_kz+fie_quantity;
   fie_hierarchical+fie_hier;
                         cd=&.cd. ;
run;


proc sort data=data_kz;
   by order;
run;
data data_kz;
   set data_kz;
```

```
        if code2=1 then fie_quantity_gy_kz=fie_quantity_gy_kz+1;
        if fie_hierarchical>0 and code2=1 then fie_kz=1;
        p1_fie_quantity_gy_kz=fie_quantity_gy_kz*p1;
        p2_fie_quantity_gy_kz=fie_quantity_gy_kz*p2;
    p1_fie_kz=fie_kz*p1;
        p2_fie_kz=fie_kz*p2;
run;
proc means data=data_kz;
        var fie_kz fie_quantity_gy_kz p1_fie_kz p1_fie_quantity_gy_kz p2_fie_kz
p2_fie_quantity_gy_kz;
        output out=sum_kz sum=fie_kz fie_quantity_gy_kz p1_fie_kz p1_fie_
quantity_gy_kz p2_fie_kz p2_fie_quantity_gy_kz;
run;
data sum_kz;
                set sum_kz;
                cd=&cd. ;
run;


data data_all;
                set data;
                keep code1 code2 fie fie_quantity_gy tongyong p1 p2;
run;
data data;
                set data;
                p1_fie=p1*fie;
                p1_fie_quantity_gy=p1*fie_quantity_gy;
                p2_fie=p2*fie;
                p2_fie_quantity_gy=p2*fie_quantity_gy;
run;
proc means data=data;
```

```
                            var p1_fie p1_fie_quantity_gy p2_fie p2_fie_quantity_gy;
                            output out=sum_all sum=p1_fie p1_fie_quantity_gy p2_
                            fie p2_fie_quantity_gy;
run;
data sum_all;
                            set sum_all;
                            cd=&cd. ;
run;
proc sort data=sum_kz;
                            by cd;
run;
proc sort data=sum_ty;
                            by cd;
run;
proc sort data=sum_all;
                            by cd;
run;
data sum_&I. ;
                            merge sum_kz sum_ty sum_all;
                            by cd;
run;
data sum_&I. ;
                            set sum_&I. ;
                            drop _TYPE_ _FREQ_;
run;
%mend;


data cd;
set xbrl. cd2013;
i+1;
```

```
a1='%additional_16(';
a2=',';
a3=');';
file "E:\XBRL\additional_16.txt";
put a1 $ cd_l a2 $ i a3 $;
run;


/*%additional_16( 000002 , 1 );*/
proc printto log="E:\log_xbrl.txt";
run;


%include "E:\XBRL\additional_16.txt";

data sum;
                    set sum_1—sum_266;
                        run;
proc printto;
run;
proc sort data=sum;
                    by cd;
                        run;
proc sort data=xbrl.all_cs;
                    by cd;
                        run;
data xbrl.all_cs_2016new;
                    merge xbrl.all_cs sum;
                    by cd;
                        run;
data a;
                    set xbrl.all_fie_syn_3;
```

```
                    keep cd industry fie_quantity_xy_ty_cs fie_quantity_xy_kz_
                    cs fie_hier_ty_cs fie_hier_kz_cs；
                run；
data a；

                    set a；
                    rename fie_quantity_xy_ty_cs＝fie_quantity_xy_ty；
                    rename fie_quantity_xy_kz_cs＝fie_quantity_xy_kz；
                    rename fie_hier_ty_cs＝fie_hier_ty；
                    rename fie_hier_kz_cs＝fie_hier_kz；
                run；
proc sort data＝a；

                    by cd；
                run；
proc sort data＝xbrl. all_cs_2016new；

                    by cd；
                run；
data xbrl. all_cs_2016new；

                    merge xbrl. all_cs_2016new a；
                    by cd；
                run；


data xbrl. all_cs_2016new；

                    set xbrl. all_cs_2016new；
                    SE＝fie；
                    CE＝money＋text＋share＋date＋numeric；
                    PE＝fie_quantity_gy-SE-CE；
                run；


/＊ Kruskal－Wallis 检验 ＊/
proc npar1way wilcoxon data＝xbrl. all_cs_2016new；
```

```
        class industry;
        var fie fie_quantity_gy fie_hierarchical p1_fie p2_fie p1_fie_
quantity_gy p2_fie_quantity_gy fie_quantity_xy fie_ty fie_quantity_gy_ty p1_fie_ty
p2_fie_ty p1_fie_quantity_gy_ty fie_hier_ty p2_fie_quantity_gy_ty fie_quantity_xy_
ty fie_kz fie_quantity_gy_kz fie_hier_kz p1_fie_kz p2_fie_kz p1_fie_quantity_gy_kz p2_
fie_quantity_gy_kz fie_quantity_xy_kz SE CE PE money text share numeric date;
        output out=a;
run;
```

```
/* LSD检验,行业两两差异检验 */
%macro lsdtest(v,p);
proc anova data=xbrl.all_cs_2016new;
        class industry;
        model &v. = industry;
        means industry/ lsd alpha=&p. ;
run;
quit;
%mend;
/*待估计变量*/
/* fie fie_quantity_gy fie_hierarchical p1_fie p2_fie p1_fie_quantity_gy p2_fie_
quantity_gy fie_quantity_xy fie_ty fie_quantity_gy_ty p1_fie_ty p2_fie_ty p1_fie_
quantity_gy_ty */
/* fie_hier_ty p2_fie_quantity_gy_ty fie_quantity_xy_ty fie_kz fie_quantity_gy_kz
fie_hier_kz p1_fie_kz p2_fie_kz p1_fie_quantity_gy_kz p2_fie_quantity_gy_kz fie_
quantity_xy_kz SE */
/* CE PE money text share numeric date */ */;
/*估计例子*/
%lsdtest(fie,0.1);
%lsdtest(fie,0.05);
%lsdtest(fie,0.01);
* * */
```

附录 4　财务信息元素披露数量描述性统计

代码	行业名称	Min	Max	Mean	Median	Std. Dev	N
A	农林牧渔业	278.00	519.00	346.50	310.00	84.61	10
B	采掘业	213.00	548.00	405.30	406.00	102.54	10
C	制造业	226.00	592.00	365.74	354.00	64.27	140
D	电力煤气	231.00	459.00	342.20	343.50	83.65	10
E	建筑业	268.00	636.00	397.50	389.00	125.69	10
F	交通运输业	277.00	456.00	361.60	368.00	59.99	10
G	信息技术业	108.00	493.00	338.67	334.00	86.54	18
H	批发和零售	271.00	494.00	371.29	358.00	68.39	14
J	房地产业	233.00	431.00	333.57	336.50	59.05	14
K	社会服务业	236.00	443.00	344.10	336.00	65.99	10
L	传播与文化产业	206.00	451.00	339.30	351.50	75.14	10
M	综合类	184.00	635.00	380.90	378.50	116.42	10

附录 5　财务信息元素披露数量描述性统计（通用分类标准部分）

代码	行业名称	Min	Max	Mean	Medea	Std. Dev	N
A	农林牧渔业	135.00	239.00	177.60	170.50	33.73	10
B	采掘业	127.00	265.00	204.00	202.00	42.33	10
C	制造业	125.00	298.00	185.96	182.00	31.05	140
D	电力煤气	122.00	241.00	175.60	180.50	38.16	10
E	建筑业	133.00	345.00	205.10	182.00	65.99	10
F	交通运输业	154.00	235.00	184.80	182.00	27.12	10
G	信息技术业	69.00	221.00	174.39	186.50	36.69	18
H	批发和零售	142.00	240.00	188.14	186.50	27.91	14

（续表）

代码	行业名称	Min	Max	Mean	Medea	Std. Dev	N
J	房地产业	120.00	217.00	171.07	170.50	30.23	14
K	社会服务业	133.00	254.00	181.70	181.00	35.71	10
L	传播与文化产业	106.00	217.00	168.90	174.50	32.19	10
M	综合类	95.00	310.00	194.50	196.00	56.37	10

附录6 财务信息元素披露数量描述性统计（扩展分类标准部分）

代码	行业名称	Min	Max	Mean	Median	Std. Dev	N
A	农林牧渔业	232.00	459.00	299.10	273.50	74.43	10
B	采掘业	174.00	482.00	353.10	352.50	91.46	10
C	制造业	196.00	513.00	321.16	317.50	55.96	140
D	电力煤气	205.00	394.00	299.80	299.00	69.96	10
E	建筑业	235.00	532.00	340.80	335.00	105.02	10
F	交通运输业	242.00	393.00	314.10	325.50	50.43	10
G	信息技术业	89.00	443.00	297.00	292.00	79.12	18
H	批发和零售	224.00	443.00	321.50	306.50	63.35	14
J	房地产业	193.00	377.00	286.21	292.00	50.84	14
K	社会服务业	203.00	376.00	294.10	281.00	57.25	10
L	传播与文化产业	181.00	400.00	299.10	310.50	67.15	10
M	综合类	165.00	539.00	332.00	333.00	96.85	10

附录7 财务信息元素含量描述性统计

代码	行业名称	Min	Max	Mean	Median	Std. Dev	N
A	农林牧渔业	7 295.00	16 060.00	9 537.40	8 531.50	2 741.31	10
B	采掘业	6 372.00	17 343.00	11 647.40	11 543.50	3 202.48	10
C	制造业	6 692.00	17 151.00	10 495.67	10 104.00	2 088.19	140

（续表）

代码	行业名称	Min	Max	Mean	Median	Std. Dev	N
D	电力煤气	6 776.00	14 171.00	9 792.20	9 609.00	2 375.25	10
E	建筑业	7 856.00	21 104.00	11 925.30	11 408.00	4 103.18	10
F	交通运输业	8 198.00	14 354.00	11 336.10	11 446.50	2 273.24	10
G	信息技术业	4 072.00	15 648.00	9 905.22	9 484.00	2 585.94	18
H	批发和零售	7 603.00	14 746.00	10 822.43	10 343.50	2 179.63	14
J	房地产业	6 678.00	18 862.00	10 158.21	9 244.50	3 167.13	14
K	社会服务业	6 610.00	14 944.00	10 306.00	9 821.00	2 571.90	10
L	传播与文化产业	6 333.00	13 206.00	9 755.70	9 565.50	2 078.94	10
M	综合类	5 841.00	19 244.00	11 678.50	11 679.00	3 899.49	10

附录8　财务信息元素含量描述性统计（通用分类标准部分）

代码	行业名称	Min	Max	Mean	Median	Std. Dev	N
A	农林牧渔业	5 160.00	8 669.00	5 890.00	5 573.00	1 059.03	10
B	采掘业	4 796.00	8 253.00	6 538.70	6 696.00	1 026.63	10
C	制造业	4 821.00	10 032.00	6 183.33	6 073.50	862.81	140
D	电力煤气	4 982.00	8 597.00	6 036.00	5 987.00	1 031.40	10
E	建筑业	5 101.00	8 764.00	6 502.80	5 985.50	1 216.20	10
F	交通运输业	5 346.00	7 860.00	6 326.70	5 959.50	846.79	10
G	信息技术业	4 147.00	8 103.00	6 124.89	5 958.00	887.62	18
H	批发和零售	4 986.00	7 721.00	6 264.57	6 251.00	796.94	14
J	房地产业	4 642.00	9 880.00	5 993.57	5 532.00	1 334.66	14
K	社会服务业	4 935.00	8 577.00	6 027.10	5 615.50	1 148.44	10
L	传播与文化产业	4 462.00	6 386.00	5 572.10	5 661.00	535.80	10
M	综合类	4 420.00	9 064.00	6 796.30	6 914.00	1 425.65	10

附录9　财务信息元素含量描述性统计（扩展分类标准部分）

代码	行业名称	Min	Max	Mean	Median	Std. Dev	N
A	农林牧渔业	5 674.00	12 297.00	7 589.80	7 054.00	2 093.24	10
B	采掘业	5 007.00	14 026.00	9 430.40	9 227.00	2 519.79	10
C	制造业	5 339.00	15 827.00	8 355.79	8 010.50	1 571.79	140
D	电力煤气	5 743.00	10 257.00	7 848.00	8 115.50	1 552.02	10
E	建筑业	5 995.00	16 200.00	9 716.60	9 809.00	3 330.74	10
F	交通运输业	6 080.00	13 082.00	9 506.00	9 572.50	2 397.19	10
G	信息技术业	3 818.00	13 008.00	7 947.50	7 509.50	2 162.79	18
H	批发和零售	6 247.00	12 651.00	8 804.64	8 559.50	1 808.27	14
J	房地产业	5 367.00	11 070.00	7 766.93	7 480.50	1 676.39	14
K	社会服务业	5 566.00	10 548.00	8 053.70	8 204.00	1 578.78	10
L	传播与文化产业	5 422.00	11 690.00	7 978.40	7 449.50	1 945.91	10
M	综合类	4 778.00	14 983.00	8 853.00	8 700.00	2 700.48	10

附录10　通用分类标准部分结构元素描述性统计

项目	Mean	Std. Dev	Min	25%	50%	75%	Max	Sum
根据报表类型区分								
资产负债表	4.99	0.43	4.00	5.00	5.00	5.00	8.00	59 155
资产类	5.09	0.58	4.00	5.00	5.00	5.00	8.00	40 109
负债类	4.96	0.19	4.00	5.00	5.00	5.00	6.00	15 551
权益类	4.92	0.27	4.00	5.00	5.00	5.00	6.00	3 495
利润表	5.00	0.05	4.00	5.00	5.00	5.00	6.00	9 810
现金流量表	5.00	0.00	5.00	5.00	5.00	5.00	5.00	2 486

（续表）

项目	Mean	Std. Dev	Min	25％	50％	75％	Max	Sum
根据行业区分								
A	5.02	0.44	4.00	5.00	5.00	5.00	7.00	2 481
B	5.02	0.44	4.00	5.00	5.00	5.00	7.00	2 997
C	5.05	0.45	4.00	5.00	5.00	5.00	8.00	37 743
D	5.02	0.45	4.00	5.00	5.00	5.00	7.00	2 537
E	5.01	0.46	4.00	5.00	5.00	5.00	7.00	3 021
F	5.04	0.48	4.00	5.00	5.00	5.00	8.00	2 783
G	5.05	0.43	4.00	5.00	5.00	5.00	7.00	4 769
H	5.05	0.46	4.00	5.00	5.00	5.00	7.00	3 844
J	5.00	0.47	4.00	5.00	5.00	5.00	7.00	3 445
K	5.03	0.46	4.00	5.00	5.00	5.00	7.00	2 575
L	5.07	0.47	4.00	5.00	5.00	5.00	7.00	2 279
M	4.99	0.47	4.00	5.00	5.00	5.00	7.00	2 977

附录 11　扩展分类标准部分结构元素描述性统计

项目	Mean	Std. Dev	Min	25％	50％	75％	Max	Sum
根据报表类型区分								
资产负债表	4.59	0.52	4.00	4.00	5.00	5.00	6.00	86 792
资产类	4.55	0.58	4.00	4.00	5.00	5.00	7.00	64 220
负债类	4.62	0.49	4.00	4.00	5.00	5.00	6.00	19 716
权益类	4.61	0.49	4.00	4.00	5.00	5.00	5.00	2 856
利润表	4.77	0.42	4.00	5.00	5.00	5.00	6.00	23 094
现金流量表	5.00	0.03	5.00	5.00	5.00	5.00	6.00	2 944
根据行业区分								
A	4.62	0.53	4.00	4.00	5.00	5.00	7.00	3 840
B	4.63	0.55	4.00	4.00	5.00	5.00	7.00	4 927
C	4.62	0.54	4.00	4.00	5.00	5.00	7.00	59 761
D	4.61	0.53	4.00	4.00	5.00	5.00	7.00	3 907

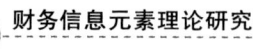
（续表）

项目	Mean	Std. Dev	Min	25％	50％	75％	Max	Sum
E	4.62	0.53	4.00	4.00	5.00	5.00	7.00	5 015
F	4.63	0.53	4.00	4.00	5.00	5.00	7.00	4 537
G	4.68	0.53	4.00	4.00	5.00	5.00	7.00	6 866
H	4.63	0.53	4.00	4.00	5.00	5.00	7.00	6 082
J	4.59	0.54	4.00	4.00	5.00	5.00	7.00	5 465
K	4.59	0.53	4.00	4.00	5.00	5.00	7.00	4 000
L	4.62	0.54	4.00	4.00	5.00	5.00	7.00	3 963
M	4.61	0.55	4.00	4.00	5.00	5.00	7.00	4 467

参考文献

［1］Aboody D，Kasznik R. CEO stock option awards and the timing of corporate voluntary disclosures［J］. Journal of Accounting and Economics，2000，29(1)：73-100.

［2］Aghion P，Tirole J. Formal and real authority in organizations［J］. Journal of Political Economy，1997(11)：1-29.

［3］Amrhein D G，Farewell S，Pinsker R E. REA and XBRL GL：synergies for the 21st century business reporting system［J］. The International Journal of Digital Accounting Research，2010(9)：7-21.

［4］Argyrou A，Andreev A. A semi-supervised tool for clustering accounting databases with applications to internal controls［J］. Expert Systems with Applications，2011，38(9)：11176-11181.

［5］Arnold V，Bedard J C，Phillips J，et al. Understanding professional and non-professional investors' information requirements［R］. Working Paper，2008.

［6］Ascioglu A，Hegde S P，McDermott J B. Auditor compensation，disclosure quality，and market liquidity：evidence from the stock market［J］. Journal of Accounting and Public Policy，2005，24(4)：325-354.

［7］Bai Z，Sakaue M，Takeda F. The impact of XBRL adoption on the information environment：evidence from Japan［J］. IPRC Discussion Paper Series，2012(5)：35-48.

［8］Baldwin A，Brown C E，Trinkle B S. XBRL：an impacts framework and research challenge［J］. Journal of Emerging Technologies in Accounting，2006，3(1)：97-116.

[9] Baldwin A, Trinkle B S. The impact of XBRL: a Delphi investigation [J]. The International Journal of Digital Accounting Research, 2011, 11(17): 1-24.

[10] Ball R, Robin A, Wu J S. Incentives versus standards: properties of accounting income in four East Asian countries [J]. Journal of Accounting and Economics, 2003, 36(1): 235-270.

[11] Barako D G, Hancock P, Izan H Y. Factor's influencing voluntary corporate disclosure by Kenyan companies[J]. Corporate Governance: An International Review, 2006, 14(2): 107-125.

[12] Barac K. Financial reporting on the internet in South Africa [J]. Meditari Accountancy Research, 2004, 12(1): 1-20.

[13] Bartley J, Chen A Y S, Taylor E Z. A comparison of XBRL filings to corporate 10-Ks-Evidence from the voluntary filing program [J]. Accounting Horizons, 2011, 25(2): 227-245.

[14] Beaver W H. Financial reporting: an accounting revolution[M]. [S. I.]: Prentice Hall, 1981.

[15] Bryan B. Essentials of XBRL: financial reporting in the 21st century [M]. [S. I.]: John Wiley & Sons, 2004.

[16] Bhushan R. Firm characteristics and analyst following[J]. Journal of Accounting and Economics, 1989, 11(2): 255-274.

[17] Bizarro P A, Garcia A. XBRL-Beyond the basics [J]. The CPA Journal, 2010, 80(5): 62-77.

[18] Blankespoor E A. The impact of investor information processing costs on firm disclosure choice: evidence from the XBRL mandate[D]. The University of Michigan, 2012.

[19] Blankespoor E, Miller B P, White H D. Initial evidence on the market impact of the XBRL mandate[J]. Review of Accounting Studies, 2014, 19(4): 1468-1503.

[20] Bonson E, Cortijo V, Escobar T, et al. Implementing XBRL

successfully by mandate and voluntarily[J]. Online，2009，33（1）：37-51.

[21] Botosan C A. Evidence that greater disclosure lowers the cost of equity capital[J]. Journal of Applied Corporate Finance，2000，12(4)：60-69.

[22] Boritz J E，No W G. Auditing an XBRL instance document：the case of united technologies corporation[J]. University of Waterloo，2008.

[23] Boritz J，No W G. Computer-Assisted functions for auditing XBRL-related documents[C]. Proceedings of the 5th University of Kansas International Conference on XBRL，Overland Park，KS，April. 2011：28-30.

[24] Botosan C A. Disclosure level and the cost of equity capital[J]. Accounting Review，1997，72(3)：323-349.

[25] Bovee M，Ettredge M L，Srivastava R P，et al. Does the year 2000 XBRL taxonomy accommodate current business financial-reporting practice? [J]. Journal of Information Systems，2002，16(2)：165-182.

[26] Bovee M，Kogan A，Nelson K. Financial reporting and auditing agent with net knowledge and extensible business reporting language[J]. Journal of Information Systems，2005，19(1)：19-41.

[27] Bowman P，Haire D. Stock performance and voluntary disclosure[J]. Journal of Accounting and Public Policy，1975.

[28] Brennan N. Voluntary disclosure of profit forecasts by target companies in takeover bids[J]. Journal of Business Finance & Accounting，1999，26(8)：883-917.

[29] Brown F，Willis M. Revolutionizing the corporate reporting supply chain XBRL can do for the business reporting supply chain what containerization did for the shipping industry[J]. Financial Executive，2003，19(3)：70-72.

[30] Bushman R M，Piotroski J D，Smith A J. What determines corporate transparency? [J]. Journal of Accounting Research，2004，42（2）：

207-252.

[31] Buys P. Financial reporting & Boxv; XBRL solutions for IFRS conversions[J]. Accountancy SA, 2004: 10-12.

[32] Chakraborty V, Vasarhelyi M A. Automating the process of taxonomy creation and comparison of taxonomy structures[C]. 19th Annual Research Workshop on Strategic and Emerging Technologies, American Accounting Association. 2010.

[33] Chan K, Hameed A. Stock price synchronicity and analyst coverage in emerging markets[J]. Journal of Financial Economics, 2006, 80(1): 115-147.

[34] Chang C, Jarvenpaa S. Pace of information systems standards development and implementation: the case of XBRL[J]. Electronic Markets, 2005, 15(4): 365-377.

[35] Chasan E. Companies grow weary of XBRL[J]. Wall Street Journal: CFO Report, 2012.

[36] Chen S, Guo J, Tong X. XBRL implementation and post-earnings-announcement drift: the impact of state ownership in China[J]. Journal of Information Systems, 2017,31(1):1-19.

[37] Cohen E. XBRL's global ledger framework: exploring the standardized missing link to ERP integration[J]. International Journal of Disclosure and Governance, 2009, 6(3): 188-206.

[38] Cohen L, Lou D. Complicated firms[J]. Journal of Financial Economics, 2012, 104(2): 383-400.

[39] Cooke T E. Disclosure in Japanese corporate annual reports[J]. Journal of Business Finance & Accounting, 1993, 20(4): 521-535.

[40] Cordery C J, Fowler C J, Mustafa K. A solution looking for a problem: factors associated with the non-adoption of XBRL[J]. Pacific Accounting Review, 2011, 23(1): 69-88.

[41] Core J E. A review of the empirical disclosure literature: discussion[J].

Journal of Accounting and Economics, 2001, 31(1): 441-456.

[42] Crawford S S, Roulstone D T, So E C. Analyst initiations of coverage and stock return synchronicity[J]. The Accounting Review, 2012, 87 (5): 1527-1553.

[43] Christie A. The stochastic behavior of common stock variances: value, leverage and interest rate effects[J]. Journal of Financial Economics, 1982, 10(4): 407-432.

[44] Darrough M N. Disclosure policy and competition: Cournot vs. Bertrand[J]. Accounting Review, 1993: 534-561.

[45] Daske H, Hail L, Leuz C, et al. Mandatory IFRS reporting around the world: early evidence on the economic consequences[J]. Journal of Accounting Research, 2008, 46(5): 1085-1142.

[46] Debreceny R S, Chandra A, Cheh J J, et al. Financial reporting in XBRL on the SEC's EDGAR system: a critique and evaluation[J]. Journal of Information Systems, 2005, 19(2): 191-210.

[47] Debreceny R, Felden C, Ochocki B, et al. XBRL taxonomy engineering [M]//XBRL for Interactive Data. Berlin: Springer, 2009: 113-227.

[48] Debreceny R, Farewell S. Adios! airways: an assignment on mapping financial statements to the US GAAP XBRL taxonomy[J]. Issues in Accounting Education, 2010, 25(3): 465-488.

[49] Debreceny R S, Farewell S M, Piechocki M, et al. Flex or break? extensions in XBRL disclosures to the SEC[J]. Accounting Horizons, 2011, 25(4): 631-657.

[50] Defond M L, Hung M. Investor protection and corporate governance: evidence from worldwide CEO turnover[J]. Journal of Accounting Research, 2004, 42(2): 269-312.

[51] Di Maggio M, Pagano M. Financial disclosure and market transparency with costly information processing[J]. ECGI-Finance Working Paper, 2012(34):46-55.

[52] DiPiazza Jr S A, Eccles R G. Building public trust: the future of corporate reporting[M]. [S. I.]: Wiley, 2002.

[53] Doolin B, Troshani I. XBRL: a research note[J]. Qualitative Research in Accounting & Management, 2004, 1(2): 93-104.

[54] Du H, Roohani S. Meeting challenges and expectations of continuous auditing in the context of independent audits of financial statements[J]. International Journal of Auditing, 2007, 11(2): 133-146.

[55] Du H, Vasarhelyi M A, Zheng X. XBRL mandate: thousands of filing errors and so what? [J]. Journal of Information Systems, 2013, 27(1): 61-78.

[56] Dunne T, Helliar C, Lymer A, et al. Stakeholder engagement in internet financial reporting: the diffusion of XBRL in the UK[J]. The British Accounting Review, 2013, 45(3): 167-182.

[57] Durnev A, Morck R, Yeung B, et al. Does greater firm-specific return variation mean more or less informed stock pricing? [J]. Journal of Accounting Research, 2003, 41(5): 797-836.

[58] Durnev A, Morck R, Yeung B. Value-enhancing capital budgeting and firm-specific stock return variation[J]. The Journal of Finance, 2004, 59(1): 65-105.

[59] Dye R A. An evaluation of "essays on disclosure" and the disclosure literature in accounting [J]. Journal of Accounting and Economics, 2001, 32(1): 181-235.

[60] Efendi J, Park J D, Subramaniam C. Do XBRL reports have incremental information content? —an empirical analysis [J]. An Empirical Analysis, 2010, 11(4): 62-88.

[61] El-Gazzar S M. Predisclosure information and institutional ownership: a cross-sectional examination of market revaluations during earnings announcement periods[J]. Accounting Review, 1998, 18(4): 119-129.

[62] El-Gazzar S M, Fornaro J M, Jacob R A. An examination of the

determinants and contents of corporate voluntary disclosure of management's responsibilities for financial reporting[J]. Journal of Accounting, Auditing & Finance, 2008, 23(1): 95-114.

[63] Elliott R K. Twenty-first century assurance[J]. Auditing-A journal of Practice & Theory, 2002, 21(1): 139-146.

[64] Enofe A, Amaria P. Extensible business reporting language XBRL: a new dimension in financial reporting[J]. International Journal of Business, Accounting and Finance, 2011, 5(1): 78-90.

[65] Eng L L, Mak Y T. Corporate governance and voluntary disclosure[J]. Journal of Accounting and Public Policy, 2003, 22(4): 325-345.

[66] Fan J P H, Wong T J. Corporate ownership structure and the informativeness of accounting earnings in East Asia[J]. Journal of Accounting and Economics, 2002, 33(3): 401-425.

[67] Farewell S, Pinsker R. XBRL and financial information assurance services[J]. The CPA Journal, 2005, 75(5): 68-69.

[68] Farrell J, Saloner G. International harmonization impact compared: illustration of United States and Japan financial statement ratio analysis [J]. Journal of American Academy of Business, 1985, 14(3): 25-30.

[69] Ferreira M A, Laux P A. Corporate governance, idiosyncratic risk, and information flow[J]. The Journal of Finance, 2007, 62(2): 951-989.

[70] Francis J, LaFond R, Olsson P M, et al. Costs of equity and earnings attributes[J]. The Accounting Review, 2004, 79(4): 967-1010.

[71] Francis J R, Khurana I K, Pereira R. Disclosure incentives and effects on cost of capital around the world[J]. The Accounting Review, 2005, 80(4): 1125-1162.

[72] Frankel R, McNichols M, Wilson G P. Discretionary disclosure and external financing[J]. Accounting Review, 1995, 16(3): 135-150.

[73] Frederickson J R, Miller J S. The effects of pro forma earnings disclosures on analysts' and nonprofessional investors' equity valuation

judgments[J]. The Accounting Review, 2004, 79(3): 667-686.

[74] Garbellotto G, Cohen E. XBRL global ledger framework-SRCD module-public working draft overview[J]. XBRL International, 2007.

[75] Garbellotto G. XBRL implementation strategies: the deeply embedded approach[J]. Strategic Finance, 2009, 91(5): 56-78.

[76] Gibbins M, Richardson A, Waterhouse J. The management of corporate financial disclosure: opportunism, ritualism, policies, and processes[J]. Journal of Accounting Research, 1990: 121-143.

[77] Glosten L R, Milgrom P R. Bid, ask and transaction prices in a specialist market with heterogeneously informed traders[J]. Journal of Financial Economics, 1985, 14(1): 71-100.

[78] Gray G L, Miller D W. XBRL: solving real-world problems[J]. International Journal of Disclosure and Governance, 2009, 6 (3): 207-223.

[79] Grossman S J, Stiglitz J E. On the impossibility of informational efficient markets[J]. The American Economic Review, 1980, 70(3): 393-408.

[80] Gul F A, Kim J B, Qiu A A. Ownership concentration, foreign shareholding, audit quality, and stock price synchronicity: evidence from China [J]. Journal of Financial Economics, 2010, 95 (3): 425-442.

[81] Gunn J. XBRL: opportunities and challenges in enhancing financial reporting and assurance processes [J]. Current Issues in Auditing, 2007, 1(1): A36-A43.

[82] Haggard K S, Martin X, Pereira R. Does voluntary disclosure improve stock price informativeness? [J]. Financial Management, 2008, 37(4): 747-768.

[83] Hannon N. XBRL for general ledger, the journal taxonomy [J]. Strategic Finance, 2003, 85(2): 63-67.

[84] Hannon N J. XBRL GL: the general ledger gets its groove [J]. Strategic Finance Magazine, Institute of Management Accountants, 2005: 57-59.

[85] Haseqawa M, Sakata T, Sambuichi N, et al. Breathing new life into old systems[J]. Strategic Finance-Montvale, 2004, 85(15): 46-51.

[86] Healy P M, Palepu K G. The challenges of investor communication the case of CUC International, Inc[J]. Journal of Financial Economics, 1995, 38(2): 111-140.

[87] Healy P M, Hutton A P, Palepu K G. Stock performance and intermediation changes surrounding sustained increases in disclosure [J]. Contemporary Accounting Research, 1999, 16(3): 485-520.

[88] Healy P M, Palepu K G. Information asymmetry, corporate disclosure, and the capital markets: a review of the empirical disclosure literature[J]. Journal of Accounting and Economics, 2001, 31(1): 405-440.

[89] Henderson D, Sheetz S D, Trinkle B S. The determinants of inter-organizational and internal in-house adoption of XBRL: a structural equation model[J]. International Journal of Accounting Information Systems, 2012, 13(2): 109-140.

[90] Hobbs J R. On the coherence and structure of discourse[M]. [S. I.]: CSLI, 1985.

[91] Hodge F D, Kennedy J J, Maines L A. Does search-facilitating technology improve the transparency of financial reporting? [J]. The Accounting Review, 2004, 79(3): 687-703.

[92] Hoffman C, Watson L. XBRL for Dummies[M]. [S. I.]: John Wiley & Sons, 2009.

[93] Hutton A P, Marcus A J, Tehranian H. Opaque financial reports, R2, and crash risk[J]. Journal of Financial Economics, 2009, 94 (1): 67-86.

[94] Hwang J S, Leem C S, Moon H J. A study on relationships among accounting transparency, accounting information transparency, and XBRL[C]. Convergence and Hybrid Information Technology, 2008. ICCIT'08. Third International Conference on. IEEE, 2008, 1: 502-509.

[95] Inchausti B G. The influence of company characteristics and accounting regulation on information disclosed by Spanish firms[J]. European Accounting Review, 1997, 6(1): 45-68.

[96] Inchausti. Advanced and multivariate statistical methods[M]. 3rd Edition, [S. I.]: Pyrczak Publishing, 2011.

[97] Jaggi B, Low P Y. Impact of culture, market forces, and legal system on financial disclosures[J]. The International Journal of Accounting, 2000, 35(4): 495-519.

[98] Janvrin D J, Pinsker R E, Mascha M. XBRL, excel or PDF? the effects of technology choice on the analysis of financial information[C]. CAAA Annual Conference, 2011.

[99] Jensen M C, Meckling W H. Theory of the firm: managerial behavior, agency costs and ownership structure[J]. Journal of Financial Economics, 1976, 3(4): 305-360.

[100] Jin L, Myers S C. R2 around the world: new theory and new tests[J]. Journal of Financial Economics, 2006, 79(2): 257-292.

[101] Jones A, Willis M. The challenge of XBRL: business reporting for the investor[J]. Balance Sheet, 2003, 11(3): 29-37.

[102] Katz J G. Proposed rule: XBRL voluntary financial reporting program on the EDGAR System[R]. Working Paper, 2004.

[103] Kim J W, Lim J H, No W G. The effect of first wave mandatory XBRL reporting across the financial information environment[J]. Journal of Information Systems, 2012, 26(1): 127-153.

[104] Kim J B, Shi H. IFRS reporting, firm-specific information flows, and institutional environments: international evidence[J]. Review of

Accounting Studies，2012，17(3)：474-517.

[105] Kim O, Verrecchia R E. The relation among disclosure，returns，and trading volume information［J］. The Accounting Review，2001，76(4)：633-654.

[106] King B F. Market and industry factors in stock price behavior［J］. Journal of Business，1966，39(1)：139-190.

[107] Kuhn T S. The structure of scientific revolutions［M］.［S. I.］：University of Chicago press，2012.

[108] Lang M，Lundhol R. Cross-sectional determinants of analyst ratings of corporate disclosures［J］. Journal of Accounting Research，1993，34(12)：246-271.

[109] Lassila，Brancheau. Continuous auditing：verifying information integrity and providing assurances for financial reports［J］. Computers Fraud & Security，1999，14(7)：13-16.

[110] Leftwich R W, Watts R L, Zimmerman J L. Voluntary corporate disclosure：the case of interim reporting［J］. Journal of Accounting Research，1981，34(12)：50-77.

[111] Leuz C，Verrecchia R E. The economic consequences of increased disclosure［J］. Journal of Accounting Research，2000，38(2)：91-124.

[112] Li Y，Roge J，Rydl L，et al. Information technology addresses transparency：the potential effects of XBRL on financial disclosure［J］. Issues in Information Systems，2006，7(2)：241-245.

[113] Liu C，O'Farrell G. The impact of XBRL on forecast accuracy across nations［J］. International Journal of Services and Standards，2013，8(3)：247-263.

[114] Locke J，Lowe A. XBRL：an(open)source of enlightenment or disillusion?［J］. European Accounting Review，2007，16(3)：585-623.

[115] Meek G K，Roberts C B，Gray S J. Factors influencing voluntary

annual report disclosures by US, UK and continental European multinational corporations [J]. Journal of International Business Studies, 1995: 555-572.

[116] Miller G S. Earnings performance and discretionary disclosure[J]. Journal of Accounting Research, 2002, 40(1): 173-204.

[117] Morck R, Yeung B, Yu W. The information content of stock markets: why do emerging markets have synchronous stock price movements [J]. Journal of Financial Economics, 2000, 58(1): 215-260.

[118] Myers S C, Majluf N S. Corporate financing and investment decisions when firms have information that investors do not have[J]. Journal of Financial Economics, 1984, 13(2): 187-221.

[119] Neches R, Fikes R E, Finin T, et al. Enabling technology for knowledge sharing[J]. AImagazine, 1991, 12(3): 36-51.

[120] Nelson K M, Kogan A, Srivastava R P, et al. Virtual auditing agents: the EDGAR Agent challenge[J]. Decision Support Systems, 2000, 28(3): 241-253.

[121] Peng L. Learning with information capacity constraints[J]. Journal of Financial and Quantitative Analysis, 2005, 40(2): 307-329.

[122] McGuire B L, Okesson S J, Watson L A. Second-wave benefits of XBRL[J]. Strategic Finance, 2006, 88(6): 43-51.

[123] Naumann J W. Tap into XBRL's power the easy way: the Microsoft office tool for XBRL benefits all financial reporting participants[J]. Journal of Accountancy, 2004, 197(5): 32-65.

[124] Peng L, Xiong W. Investor attention, overconfidence and category learning[J]. Journal of Financial Economics, 2006, 80(3): 563-602.

[125] Penler P, Schnitzer M. XBRL kicks reporting processes into high gear [J]. Bank Technology News, 2002, 15(11): 52-54.

[126] Piechock M, Felden C. XBRL taxonomy engineering, definition of

XBRL taxonomy development process model[C]// European Conference on Information Systems，DBLP，2007.

[127] Pinsker R. XBRL awareness in auditing：a sleeping giant? [J]. Managerial Auditing Journal，2003，18(9)：732-736.

[128] Debreceny R，Felden C，Piechocki M，et al. A theoretical framework for examining the corporate adoption decision involving XBRL as a continuous disclosure reporting technology[J]. New Dimensions of Business Reporting and XBRL，2007：73-98.

[129] Pinsker R，Li S. Costs and benefits of XBRL adoption：early evidence [J]. Communications of the ACM，2008，51(3)：47-50.

[130] Piotroski J D，Roulstone D T. The influence of analysts，institutional investors，and insiders on the incorporation of market，industry，and firm-specific information into stock prices [J]. The Accounting Review，2004，79(4)：1119-1151.

[131] Plumlee R D，Plumlee M A. Assurance on XBRL for financial reporting[J]. Accounting Horizons，2008，22(3)：353-368.

[132] Premuroso R F，Bhattacharya S. Do early and voluntary filers of financial information in XBRL format signal superior corporate governance and operating performance? [J]. International Journal of Accounting Information Systems，2008，9(1)：1-20.

[133] Rezaee Z. Financial statement fraud：prevention and detection[M]. [S. I.]：John Wiley & Sons，2002.

[134] Rezaee Z，Turner J L. XBRL-based financial reporting：challenges and opportunities for government accountants[J]. Journal of Government Financial Management，2002，51(2)：16-23.

[135] Richards J，Tibbits H. Understanding XBRL[J]. CPA Australia，NSW，2002.

[136] Roohani S，Furusho Y，and Koizumi M. XBRL：improving transparency and monitoring functions of corporate governance[J].

International Journal of Disclosure and Governance，2009，6（4）：355-369.

[137] Salamon G L，Dhaliwal D S. Company size and financial disclosure requirements with evidence from the segmental reporting issue［J］. Journal of Business Finance & Accounting，1980，7(4)：555-568.

[138] Schadewitz H J，Blevins D R. Major determinants of interim disclosures in an emerging market［J］. American Business Review，1998，16(1)：41-55.

[139] Shleifer A，Vishny R W. A survey of corporate governance［J］. The Journal of Finance，1997，52(2)：737-783.

[140] Singhvi，Desai. Clark H. Risk assessment in an extended enterprises environment：redefining the auditing mode［J］. International Journal of Accounting Information Systems，2005(4)：53-57.

[141] Skinner D J. Why firms voluntarily disclose bad news［J］. Journal of Accounting Research，1994，32(1)：38-60.

[142] Skinner D J. Earnings disclosures and stockholder lawsuits［J］. Journal of Accounting and Economics，1997，23(3)：249-282.

[143] SEC. SEC to rebuild public disclosure system to make IT "interactive"［J］. SEC Press Release，Accessed on May，2006，22(7)：2006-2058.

[144] SEC. Interactive data to improve financial reporting［J］. Retrieved July，2009,15：2011.

[145] Sims C A. Implications of rational inattention［J］. Journal of Monetary Economics，2003，50(3)：665-690.

[146] Sims C A. Rational inattention：Beyond the linear-quadratic case［J］. The American Economic Review，2006：158-163.

[147] Spies M. An ontology modelling perspective on business reporting［J］. Information Systems，2010，35(4)：404-416.

[148] Steenkamp L P，Nel G F. The adoption of XBRL in South Africa：an empirical study［J］. Electronic Library，2012，30(3)：409-425.

［149］Strader T J. XBRL capabilities and limitations［J］. CPA Journal, 2007, 77(12)：68.

［150］Srivastava R P, Kogan A. Assurance on XBRL instance document：a conceptual framework of assertions［J］. International Journal of Accounting Information Systems, 2010, 11(3)：261-273.

［151］Troshani I, Rao S. Drivers and inhibitors to XBRL adoption：a qualitative approach to build a theory in under-researched areas［J］. International Journal of E-Business Research, 2007, 3(4)：98-111.

［152］Trueman B. Why do managers voluntarily release earnings forecasts? ［J］. Journal of Accounting and Economics, 1986, 8(1)：53-71.

［153］Veldkamp L L. Information markets and the co-movement of asset prices［J］. The Review of Economic Studies, 2006, 73(3)：823-845.

［154］Venkatesh R, Armitage J. Accountants' awareness and perceptions about assurance on XBRL financial statements［J］. Journal of Applied Business Research, 2012,28(2):145-154.

［155］Verrecchia R E. Essays on disclosure［J］. Journal of Accounting and Economics, 2001, 32(1)：97-180.

［156］Wagenhofer A. Economic consequences of internet financial reporting ［J］. Schmalenbach Business Review, 2003, 55(4)：262-279.

［157］Wallace, Naser. Is there a relationship between firm performance, corporate governance, and a firm's decision to form a technology committee? ［J］. Corporate Governance：An International Review, 2010, 15(6)：60-76.

［158］Wang K, Sewon O, Claiborne M C. Determinants and consequences of voluntary disclosure in an emerging market：evidence from China［J］. Journal of International Accounting, Auditing and Taxation, 2008, 17(1)：14-30.

［159］Wang T, Wen C Y, Seng J L. The association between the mandatory adoption of XBRL and the performance of listed state-owned enterprises and non-state-owned enterprises in China[J]. Information & Management，2014，51(3)：336-346.

[160] Willis M，Hannon N. Combating everyday data problems with XBRL [J]. Strategic Finance，2005，87(1)：57-59.

[161] Wurgler J. Financial markets and the allocation of capital[J]. Journal of Financial Economics，2000，58(1)：187-214.

[162] Xiao J Z，Yang H，Chow C W. The determinants and characteristics of voluntary Internet-based disclosures by listed Chinese companies [J]. Journal of Accounting and Public Policy，2004，23(3)：191-225.

[163] Yao Y. A partition model of granular computing[M]// Transactions on Rough Sets Ⅱ. Berlin：Springer，2004：232-253.

[164] Yao Y Y. The art of granular computing［C］. Proceeding of International Conference on Rough Sets and Emerging Intelligent System Paradigms. LNAI4585，2007，101-112.

[165] Yoon H，Zo H，Ciganek A P. Does XBRL adoption reduce information asymmetry?［J］. Journal of Business Research，2011，64(2)：157-163.

[166] Zadeh L A. Fuzzy sets and information granularity[J]. Fuzzy Sets，Fuzzy Logic，and Fuzzy Systems：Selected Papers，1979：433-448.

[167] Zabihollah R. Financial statement fraud：prevention and detection ［M］. NY Wiley，2003.

[168] Piotroski J D，Roulstone D T. The influence of analysts，institutional investors，and insiders on the incorporation of market，industry，and firm-specific information into stock prices［J］. The Accounting Review，2004，79(4)：1119-1151.

[169] Zhu H，Wu H. Quality of data standards：framework and illustration using XBRL taxonomy and instances[J]. Electronic Markets，2011，21(2)：129-139.

[170] 毕茜,彭珏,左永彦. 环境信息披露制度,公司治理和环境信息披露[J].

会计研究,2012(7):39-47.

[171] 曹志福.XBRL 与资本市场信息透明度的关系探析[D].江西财经大学,2013.

[172] 陈红,杨凌霄.金字塔股权结构,股权制衡与终极股东侵占[J].投资研究,2012(3):101-123.

[173] 陈梦根,毛小元.股价信息含量与市场交易活跃程度[J].金融研究,2007(3):125-139.

[174] 陈思圆.上市公司 XBRL 财务报告应用研究[D].中南财经政法大学,2020.

[175] 陈宋生,李文颖,吴东琳.XBRL,公司治理与权益成本——财务信息价值链全视角[J].会计研究,2015(3):64-71.

[176] 陈宋生,童晓晓.双重监管、XBRL 实施与公司治理效应[J].南开管理评论,2017,20(6):50-63.

[177] 陈宋生,田至立,岳江秀.自愿性信息披露越多越好吗?——基于 XBRL 扩展分类标准的视角[J].会计与经济研究,2020,34(4):24-45.

[178] 陈玉兰.互联网对传统财务会计的影响[J].农业科研经济管理,2005(3):18-19.

[179] 程小青.XBRL 财务报告对股价同步性的影响研究[J].中国物价,2021(5):78-80.

[180] 程新生,徐婷婷,王琦,等.自愿性信息披露与公司治理,董事会功能与大股东行为[J].武汉大学学报(哲学社会科学版),2008(4):10-16.

[181] 崔学刚.公司治理机制对公司透明度的影响——来自中国上市公司的经验数据[J].会计研究,2004(8):72-80.

[182] 董锋,韩立岩.中国股市透明度提高对市场质量影响的实证分析[J].经济研究,2006(5):87-96.

[183] 杜威,董珊珊,张天西.XBRL 分类标准、财务信息元素与上市公司自愿性信息披露研究——基于中国资本市场的经验证据[J].投资研究,2015(5):66-78.

[184] 范德玲,刘春林,殷枫.上市公司自愿性信息披露的影响因素研究[J].经

济管理,2004(20):69-75.

[185] 方军雄.我国上市公司信息披露透明度与证券分析师预测[J].金融研究,2007(6):136-148.

[186] 冯用富,董艳,袁泽波,等.基于 R2 的中国股市私有信息套利分析[J].经济研究,2009(8):50-59.

[187] 高锦萍.XBRL 财务报告审计模型及实现机制:一种框架研究[J].审计研究,2011(3):74-80.

[188] 高锦萍.XBRL 财务报告分类标准研究:质量水平、经济后果与改进[D].上海交通大学,2007.

[189] 高锦萍,张天西.XBRL 财务报告分类标准评价——基于财务报告分类与公司偏好的报告实务的匹配性研究[J].会计研究,2006(11):24-29.

[190] 高雷,张杰.公司治理、机构投资者与盈余管理[J].会计研究,2008(9):64-72.

[191] 葛家澍,刘峰.论企业财务报告的性质及其信息的基本特征[J].会计研究,2011(5):1-12.

[192] 郭鹏飞,孙培源.资本结构的行业特征:基于中国上市公司的实证研究[J].经济研究,2003,5(5):66-73.

[193] 韩海文,张宏婧.自愿性信息披露的短期价值效应探析[J].审计与经济研究,2009(24):50-58.

[194] 郝信梓.我国 XBRL-GL 的应用框架构建研究[D].首都经济贸易大学,2014.

[195] 韩庆兰,蔡苗.XBRL 分类标准理论研究[J].上海立信会计学院学报,2008,22(3):34-38.

[196] 侯宇,叶冬艳.机构投资者、知情人交易和市场效率——来自中国资本市场的实证证据[J].金融研究,2008(4):131-145.

[197] 何芹.上市银行 XBRL 财务报告现状及存在的问题[J].证券市场导报,2011(6):22-28.

[198] 何玉.网络财务报告研究:决定因素、经济后果与管制[D].上海交通大学,2006.

[199] 何玉,张天西.信息披露、信息不对称和资本成本:研究综述[J].会计研究,2006(6):82-88.

[200] 胡元木,谭有超.非财务信息披露:文献综述以及未来展望[J].会计研究,2013(3):20-26.

[201] 黄长胤.XBRL财务报告分类标准的层级扩展研究[D].上海交通大学,2012.

[202] 黄长胤,吴忠生.自愿性信息披露影响因素实证研究——基于XBRL分类标准视角[J].经济与管理研究,2011(8):116-122.

[203] 黄长胤,张天西.上市公司自愿性信息披露的行业差异——基于XBRL分类标准的定量化视角[J].证券市场导报,2011(7):56-61.

[204] 黄俊,郭照蕊.新闻媒体报道与资本市场定价效率——基于股价同步性的分析[J].管理世界,2014(5):121-130.

[205] 惠丽丽,谢获宝,魏其芳.XBRL标准应用能有效提升分析师盈余预测质量吗?——基于成本粘性的分析视角[J].证券市场导报,2019(4):42-51.

[206] 金侃.XBRL分类标准制定模式研究[D].浙江财经学院,2010.

[207] 金智.新会计准则、会计信息质量与股价同步性[J].会计研究,2010(7):19-26.

[208] 李春涛,张璇.分析师与股票价格同步性的实证研究[J].山东经济,2011(1):99-106.

[209] 李凤莲.公司治理与伦理规制对上市公司自愿性信息披露影响的研究[D].中南大学,2014.

[210] 李辉.XBRL会计信息披露研究[D].西北大学,2013.

[211] 李慧云,吕文超.上市公司自愿性信息披露现状及其监管研究[J].统计研究,2012(4):86-91.

[212] 李慧云,郭晓萍,张林,等.自愿性信息披露水平高的上市公司治理特征研究[J].统计研究,2013(7):72-77.

[213] 李逸.XBRL财务报告对上市公司会计信息质量的影响研究[D].桂林电子科技大学,2020.

[214] 李增泉.所有权安排与股票价格的同步性——来自中国股票市场的证据[J].中国会计学会 2005 年学术年会论文集(下),2005.

[215] 李增泉,孙铮,王志伟."掏空"与所有权安排[J].会计研究,2004(12):3-13.

[216] 李争争.XBRL 财务报告分类标准:微观结构、质量评价和改进方案[D].上海交通大学,2013.

[217] 李争争,张天西,韩宜恒,等.行业分类标准有更高的信息质量吗?——基于 XBRL 财务报告的量化视角[J].证券市场导报,2013(5):5-12.

[218] 李争争,张天西,吴忠生.分类标准的行业扩展有更高的完整性和效率性吗?[J].会计研究,2014(11):11-17.

[219] 李志军,王善平.货币政策、信息披露质量与公司债务融资[J].会计研究,2011,10(1):41-46.

[220] 林琳,潘琰.XBRL 鉴证业务理论基础建构[J].当代财经,2011(8):110-118.

[221] 林祥友,何帅,邓传红.XBRL 信息披露对上市公司会计稳健性的影响研究[J].投资研究,2017,36(3):108-122.

[222] 林钟高,吴利娟.公司治理与会计信息质量的相关性研究[J].会计研究,2004(8):65-71.

[223] 刘飞.XBRL 环境下持续性审计模型研究[D].哈尔滨商业大学,2013.

[224] 刘锋.基于语义网的 XBRL 技术模型及其应用研究[D].财政部财政科学研究所,2012.

[225] 刘桂春,胡立新.内部控制信息披露质量对股价同步性的影响——基于深市主板上市公司的实证研究[J].新疆社会科学,2014(4):20-26.

[226] 刘勤.对当前一些有关 XBRL 流行观点的思考[J].会计研究,2006(8):80-85.

[227] 刘任帆,于增彪.股权结构与公司业绩关系的行业特征——来自冶金、医药、机械与 IT 行业的实证证据[J].南开管理评论,2005(7):39-46.

[228] 刘星星.组织效率、内部控制信息自愿披露和投资者利益保护关系实证研究[J].经济视角:下,2012(10):41-43.

[229] 刘素,薛有志,纪鑫.中国上市公司多元化行业特征的实证研究[J].管理学院,2010(10):1542-1547.

[230] 刘亚莉,王新,魏倩.慈善组织财务信息披露质量的影响因素与后果研究[J].会计研究,2013(1):76-83.

[231] 刘玉廷.推广应用 XBRL 推进会计信息化建设[J].会计研究,2010(11):3-9.

[232] 逯东,孙岩,杨丹.会计信息与资源配置效率研究述评[J].会计研究,2012(6):19-24.

[233] 鹿婷,熊盛武.基于本体的设计知识建模研究[J].电脑知识与技术(学术交流),2007(8):108-120.

[234] 罗进辉.上市公司的信息披露质量为何摇摆不定?[J].投资研究,2014(1):12-18.

[235] 罗炜,朱春艳.代理成本与公司自愿性披露[J].经济研究,2010(10):143-155.

[236] 吕志明.基于 XBRL 的审计流程再造[J].财经问题研究,2011(3):125-129.

[237] 毛元青,刘梅玲."互联网＋"时代的管理会计信息化探讨——第十四届全国会计信息化学术年会主要观点综述[J].会计研究,2015(11):90-92.

[238] 马忠,吴翔宇.金字塔结构对自愿性信息披露程度的影响:来自家族控股上市公司的经验验证[J].会计研究,2007(1):44-50.

[239] 聂萍,周戴.基于 XBRL 环境网络财务报告网页呈现质量实证研究[J].会计研究,2011(4):8-14.

[240] 欧阳电平,周舟.财务报表附注规范表述现状与建议——基于建立 XBRL 分类标准的需求[J].财会通讯:综合(上),2010(2):28-29.

[241] 潘琰,林琳.网络财务报告的基础:XBRL 分类账[J].财经论丛,2006(1):50-55.

[242] 潘定,薛咏.演化博弈视角下 XBRL 技术采纳的监管策略研究[J].运筹与管理,2021,30(12):172-178.

[243] 彭屹松.基于产权博弈的 XBRL 信息透明度研究[D].湖南大学,2014.

[244] 乔旭东.上市公司会计信息披露与公司治理结构的互动:一种框架分析
[J].会计研究,2003(5):46-49.

[245] 饶育蕾,许军林,梅立兴,等.QFII 持股对我国股市股价同步性的影响研
究[J].管理工程学报,2013(2):202-208.

[246] 孙凡,杨周南.XBRL 技术体系结构的语言学分析与改进研究[J].会计
研究,2013(7):13-19.

[247] 沈颖玲.会计全球化的技术视角——利用 XBRL 构建国际财务报告准
则分类体系[J].会计研究,2004(4):35-40.

[248] 史永,张龙平.XBRL 财务报告对分析师预测的影响研究[J].宏观经济
研究,2014a(8):121-132.

[249] 史永,张龙平.XBRL 财务报告实施效果研究——基于股价同步性的视
角[J].会计研究,2014(3):3-10.

[250] 田五星,王海凤.基于政府会计环境的政府年度财务报告制度研究[J].
财会通讯:综合版,2011(10):138-139.

[251] 王化成,陈晋平.上市公司收购的信息披露——披露哲学、监管思路和
制度缺陷[J].管理世界,2002(11):113-123.

[252] 王琳,龚昕.我国 XBRL 财务报告应用与会计信息质量——基于沪深经
验数据的实证分析[J].财经问题研究,2012(11):124-129.

[253] 王雄元.自愿性信息披露:信息租金与管制[J].会计研究,2005(4):
25-29.

[254] 汪炜,蒋高峰.信息披露、透明度与资本成本[J].经济研究,2004(7):
22-29.

[255] 王艳艳,于李胜.国有银行贷款与股价同步性[J].中国会计年鉴,2014
(1):26-31.

[256] 王文礼,黄敏,应唯,等.分类标准 FRTA 校验的分析研究[J].会计研
究,2011(4):3-7.

[257] 吴忠生.XBRL 财务报告与会计账簿研究:标准改进与数据集成[D].上
海交通大学,2014.

[258] 吴忠生,刘勤.市场竞争、政府行为与 XBRL 技术扩散[J].会计研究,
2015(8):19-23.

[259] 吴忠生,张天西,周嵩安.中国 XBRL 财务报告分类标准行业扩展研
究——基于沪市上市公司 2011 年 XBRL 实例的统计分析[J].证券市
场导报,2013(11):14-19.

[260] 徐寿福,徐龙炳.信息披露质量与资本市场估值偏误[J].会计研究,2015
(1):40-47.

[261] 薛云奎.网络时代的财务与会计:管理集成与会计频道[J].会计研究,
1999(11):30-35.

[262] 杨雄胜,陈丽花,曹洋,等.会计理论范式革命:黎明前的彷徨与思考[J].
会计研究,2013(3):3-12.

[263] 杨玉.试论企业实施 XBRL 对会计信息质量的影响[J].全国流通经济,
2020(22):189-192.

[264] 杨周南,朱建国,刘锋,等.XBRL 分类标准认证的理论基础和方法学体
系研究[J].会计研究,2010(11):10-15.

[265] 姚靠华,洪昀.XBRL 的本体论基础研究[J].财务与会计,2009(3):
54-55.

[266] 姚曦,杨兴全.产品市场竞争、财务报告质量与投资现金流敏感性[J].经
济与管理研究,2012(8):90-99.

[267] 伊志宏,姜付秀,秦义虎.产品市场竞争、公司治理与信息披露质量[J].
管理世界,2010(1):133-141.

[268] 游家兴,张俊生,江伟.制度建设、公司特质信息与股价波动的同步
性——基于 R^2 研究的视角[J].经济学(季刊),2007(1):35-41.

[269] 应唯,王丁,黄敏,等.XBRL 财务报告分类标准的架构模型研究[J].会
计研究,2013(8):14-19.

[270] 翟光宇,武力超,唐大鹏.中国上市银行董事会秘书持股降低了信息披
露质量吗?——基于 2007—2012 年季度数据的实证分析[J].经济评
论,2014(2):127-138.

[271] 曾建光,伍利娜,谌家兰,等.XBRL、代理成本与绩效水平——基于中国

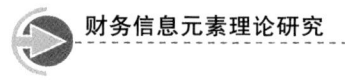

开放式基金市场的证据[J].会计研究,2013(11):88-94.

[272] 张拔,张铃.问题求解的理论及应用[M].北京:清华大学出版社,1990.

[273] 张斌,王跃堂.业务复杂度、独立董事行业专长与股价同步性[J].会计研究,2014(7):15-21.

[274] 张纯,吕伟.信息披露、市场关注与融资约束[J].会计研究,2007(11):32-38.

[275] 张天西.网络财务报告:XBRL标准的理论基础研究[J].会计研究,2006(9):56-63.

[276] 张天西,黄长胤,吴忠生.XBRL中的财务信息元素的粒度研究[J].会计之友,2011(21):22-30.

[277] 张学勇,廖理.股权分置改革、自愿性信息披露与公司治理[J].经济研究,2010(4):28-39.

[278] 曾颖,陆正飞.信息披露质量与股权融资成本[J].经济研究,2006(2):18-25.

[279] 赵聪.XBRL财务报告分类标准质量评价[D].上海交通大学,2011.

[280] 庄明来,汪元华.企业业务报告新模式:REA与XBRLGL协同[J].现代管理科学,2011(12):23-26.

[281] 赵现明.XBRL财务报告标准研究:市场反应及标准扩散[D].上海交通大学,2010.

[282] 赵现明,张天西.基于XBRL标准的年报信息含量研究[J].经济与管理研究,2010(2):102-107.

[283] 郑济孝.XBRL格式财务报告对中国股市有效性的影响研究[J].金融研究,2015(12):194-206.

[284] 钟伟强,张天西.公司治理状况对自愿披露水平的影响[J].中南财经政法大学学报,2006(1):62-68.

[285] 周林洁.公司治理、机构持股与股价同步性[J].金融研究,2014(8):146-161.

[286] 周开国,李涛,张燕.董事会秘书与信息披露质量[J].金融研究,2011(7):167-181.

[287] 周易,麻志明,孙即.财务报告信息化处理对盈余质量的影响——基于 XBRL 报告实施的分析[J].中国会计评论,2017,15(2):155-172.

[288] 朱红军,何贤杰,陶林.中国的证券分析师能够提高资本市场的效率吗——基于股价同步性和股价信息含量的经验证据[J].金融研究,2007(2):110-121.

[289] 朱建国,李文卿.上海证券交易所与深圳证券交易所 XBRL 应用的比较分析[J].会计之友,2010(2):57-60.